中國飲食文化史　西南地區卷・上冊

The History of Chinese Dietetic Culture
Volume of Southwest Region

感　　謝

北京稻香村食品有限責任公司對本書出版的支持
中國農業科學院農業信息研究所對本書出版的支持
浙江工商大學暨旅遊學院對本書出版的支持
黑龍江大學歷史文化旅遊學院對本書出版的支持

飲其流者
懷其源

1. 西周時期的象首紋銅
   罍，四川彭州出土
   （「四川文物編輯部」
   提供）※

2. 漢代的銅豆，四川宣漢羅家
   壩遺址出土（「四川文物編
   輯部」提供）

3. 唐代的釉下彩繪短流壺，四
   川邛崍大漁村窯出土（「四
   川文物編輯部」提供）

4. 漢代的庖廚俑，
   重慶忠縣東漢墓出
   土（「四川文物編
   輯部」提供）

5. 漢代的銅簋，四川宣漢羅家壩遺址出土（「四川文
   物編輯部」提供）

6. 「狩獵、釀酒、禽獸」漢代石刻畫，四川成都出土
   （「四川文物編輯部」提供）

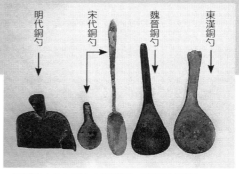

明代銅勺　宋代銅勺　魏晉銅勺　東漢銅勺

7. 四川出土的各歷史時期的銅勺（周爾泰提供）

※　編者註：書中圖片來源除有標註者外，其餘均由作者提供。對於作者從網站或其他出版物等途徑獲得的圖
　　　　片也做了標註。

1. 戰國時期的滇
   國銅器之亞洲
   野牛雕塑

2. 雲南景東的大象雕塑

3. 雲南著名的古鹽村——雲龍縣諾頓

4. 雲南傣族寺廟

5. 雲南新平「花腰傣」族婦女用竹筒酒杯敬酒

6. 雲南傣族集市

1. 雲南元陽的哈尼族梯田

2. 雲南昭通著名古道上的石門關

3. 雲南古茶樹（《雲南普洱茶‧夏》，雲南科技出版社）

4. 雲南傳統式樣的清真寺

1. 雲南馬幫塑像

2. 西南少數民族喜歡喝咂酒（《西雙版納影像》，雲南美術出版社）

3. 廣西壯族的五色花飯

4. 西南少數民族地區的昆蟲菜餚

5. 雲南竹筒煙（《彝族》，雲南美術出版社）

6. 傣族烤魚（《西雙版納影像》，雲南美術出版社）

# 序言

## 鴻篇巨帙　繼往開來
### ——《中國飲食文化史》（十卷本）序

　　中國飲食文化是中國傳統文化的重要組成部分，其內涵博大精深、歷史源遠流長，是中華民族燦爛文明史的生動寫照。她以獨特的生命力佑護著華夏民族的繁衍生息，並以強大的輻射力影響著周邊國家乃至世界的飲食風尚，享有極高的世界聲譽。

　　中國飲食文化是一種廣視野、深層次、多角度、高品位的地域文化，她以農耕文化為基礎，輔之以漁獵及畜牧文化，傳承了中國五千年的飲食文明，為中華民族鑄就了一部輝煌的文化史。

　　但長期以來，中國飲食文化的研究相對滯後，在國際的學術研究領域沒有占領制高點。一是研究隊伍不夠強大，二是學術成果不夠豐碩，尤其缺少全面而系統的大型原創專著，實乃學界的一大憾事。正是在這樣困頓的情勢下，國內學者勵精圖治、奮起直追，發憤用自己的筆撰寫出一部中華民族的飲食文化史。中國輕工業出版社與撰寫本書的專家學者攜手二十餘載，潛心勞作，殫精竭慮，終至完成了這一套數百萬字的大型學術專著——《中國飲食文化史》（十卷本），是一件了不起的事情！

　　《中國飲食文化史》（十卷本）一書，時空跨度廣遠，全書自史前始，一直敘述至現當代，橫跨時空百萬年。全書著重敘述了原始農業和畜牧業出現至今的一萬年左右華夏民族飲食文化的演變，充分展示了中國飲食文化是地域文化這一理論學說。

　　該書將中國飲食文化劃分為黃河中游、黃河下游、長江中游、長江下游、東

南、西南、東北、西北、中北、京津等十個子文化區域進行相對獨立的研究。各區域單獨成卷，每卷各章節又按斷代劃分，分代敘述，形成了縱橫分明的脈絡。

全書內容廣泛，資料翔實。每個分卷涵蓋的主要內容包括：地緣、生態、物產、氣候、土地、水源；民族與人口；食政食法、食禮食俗、飲食結構及形成的原因；食物原料種類、分佈、加工利用；烹飪技術、器具、文獻典籍、文化藝術等。可以說每一卷都是一部區域飲食文化通史，彰顯出中國飲食文化典型的區域特色。

中國飲食文化學是一門新興的綜合學科，它涉及歷史學、民族學、民俗學、人類學、文化學、烹飪學、考古學、文獻學、食品科技史、中國農業史、中國文化交流史、邊疆史地、地理經濟學、經濟與商業史等學科。多學科的綜合支撐及合理分佈，使本書具有頗高的學術含量，也為學科理論建設提供了基礎藍本。

中國飲食文化的產生，源於中國厚重的農耕文化，兼及畜牧與漁獵文化。古語有云：「民以食為天，食以農為本」，清晰地說明了中華飲食文化與中華農耕文化之間不可分割的緊密聯繫，並由此生發出一系列的人文思想，這些人文思想一以貫之地體現在人們的社會活動中。包括：

「五穀為養，五菜為助，五畜為益，五果為充」的飲食結構。這種良好飲食結構的提出，是自兩千多年前的《黃帝內經》始，至今看來還是非常科學的。中國地域廣袤，食物原料多樣，江南地區的「飯稻羹魚」、草原民族的「食肉飲酪」，從而形成中華民族豐富、健康的飲食結構。

「醫食同源」的養生思想。中華民族自古以來並非代代豐衣足食，歷代不乏災荒饑饉，先民歷經了「神農嚐百草」以擴大食物來源的艱苦探索過程，千百年來總結「醫食同源」的寶貴思想。在西方現代醫學進入中國大地之前的數千年，「醫食同源」的養生思想一直護佑著炎黃子孫的健康繁衍生息。

「天人合一」的生態觀。農耕文化以及漁獵、畜牧文化，都是人與自然間最和諧的文化，在廣袤大地上繁衍生息的中華民族，篤信人與自然是合為一體的，人類的所衣所食，皆來自於大自然的饋贈，因此先民世世代代敬畏自然，愛護生態，尊重生命，重天時，守農時，創造了農家獨有的二十四節氣及節令食俗，「循天道行人事」。這種寶貴的生態觀當引起當代人的反思。

「尚和」的人文情懷。農耕文明本質上是一種善的文明。主張和諧和睦、勤勞耕作、勤和為人，崇尚以和為貴、包容寬仁、質樸淳和的人際關係。中國飲食講

究的「五味調和」也正是這種「尚和」的人文情懷在烹飪技術層面的體現。縱觀中國飲食文化的社會功能，更是對「尚和」精神的極致表達。

「尊老」的人倫傳統。在傳統的農耕文明中，老人是農耕經驗的積累者，是向子孫後代傳承農耕技術與經驗的傳遞者，因此一直受到家庭和社會的尊重。中華民族尊老的傳統是農耕文化的結晶，也是農耕文化得以久遠傳承的社會行為保障。

《中國飲食文化史》（十卷本）的研究方法科學、縝密。作者以大歷史觀、大文化觀統領全局，較好地利用了歷史文獻資料、考古發掘研究成果、民俗民族資料，同時也有效地利用了人類學、文化學及模擬試驗等多種有效的研究方法與手段。對區域文明肇始、族群結構、民族遷徙、人口繁衍、資源開發、生態制約與變異、水源利用、生態保護、食物原料貯存與食品保鮮防腐等一系列相關問題都予以了充分表述，並提出一系列獨到的學術觀點。

如該書提出中國在漢代就已掌握了麵食的發酵技術，從而把這一科技界的定論向前推進了一千年（科技界傳統說法是在宋代）；又如，對黃河流域土地承載力遞減而導致社會政治文化中心逐流而下的分析；對草地民族因食料制約而頻頻南下的原因分析；對生態結構發生變化的深層原因討論；對《齊民要術》《農政全書》《飲膳正要》《天工開物》等經典文獻的識讀解析；以及對筷子的出現及歷史演變的論述等。該書還清晰而準確地敘述了既往研究者已經關注的許多方面的問題，比如農產品加工技術與食品形態問題、關於農作物及畜類的馴化與分佈傳播等問題，這些一向是農業史、交流史等學科比較關注而又疑難點較多的領域，該書對此亦有相當的關注與精到的論述。體現出整個作者群體較強的科研能力及科研水平，從而鑄就了這部填補學術空白、出版空白的學術著作，可謂是近年來不可多得的精品力作。

本書是填補空白的原創之作，這也正是它的難度之所在。作者的寫作並無前人成熟的資料可資借鑑，可以想見，作者須進行大量的文獻爬梳整理、甄選淘漉，閱讀量浩繁，其寫作難度絕非一般。在拼湊摘抄、扒網拼盤已成為當今學界一大痼疾的今天，這部原創之作益發顯得可貴。

一套優秀書籍的出版，最少不了的是出版社編輯們默默無聞但又艱辛異常的付出。中國輕工業出版社以文化堅守的高度責任心，苦苦堅守了二十年，為出版這套不能靠市場獲得收益、然而又是填補空白的大型學術著作嘔心瀝血。進入編輯階段以後，編輯部嚴苛細緻，務求嚴謹，精心提煉學術觀點，一遍遍打磨稿

件。對稿件進行字斟句酌的精心加工，並啟動了高規格的審稿程序，如，他們聘請國內頂級的古籍專家對書中所有的古籍以善本為據進行了逐字逐句的核對，並延請史學專家、民族宗教專家、民俗專家等進行多輪審稿，全面把關，還對全書內容做了二十餘項的專項檢查，芟除掉書稿中的許多瑕疵。他們不因卷帙浩繁而存絲毫懈怠之念，日以繼夜，忘我躬耕，使得全書體現出了高質量、高水準的精品風範。在當前浮躁的社會風氣下，能堅守這種職業情操實屬不易！

　　本書還在高端學術著作科普化方面做出了有益的嘗試，如對書中的生僻字進行注音，對專有名詞進行註釋，對古籍文獻進行串講，對正文配發了許多圖片等。凡此種種，旨在使學術著作更具通俗性、趣味性和可讀性，使一些優秀的學術思想能以通俗化的形式得到展現，從而擴大閱讀的人群，傳播優秀文化，這種努力值得稱道。

　　這套學術專著是一部具有劃時代意義的鴻篇巨帙，它的出版，填補了中國飲食文化無大型史著的空白，開啟了中國飲食文化研究的新篇章，功在當代、惠及後人。它的出版，是中國學者做的一件與大國地位相稱的大事，是中國對世界文明的一種國際擔當，彰顯了中國文化的軟實力。它的出版，是中華民族五千年飲食文化與改革開放三十多年來最新科研成果的一次大梳理、大總結，是樹得起、站得住的歷史性文化工程，對傳播、振興民族文化，對中國飲食文化學者在國際學術領域重新建立領先地位，將起到重要的推動作用。

　　作為一名長期從事農業科技文化研究的工作者，對於這部大型學術專著的出版，我感到由衷的欣喜。願《中國飲食文化史》（十卷本）能夠繼往開來，為中國飲食文化的發揚光大，為中國飲食文化學這一學科的崛起做出重大貢獻。

盧良恕

二〇一三年七月

4

## 一部填補空白的大書
### ——《中國飲食文化史》（十卷本）序

　　中國輕工業出版社通過我在中國社會科學院歷史研究所的老同事，送來即將出版的《中國飲食文化史》（十卷本）樣稿，厚厚的一大疊。我仔細披閱之下，心中深深感到驚奇。因為在我的記憶範圍裡，已經有好多年沒有見過系統論述中國飲食文化的學術著作了，況且是由全國眾多專家學者合力完成的一部十卷本長達數百萬字的大書。

　　正如不久前上映的著名電視片《舌尖上的中國》所體現的，中國的飲食文化是悠久而輝煌的中國傳統文化的一個重要組成部分。中國的飲食文化非常發達，在世界上享有崇高的聲譽，然而，或許是受長時期流行的一些偏見的影響，學術界對飲食文化的研究卻十分稀少，值得提到的是國外出版的一些作品。記得二十世紀七〇年代末，我在美國哈佛大學見到張光直先生，他給了我一本剛出版的《中國文化中的食品》（英文），是他主編的美國學者寫的論文集。在日本，則有中山時子教授主編的《中國食文化事典》，其內的「文化篇」曾於一九九二年中譯出版，題目就叫《中國飲食文化》。至於國內學者的專著，我記得的只有上海人民出版社《中國文化史叢書》裡面有林乃燊教授的一本，題目也是《中國飲食文化》，也印行於一九九二年，其書可謂有篳路藍縷之功，只是比較簡略，許多問題未能展開。

　　由趙榮光教授主編、由中國輕工業出版社出版的這部十卷本《中國飲食文化史》規模宏大，內容充實，在許多方面都具有創新意義，從這一點來說，確實是前所未有的。講到這部巨著的特色，我個人意見是不是可以舉出下列幾點：

首先，當然是像書中所標舉的，是充分運用了區域研究的方法。我們中國從來是一個多民族、多地區的國家，五千年的文明歷史是各地區、各民族共同締造的。這種多元一體的文化觀，自「改革開放」以來，已經在歷史學、考古學等領域起了很大的促進作用。《中國飲食文化史》（十卷本）的編寫，貫徹「飲食文化是區域文化」的觀點，把全國劃分為十個文化區域，即黃河中游、黃河下游、長江中游、長江下游、東南、西南、東北、西北、中北和京津，各立一卷。每一卷都可視為區域性的通史，各卷間又互相配合關聯，形成立體結構，便於全面展示中國飲食文化的多彩面貌。

　　其次，是儘可能地發揮了多學科結合的優勢。中國飲食文化的研究，本來與歷史學、考古學及科技史、美術史、民族史、中外關係史等學科都有相當密切的聯繫。《中國飲食文化史》（十卷本）一書的編寫，努力吸取諸多有關學科的資料和成果，這就擴大了研究的視野，提高了工作的質量。例如在參考文物考古的新發現這一方面，書中就表現得比較突出。

　　第三，是將各歷史時期飲食文化的演變過程與當時社會總的發展聯繫起來去考察。大家知道，把研究對象放到整個歷史的大背景中去分析估量，本來是歷史研究的基本要求，對於飲食文化研究自然也不例外。

　　第四，也許是最值得注意的一點，就是這部書把飲食文化的探索提升到理論思想的高度。《中國飲食文化史》（十卷本）一開始就強調「全書貫穿一條鮮明的人文思想主線」，實際上至少包括了這樣一系列觀點，都是從遠古到現代飲食文化的發展趨向中歸結出來的：

　　一、五穀為主兼及其他的飲食結構；

　　二、「醫食同源」的保健養生思想；

　　三、尚「和」的人文觀念；

　　四、「天人合一」的生態觀；

　　五、「尊老」的傳統。

　　這樣，這部《中國飲食文化史》（十卷本）便不同於技術層面的「中國飲食史」，而是富於思想內涵的「中國飲食文化史」了。

　　據瞭解，這部《中國飲食文化史》（十卷本）的出版，經歷了不少坎坷曲折，前後過程竟長達二十餘年。其間做了多次反覆的修改。為了保證質量，中國輕工業出版社邀請過不少領域的專家閱看審查。現在這部大書即將印行，相信會得到

有關學術界和社會讀者的好評。我對所有參加此書工作的各位專家學者以及中國輕工業出版社同仁能夠如此鍥而不捨深表敬意，希望在飲食文化研究方面能再取得更新更大的成績。

李學勤

二〇一三年九月

於北京清華大學寓所

## 「飲食文化圈」理論認知中華飲食史的嘗試
### ——中國飲食文化區域性特徵

　　很長時間以來，本人一直希望海內同道聯袂在食學文獻梳理和「飲食文化區域史」「飲食文化專題史」兩大專項選題研究方面的協作，冀其為原始農業、畜牧業以來的中華民族食生產、食生活的文明做一初步的鳥窺勾測，從而為更理性、更深化的研究，為中華食學的堅實確立準備必要的基礎。為此，本人做了一系列先期努力。一九九一年北京召開了「首屆中國飲食文化國際學術研討會」，自此，也開始了迄今為止歷時二十年之久的該套叢書出版的艱苦歷程。其間，本人備嘗了時下中國學術堅持的艱難與苦澀，所幸的是，《中國飲食文化史》（十卷本）終於要出版了，作為主編此時真是悲喜莫名。

　　將人類的食生產、食生活活動置於特定的自然生態與歷史文化系統中審視認知並予以概括表述，是三十多年前本人投諸飲食史、飲食文化領域研習思考伊始所依循的基本方法。這讓我逐漸明確了「飲食文化圈」的理論思維。中國學人對民眾食事文化的關注淵源可謂久遠。在漫長的民族飲食生活史上，這種關注長期依附於本草學、農學而存在，因而形成了中華飲食文化的傳統特色與歷史特徵。初刊於一七九二年的《隨園食單》可以視為這種依附傳統文化轉折的歷史性標誌。著者中國古代食聖袁枚「平生品味似評詩」，潛心戮力半世紀，以開創、標立食學深自期許，然限於歷史時代侷限，終未遂其所願——抱定「皓首窮經」「經國濟世」之理念建立食學，使其成為傳統士子麋集的學林。

　　食學是研究不同時期、各種文化背景下的人群食事事象、行為、性質及其規律的一門綜合性學問。中國大陸食學研究熱潮的興起，文化運氣系接海外學界之

後，二十世紀中葉以來，日、韓、美、歐以及港、臺地區學者批量成果的發表，蔚成了中華食文化研究熱之初潮。社會飲食文化的一個最易為人感知之處，就是都會餐飲業，而其衰旺與否的最終決定因素則是大眾的消費能力與方式。正是餐飲業的持續繁榮和大眾飲食生活水準的整體提高，給了中國大陸食學研究以不懈的助動力。在中國飲食文化熱持續至今的三十多年中，經歷了「熱學」「顯學」兩個階段，而今則處於「食學」漸趨成熟階段。以國人為主體的諸多富有創見性的文著累積，是其漸趨成熟的重要標誌。

人類文化是生態環境的產物，自然環境則是人類生存發展依憑的文化史劇的舞台。文化區域性是一個歷史範疇，一種文化傳統在一定地域內沉澱、累積和承續，便會出現不同的發展形態和高低不同的發展水平，因地而宜，異地不同。飲食文化的存在與發展，主要取決於自然生態環境與文化生態環境兩大系統的因素。就物質層面說，如俗語所說：「一方水土養一方人」，其結果自然是「一方水土一方人」，飲食與飲食文化對自然因素的依賴是不言而喻的。早在距今10000至6000年，中國便形成了以粟、菽、麥等「五穀」為主要食物原料的黃河流域飲食文化區、以稻為主要食物原料的長江流域飲食文化區、以肉酪為主要食物原料的中北草原地帶的畜牧與狩獵飲食文化區這不同風格的三大飲食文化區域類型。其後西元前二世紀，司馬遷曾按西漢帝國版圖內的物產與人民生活習性作了地域性的表述。山西、山東、江南（彭城以東，與越、楚兩部）、龍門碣石北、關中、巴蜀等地區因自然生態地理的差異而決定了時人公認的食生產、食生活、食文化的區位性差異，與史前形成的中國飲食文化的區位格局相較，已經有了很大的發展變化。而後再歷二十多個世紀至十九世紀末，在今天的中國版圖內，存在著東北、中北、京津、黃河下游、黃河中游、西北、長江下游、長江中游、西南、青藏高原、東南十一個結構性子屬飲食文化區。再以後至今的一個多世紀，儘管食文化基本區位格局依在，但區位飲食文化的諸多結構因素卻處於大變化之中，變化的速度、廣度和深度，都是既往歷史上不可同日而語的。生產力的結構性變化和空前發展；食生產工具與方式的進步；信息傳遞與交通的便利；經濟與商業的發展；人口大規模的持續性流動與城市化進程的快速發展；思想與觀念的更新進化等，這一切都大大超越了食文化物質交換補益的層面，而具有更深刻、更重大的意義。

各飲食文化區位文化形態的發生、發展都是一個動態的歷史過程，「不變中有

變、變中有不變」是飲食文化演變規律的基本特徵。而在封閉的自然經濟狀態下，「靠山吃山靠水吃水」的飲食文化存在方式，是明顯「滯進」和具有「惰性」的。所謂「滯進」和「惰性」是指：在決定傳統餐桌的一切要素幾乎都是在年復一年簡單重複的歷史情態下，飲食文化的演進速度是十分緩慢的，人們的食生活是因循保守的，「周而復始」一詞正是對這種形態的概括。人類的飲食生活對於生息地產原料並因之決定的加工、進食的地域環境有著很強的依賴性，我們稱之為「自然生態與文化生態環境約定性」。生態環境一般呈現為相當長歷史時間內的相對穩定性，食生產方式的改變，一般也要經過很長的歷史時間才能完成。而在「雞犬之聲相聞，民至老死不相往來」的相當封閉隔絕的中世紀，各封閉區域內的人們是高度安適於既有的一切的。一般來說，一個民族或某一聚合人群的飲食文化，都有著較為穩固的空間屬性或區位地域的植根性、依附性，因此各區位地域之間便存在著各自空間環境下和不同時間序列上的差異性與相對獨立性。而從飲食生活的動態與飲食文化流動的屬性觀察，則可以說世界上絕大多數民族（或聚合人群）的飲食文化都是處於內部或外部多元、多渠道、多層面的、持續不斷的傳播、滲透、吸收、整合、流變之中。中華民族共同體今天的飲食文化形態，就是這樣形成的。

隨著各民族人口不停地移動或遷徙，一些民族在生存空間上的交叉存在、相互影響（這種狀態和影響自古至今一般呈不斷加速的趨勢），飲食文化的一些早期民族特徵逐漸地表現為區位地域的共同特徵。迄今為止，由於自然生態和經濟地理等諸多因素的決定作用，中國人主副食主要原料的分佈，基本上還是在漫長歷史過程中逐漸形成的基本格局。宋應星在談到中國歷史上的「北麥南稻」之說時還認為：「四海之內，燕、秦、晉、豫、齊、魯諸蒸民粒食，小麥居半，而黍、稷、稻、粱僅居半。西極川、雲，東至閩、浙、吳楚腹焉……種小麥者二十分而一……種餘麥者五十分而一，閭閻作苦以充朝膳，而貴介不與焉。」這至少反映了宋明時期麥屬作物分佈的大勢。直到今天，東北、華北、西北地區仍是小麥的主要產區，青藏高原是大麥（青稞）及小麥的產區，黑麥、燕麥、蕎麥、稞麥等雜麥也主要分佈於這些地區。這些地區除麥屬作物之外，主食原料還有粟、秫、玉米、稷等「雜糧」。而長江流域及以南的平原、盆地和壩區廣大地區，則自古至今都是以稻作物為主，其山區則主要種植玉米、粟、蕎麥、紅薯、小麥、大麥、旱稻等。應當看到，糧食作物今天的品種分佈狀態，本身就是不斷演變的歷史性結

果，而這種演變無論表現出怎樣的相對穩定性，它都不可能是最終格局，還將持續地演變下去。

歷史上各民族間飲食文化的交流，除了零星漸進、潛移默化的和平方式之外，在災變、動亂、戰爭等特殊情況下，出現短期內大批移民的方式也具有特別的意義。其間，由物種傳播而引起的食生產格局與食生活方式的改變，尤具重要意義。物種傳播有時並不依循近鄰滋蔓的一般原則，伴隨人們遠距離跋涉的活動，這種傳播往往以跨越地理間隔的童話般方式實現。原產美洲的許多物種集中在明代中葉聯袂登陸中國就是典型的例證。玉米、紅薯自明代中葉以後相繼引入中國，因其高產且對土壤適應性強，於是長江以南廣大山區，魯、晉、豫、陝等大片久耕密植的貧瘠之地便很快迭相效應，迅速推廣開來。山區的瘠地需要玉米、紅薯這樣的耐瘠抗旱作物，傳統農業的平原地區因其地力貧乏和人口稠密，更需要這種耐瘠抗旱而又高產的作物，這就是各民族民眾率相接受玉米、紅薯的根本原因。這一「根本原因」甚至一直深深影響到二十世紀八〇年代以前。中國大陸長期以來一直以提高糧食畝產、單產為壓倒一切的農業生產政策，南方水稻、北方玉米，幾乎成了各級政府限定的大田品種種植的基本模式。

嚴格說來，很少有哪些飲食文化區域是完全不受任何外來因素影響的純粹本土的單質文化。也就是說，每一個飲食文化區域都是或多或少、或顯或隱地包融有異質文化的歷史存在。中華民族飲食文化圈內部，自古以來都是域內各子屬文化區位之間互相通融補益的。而中華民族飲食文化圈的歷史和當今形態，也是不斷吸納外域飲食文化更新進步的結果。一九八二年筆者在新疆歷時半個多月的一次深度考察活動結束之後，曾有一首詩：「海內神廚濟如雲，東西甘脆皆與聞。野駝渾烹標青史，肥羊串炙喜今人。乳酒清冽爽筋骨，奶茶濃郁尤益神。朴勞納仁稱異饌，金特克缺愧寡聞。胡餅西肺欣再睹，葡萄密瓜連筵陳。四千文明源泉水，雲裡白毛無銷痕。晨鐘傳於二三聲，青眼另看大宛人。」詩中所敘的是維吾爾、哈薩克、柯爾克孜、烏孜別克、塔吉克、塔塔爾等少數民族的部分風味食品，反映了西北地區多民族的獨特飲食風情。中國有十個少數民族信仰伊斯蘭教，他們主要或部分居住在西北地區。因此，伊斯蘭食俗是西北地區最具代表性的飲食文化特徵。而西北地區，眾所周知，自漢代以來直至西元七世紀一直是佛教文化的世界。正是來自阿拉伯地區的影響，使佛教文化在這裡幾乎消失殆盡了。當然，西北地區還有漢、蒙古、錫伯、達斡爾、滿、俄羅斯等民族成分。西

北多民族共聚的事實，就是歷史文化大融匯的結果，這一點，同樣是西北地區飲食文化獨特性的又一鮮明之處。作為通往中亞的必由之路，舉世聞名的絲綢之路的幾條路線都經過這裡。東西交匯，絲綢之路飲食文化是該地區的又一獨特之處。中華飲食文化通過絲綢之路吸納域外文化因素，確切的文字記載始自漢代。張騫（？-前114年）於漢武帝建元三年（西元前138年）、元狩四年（西元前119年）的兩次出使西域，使內地與今天的新疆及中亞的文化、經濟交流進入到了一個全新的歷史階段。葡萄、苜蓿、胡麻、胡瓜、蠶豆、核桃、石榴、胡蘿蔔、蔥、蒜等菜蔬瓜果隨之來到了中國，同時進入的還有植瓜、種樹、屠宰、截馬等技術。其後，西漢軍隊為能在西域伊吾長久駐紮，便將中原的挖井技術，尤其是河西走廊等地的坎兒井技術引進了西域，促進了灌溉農業的發展。

至少自有確切的文字記載以來，中華版圖內外的食事交流就一直沒有間斷過，並且呈與時俱進、逐漸頻繁深入的趨勢。漢代時就已經成為黃河流域中原地區的一些主食品種，例如餛飩、包子（籠上牢丸）、餃子（湯中牢丸）、麵條（湯餅）、饅首（有餡與無餡）、餅等，到了唐代時已經成了地無南北東西之分，民族成分無分的、隨處可見的、到處皆食的大眾食品了。今天，在中國大陸的任何一個中等以上的城市，幾乎都能見到以各地區風味或少數民族風情為特色的餐館。而隨著人們消費能力的提高和消費觀念的改變，到異地旅行，感受包括食物與飲食風情在內的異地文化已逐漸成了一種新潮，這正是各地域間食文化交流的新時代特徵。這其中，科技的力量和由科技決定的經濟力量，比單純的文化力量要大得多。事實上，科技往往是文化流變的支配因素。比如，以筷子為食具的箸文化，其起源已有不下六千年的歷史，漢以後逐漸成為漢民族食文化的主要標誌之一；明清時期已普及到絕大多數少數民族地區。而現代化的科技烹調手段則能以很快的速度為各族人民所接受。如電飯煲、微波爐、電烤箱、電冰箱、電熱炊具或氣體燃料新式炊具、排煙具等幾乎在一切可能的地方都能見到。真空包裝食品、方便食品等現代化食品、食料更是無所不至。

黑格爾說過一句至理名言：「方法是決定一切的」。筆者以為，飲食文化區位性認識的具體方法儘管可能很多，儘管研究方法會因人而異，但方法論的原則卻不能不有所規範和遵循。

首先，應當是歷史事實的真實再現，即通過文獻研究、田野與民俗考察、數學與統計學、模擬重複等方法，去儘可能摹繪出曾經存在過的飲食歷史文化構

件、結構、形態、運動。區位性研究，本身就是要在某一具體歷史空間的平台上，重現其曾經存在過的構建，如同考古學在遺址上的工作一樣，它是具體的，有限定的。這就要求我們對於資料的篩選必須把握客觀、真實、典型的原則，絕不允許研究者的個人好惡影響原始資料的取捨剪裁，客觀、公正是絕對的原則。

其次，是把飲食文化區位中的具體文化事象視為該文化系統中的有機構成來認識，而不是將其孤立於整體系統之外釋讀。割裂、孤立、片面和絕對地認識某一歷史文化，只能遠離事物的本來面目，結論也是不足取的。文化承載者是有思想的、有感情的活生生的社會群體，我們能夠憑藉的任何飲食文化遺存，都曾經是生存著的社會群體的食生產、食生活活動事象的反映，因此要把資料置於相關的結構關係中去解讀，而非孤立地認斷。在歷史領域裡，有時相近甚至相同的文字符號，卻往往反映不同的文化意義，即不同時代、不同條件下的不同信息也可能由同一文字符號來表述；同樣的道理，表面不同的文字符號也可能反映同一或相近的文化內涵。也就是說，我們在使用不同歷史時期各類著述者留下來的文獻時，不能只簡單地停留在文字符號的表面，而應當準確透析識讀，既要儘可能地多參考前人和他人的研究成果，還要考慮到流傳文集記載的版本等因素。

再次，飲食文化的民族性問題。如果說飲食文化的區域性主要取決於區域的自然生態環境因素的話，那麼民族性則多是由文化生態環境因素決定的。而文化生態環境中的最主要因素，應當是生產力。一定的生產力水平與科技程度，是文化生態環境時代特徵中具有決定意義的因素。《詩經》時代黃河流域的漬菹，本來是出於保藏的目的，而後成為特別加工的風味食品。今日東北地區的酸菜、四川的泡菜，甚至朝鮮半島的柯伊姆奇（泡菜）應當都是其餘韻。今日西南許多少數民族的粑粑、餌塊以及東北朝鮮族的打糕等蒸舂的稻穀粉食，是古時杵臼搗制餈餌的流風。蒙古族等草原文化帶上的一些少數民族的手扒肉，無疑是草原放牧生產與生活條件下最簡捷便易的方法，而今竟成草原情調的民族獨特食品。同樣，西南、華中、東南地區許多少數民族習尚的熏臘食品、酸酵食品等，也主要是由於貯存、保藏的需要而形成的風味食品。這也與東北地區人們冬天用雪埋、冰覆，或潑水掛臘（在肉等食料外潑水結成一層冰衣保護）的道理一樣。以至北方冬天吃的凍豆腐，也竟成為一種風味獨特的食料。因為歷史上人們沒有更好的保藏食品的方法。因此可以說，飲食文化的民族性，既是地域自然生態環境因素決定的，也是文化生態因素決定的，因此也是一定生產力水平所決定的。

又次，端正研究心態，在當前中華飲食文化中具有特別重要的意義。冷靜公正、實事求是，是任何學科學術研究的絕對原則。學術與科學研究不同於男女談戀愛和市場交易，它否定研究者個人好惡的感情傾向和局部利益原則，要熱情更要冷靜和理智；反對偏私，堅持公正；「實事求是」是唯一可行的方法論原則。

多年前北京釣魚台國賓館的一次全國性飲食文化會議上，筆者曾強調食學研究應當基於「十三億人口，五千年文明」的「大眾餐桌」基本理念與原則。我們將《中國飲食文化史》（十卷本）的付梓理解為「飲食文化圈」理論的認知與嘗試，不是初步總結，也不是什麼了不起的成就。

儘管飲食文化研究的「圈論」早已經為海內外食學界熟知並逐漸認同，十年前《中國國家地理雜誌》以我提出的「舌尖上的秧歌」為封面標題出了「圈論」專號，次年CCTV-10頻道同樣以我建議的「味蕾的故鄉」為題拍攝了十集區域飲食文化節目，不久前一位歐洲的博士學位論文還在引用和研究。這一切也還都是嘗試。

《中國飲食文化史》（十卷本）工程迄今，出版過程歷經周折，與事同道幾易其人，作古者凡幾，思之唏噓。期間出於出版費用的考慮，作為主編決定撤下叢書核心卷的本人《中國飲食文化》一冊，儘管這是當時本人所在的杭州商學院與旅遊學院出資支持出版的前提。雖然，現在「杭州商學院」與「旅遊學院」這兩個名稱都已經不復存在了，但《中國飲食文化史》（十卷本）畢竟得以付梓。是為記。

趙榮光

夏曆癸巳年初春，西元二〇一三年三月
杭州西湖誠公齋書寓

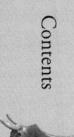

目錄

Contents

第一章　概述

# 一、西南地區的地理歷史概況

西南地區飲食文化所涉及的地域範圍，包括四川盆地、秦巴山地、雲貴高原大部及青藏高原東南部，在行政區劃上大致包含今四川省、重慶市、雲南省、貴州省、廣西壯族自治區及西藏自治區在內的廣大西南地區。該地區地形十分複雜，主要以高原和盆地為主，有青藏高原、雲貴高原和四川盆地。多大江大河，如長江、珠江、元江、瀾滄江、怒江等；高原湖泊也多，如納木錯湖、滇池、洱海等，形成了以亞熱帶季風氣候和高山寒帶氣候為主的氣候類型。物產豐饒，林牧業發達。

西南地區在歷史上就是一個多民族聚居的區域。除人口占絕大多數的漢族外，還有藏族、彝族、苗族、傣族、佤族等少數民族。在歷史發展長河中，民族交流與融合是主流，優秀的民族文化得以繼承和發展。同時，又受到自然、地理、歷史、宗教等方面的影響，這些民族逐漸形成了各具民族特色的飲食文化。

本書根據西南地區飲食文化發展的歷史階段特點，將全書分為史前至先秦、秦漢、魏晉南北朝、隋唐五代、宋代、元代、明代、清代、民國、新中國初期和改革開放以後等十一個時期，以此作為章節的劃分。為進一步突出西南地區的地域特點並便於表述，我們在各章內將西南地區分為四川地區、雲貴桂地區、西藏地區三個板塊進行分述。

**❶ · 四川地區**

四川地區位於我國西南內陸腹地，西臨青藏高原，東據長江三峽，北擁秦巴山地，南依雲貴高原。整個地勢西高東低，西部是平均海拔2000米以上的高原，高原北部屬青藏高原主體的東緣，南部屬橫斷山脈的北段，東部是著名的四川盆地，自西而東由盆西平原（亦稱成都平原或川西平原）、盆中丘陵和盆東平行嶺谷組成。平原、丘陵、山地和高原是構成四川地貌的四大主要類型。四川河流以長江水系為主。氣候複雜多樣，東西部氣候迥異是一大特點，川西高原氣溫低，霜期長，降水量少，濕度小，日照長，屬於寒溫帶至亞寒帶氣候；東部盆地則氣溫高，無霜期長，降水量多，濕度大，日照少，屬於較典型的亞熱帶濕潤季風氣

候。以上特點，也是四川飲食文化賴以生成的生態環境，對四川各地的經濟類型的形成、空間分佈和四川文明的發生、發展進程都產生了深遠的影響。

西周至春秋時期，四川地區存在蜀國與巴國，構成了當時西南地區文明水平最高的巴蜀文明。蜀族主要在成都平原活動，並把其地建成四川最富庶的地區。巴族原在江漢一帶，受周室分封建巴國，春秋中期進入川東重建巴國。蜀、巴毗鄰而居。後秦國兼併蜀巴，四川盆地的經濟更為興盛。

秦漢時四川盆地以產糧豐盛聞名全國。兩漢400餘年間四川得到穩定發展，社會經濟提高到新的水平。《後漢書‧公孫述傳》中稱蜀地「沃野千里，土壤膏腴，果實所生，無穀而飽」。

兩晉南北朝時中原動亂，但四川盆地仍保持相對穩定，社會經濟繼續發展，豪華宴飲為當時飲食文化的代表。這一時期，為躲避戰亂，外來人口大批入川，為四川的飲食文化增添新的因素。

唐宋時期。唐代，中國封建社會達至鼎盛，四川的社會經濟也出現新的繁榮，遂有「揚一益（治成都）二」之說。唐末五代，四川被前後蜀政權割據，維持了經濟興盛的局面。四川飲食文化十分繁榮，游宴與船宴盛行，酒稅收入成為國家財政的大宗。兩宋時期四川盆地仍保持經濟繁榮，農業、製鹽、釀酒、製糖業等有明顯的進步。到南宋後期，南宋軍民以四川為據點，與蒙古軍進行了約半個世紀的拉鋸戰，四川經濟始遭破壞。自秦國統一四川盆地到南宋後期的1500餘年間，除南宋後期這一歷史階段以外，四川盆地的社會經濟始終在持續發展，唐宋時期的四川飲食文化出現了高峰。

其後，元明清時期，雖戰亂不斷人口銳減，社會生產力遭到嚴重破壞，但幾次大規模的「湖廣填四川」，給四川帶來了豐富多彩的外來文化，給四川飲食文化帶來了新的生命。尤其是在抗戰爆發後，四川的戰略地位日顯重要，全國的政治、經濟中心也移到西南。一時間經濟繁榮，人才濟濟。這一時期以高檔宴席及引入西餐為重點的四川飲食文化也得到了很大發展。

一九七八年的改革開放，結束了「文革」的十年夢魘。使被破壞的社會經濟逐

漸恢復並得到迅速發展，飲食文化由此提升到一個新的層次，形成了以川菜體係為核心的西南飲食文化，在全國享有重要的地位。同時，西南諸省區有豐富的自然資源，有厚重的歷史積澱和多姿多彩的民族文化，從而形成了獨樹一幟的西南飲食文化。

### ❷·雲貴桂地區

雲貴桂地區主要包括由雲南高原與貴州高原組成的雲貴高原，及其延伸部分的川西南和桂西北一部，是具有大致相同的地質構造與地貌特徵的地理單元。因金沙江、元江等河流的衝擊切割作用，雲貴高原的地形較為破碎，呈現出多山地和高原以及山地在地表面積占很大比例的特點。西南邊疆山地的普遍特點是高低懸殊、坡度陡峭及土層較薄，因此種植作物的適宜性與宜耕性均差。位於南方亞熱帶及熱帶氣候範圍的大面積山地，生物資源豐富，山地間分佈有眾多草甸，尤以滇東北、貴州的部分地區較為集中，適宜畜牧業生產。與山地形成對照的是，呈插花狀分佈的壩子適宜發展農業，面積較大的壩子地勢平坦，地表多有河流或湖泊，土層較厚且肥力甚高。因此，該地區普遍存在壩子與山地兼有的二元性結構，這種地理環境以及由此而生成的生態環境，對這一地區的飲食文化有著深刻影響。其中，壩子飲食文化是雲貴桂飲食文化的主體。

至遲在商代，雲南已進入青銅時代，當時的飲食文化具有濃厚的本土色彩。兩漢統治400餘年，雲貴桂地區開發的速度加快，在諸多郡縣的治地出現了由四川移民發展起來的大姓勢力，使這一時期雲貴桂地區的飲食文化明顯帶有四川地區的色彩。從唐代前期至南宋後期，今雲南、川西南等地被地方政權南詔、大理國統治，使雲南、川西南等地的社會經濟獲得了長足發展。發展較快的大中壩子本土居民，融合兩漢以來的移民後裔，形成了新的地方民族白蠻，飲食文化水平有所提高，表現出以本土為主同時受四川影響的色彩。這一時期，廣西的桂西一帶地貌、風土人情近似於雲貴地區，飲食文化的相同點較多；桂東地區的飲食文化則類似於廣東。

南宋末年，忽必烈率軍平大理國後，建雲南行省，治中慶（在今昆明），統轄

今雲南、川西南與貴州西部等地。明清繼續在雲南設省，從而使雲貴自漢代以來受四川行政管轄的歷史宣告結束，進入雲貴地區的移民亦改以湖廣、江西等地為主。由此，雲貴飲食文化的風格，從深受四川的影響轉變為積極吸收湖廣及更遠區域的因素。其後，在移民和文化交流中雲貴地區逐漸形成了自己的飲食文化特色。

❸ · 西藏地區

總的來看，西藏地區從高寒的藏北草原到中部的溫帶農區，再到藏東南的亞熱帶低地，地形參差，氣溫和濕度殊異，物產豐寡不均。千百年來，藏族人民在青藏高原創造了一種高度適應自然環境的生存文化，並產生了游牧、農耕、半農半耕的生產方式。

青藏高原的上古居民，中原人稱之為「羌」，古羌人其中的一部分即今日藏族之先民。古羌被認為是世界上最先培育出麥種的民族，對我國種麥有巨大貢獻，推動了我國飲食文化的大發展。

西元七世紀，松贊干布統一青藏高原，建立了吐蕃政權，青藏高原的社會經濟有了較大發展。尤其是文成公主入藏，傳入了蔓菁、馬騾、駱駝、蠶種，並帶去了製造碾磑、紙墨及酒的工匠，促進了吐蕃文化的大發展。十二世紀中葉，元朝將青藏高原統一到中央王朝的管轄下，加強了西藏與內地的經濟文化聯繫。其後的清代和民國時期西藏發展顯著。清代的西藏已有了較完備的畜牧業、農業、手工業和商業。各種蔬菜、水果的傳入，豐富了西藏飲食文化。在長期的「茶馬互市」與「鹽糧交換」的商貿活動中，藏區逐漸形成了極富特色的飲食習俗，延續至今。

一九五一年西藏和平解放。通過民主改革，生產力得以解放，西藏進入新的發展時期，面貌發生了巨大變化。改革開放後，西藏發展的速度明顯加快，社會經濟實現了跨越式發展。西藏各民族的飲食文化豐富多彩，藏式飲食在內地也受到普遍歡迎。

## 二、西南地區的飲食文化特色

**❶**·川菜的沿革與特點

菜餚是飲食文化十分重要的外在表現。四川菜是中國的著名菜系之一，具有特色鮮明、覆蓋面大和影響深遠等特點，在歷史上和現今都產生了重要影響。可以說，雲南、貴州、廣西北部和西藏東部等地，均屬於四川菜風格的範圍。西南地區飲食文化形成了以四川菜為主要特色的飲食風味。

一般認為川菜孕育於商周，初步形成於秦漢魏晉，發展於唐宋，成熟於明清，定型和繁榮於清末民初。成熟繁榮時期的川菜，由高級筵席菜、三蒸九扣菜、大眾便餐、家常便餐與民間小吃五個部分組成，構成完整的飲食體系，菜品多達4000餘種。川菜選料以禽畜魚肉、瓜果時蔬為主，烹飪方法複雜多樣，講究「一菜一格，百菜百味」。在調味方面，川菜少用單味而多用復合味，可說是麻辣酸甜鹹燙嫩鮮諸味皆備，尤以鮮味、麻辣口味見長，並善於將各種味道巧妙搭配。在烹調方面，川菜擅長小煎、小炒、乾煸和乾燒，代表性菜餚多出自炒燒爆拌，並流行醃鹵和豆花。同時，它重視刀工火候，製作工藝精細，講究菜餚的形色俱佳。川菜還善於採擷眾家所長，做到「南菜北味，北菜川烹」。以平民性、大眾性和家常性為一大特點。

流行各地的川菜，主要是以辛辣麻怪鹹鮮為口味的大眾菜餚，其中又包含了不同的幫系。長江上游的江津、合江、瀘州、宜賓、樂山等地流行「大河幫」，以家常口味見長，烹製手法以煎炒蒸燒居多，其味偏甜酸。「小河幫」流行於嘉陵江流域及川北的綿陽、南充、廣元、達川、巴中和遂寧等地，烹製菜餚既擅長傳統菜，也善於製作民間菜。川中的自貢、內江、榮縣、資中、資陽一帶流行「自內幫」，代表性菜餚有自貢的水煮牛肉、燈影牛肉與菊花火鍋，內江的夾沙肉、豆瓣魚和皮蛋湯等。在川西、川西南等氐羌民族地區，還流行川菜與山地民族本地菜相結合的地方菜。

四川飲食文化的一個重要特點，是除以特色濃郁的川菜為核心內容外，在食料取材、副食及飲料、食器配備、相關產業等方面也得到全面發展。清代民國時期，四川的川茶享譽國內，自貢、樂山已形成大型的製鹽業，各地蔬菜品種豐富，製糖業規模巨大，糕點業興盛而普遍，釀酒技藝精良，講究美食配美器，煙葉消費亦較普遍。在成都等飲食文化興盛的地區，聚會、遊樂、節慶等社交活動與飲食相結合，很早便形成普遍的習俗，且淵源久遠，早在後蜀時四川的宴席即堪稱興盛，游宴與船宴頗為知名。宋代宴飲普遍，甚至一日數餐或達四宴之多。游宴更趨豪華，遊樂活動有民間遊樂、官方遊樂、商業遊樂等類型。明清及民國時期，成都等地的聚會、遊樂、節慶等活動仍長盛不衰。

四川飲食文化較為發達的區域，主要位於經濟和社會高度繁榮的四川盆地，尤以成都平原為中心；至於四川盆地周邊的山地，由於開發較晚等原因，飲食文化的發展相對滯後，其風格與相連的雲貴桂地區或西藏地區較為相似。

❷．雲貴桂地區的飲食文化區劃分及特點

雲貴桂地區的飲食文化，歷史積澱較厚，地方民族特色鮮明，同時受到多種外來文化的影響，但其文化發育程度較低，屬於較典型的邊疆地區飲食文化。這一地區高溫多雨，氣候濕潤，山林綿延，物產豐富，民族眾多，具有邊疆地區多民族雜居的特色，體現出這一區域多種文化的碰撞與交融。[1]

（1）不同類型的劃分方法　雲貴桂地區自然環境的主要特點，是地表地貌和氣候條件的複雜多樣性，以及動植物資源的高度豐富性。若根據地理環境與居住的民族劃分，雲貴桂地區的飲食文化，大致可分為高原盆地民族型、山地民族型、高山峽谷民族型、喀斯特地貌民族型和低緯度平地民族型等類型。若以生產方式與所分佈的民族劃分，其飲食文化可分為農業民族類型、農業商業民族類型、畜牧採集民族類型等。在烹飪方法方面，雲貴桂的諸多區域、眾多民族擅長不同的烹調方法。

1　方鐵：《雲南飲食文化》，社會科學文獻出版社，2006年，第657頁。

▶圖1-1　雲南山間肥美的草甸（《雲南民族・經濟卷》，雲南人民出版社）

若就發展程度而言，雲貴桂飲食文化又可分為初級類型和相對成熟類型等。各地的飲食文化，相互間亦存在較明顯的差異。根據這種明顯的差異性，各地的飲食文化區域可以做進一步的細分。

（2）雲南飲食文化區的劃分　雲南省大致可劃分為以下飲食文化區：

① 以昆明、楚雄、玉溪為中心的滇中地區。元代以來昆明一直是省治所在地，也是全省政治、經濟、文化與交通的中心。楚雄、玉溪則深受昆明風氣的影響。雲南飲食文化的多樣性、複雜性以及兼收並蓄、百花齊放等特點，在這一地區體現得最為鮮明。滇中地區交通便利，資訊發達。隨著時代發展，這裡不斷推出新的菜式，形成新的飲食風尚和飲食觀念，引領及影響著全省飲食文化潮流的走向，同時也成為反映雲南飲食文化變遷的主要窗口。雲南各地的特色菜餚、酒茶水以及飲食文化傳統，在這裡均有一席之地。知名的菜餚有過橋米線、汽鍋雞、烤鴨、涼雞、牛肉冷片、雞絲草芽、菠蘿雞片、石屏豆腐等。

② 以大理為中心的滇西地區。該地區以大理白族自治州為中心，是歷史上乃至現今白族人口分佈最多與最集中的地區。西元8-12世紀以大理為中心建立的南詔國與大理國，統治了雲南及其附近地區500多年。大理又是聯繫滇東、滇西北和滇西南等地的交通樞紐，以及連通上述地區重要的商品集散地。因此，滇西地區的飲食

文化，以白族傳統的飲食文化為基調，較多地保留了南詔國、大理國古老的飲食傳統，同時廣泛吸收滇東、滇西北和滇西南的飲食文化因子，成為與滇中地區並足而立的另一個飲食文化核心區。滇西區盛產的乳製品、淡水湖泊水產品、梅子原料食品、地方釀造酒和本地茶葉等，均享譽省內外，也使滇西地區的飲食文化體現出鮮明的地方與民族特色。本地知名的菜餚主要有乳扇、乳餅、砂鍋魚和火燒豬等。

③ 以昭通為中心的滇東北地區。該地區開發甚早，2000多年前就接受了四川地區經濟與文化的影響，自古又是從湖南、湖北、江西等地進入雲南的交通要道。滇東北地區是歷史積澱深厚，眾多民族接觸歷史長、融合範圍廣的一個地區。其飲食文化具有雲南地方漢族與當地少數民族（如彝族、苗族）文化交融的特點，地區性食品（如玉米、洋芋、蕎麥和壯雞）以及地方釀造酒等產品，在當地飲食文化中扮演重要的角色。當地的湯爆肚、酥紅豆、竹蓀、羅漢筍、雲腿、牛肉乾巴、肝膽糝等菜餚，亦可說是遠近聞名。

④ 以麗江、中甸為中心的滇西北地區。這一地區是自唐代開通的「茶馬古道」的必經之地。「茶馬古道」南起大理，北至拉薩，是連接滇、藏的要道。這個地區的飲食文化，是納西族、雲南藏族的飲食文化與西藏藏族地區、大理白族地區飲食文化相融合的產物。青稞、牛羊肉、自釀糧食酒和磚茶，構成當地飲食的主體，具有重油重肉，喜以蟲草、天麻、貝母等藥材入菜的習慣。有名的菜餚有油炸蟲草、油炸松茸、烤犛牛肉、賽蜜羊肉、蟲草鴨、貝母雞等。

⑤ 以保山、騰沖為中心的滇西南地區。這一地區自古便是著名的川滇緬印的重要中轉站及各類商品的集散地。其飲食文化為外地漢族移民與當地少數民族（傣族、景頗族等）、南亞、東南亞地區諸飲食文化的結合體，同時又具有鮮明的熱帶、亞熱帶飲食文化的特點。由於當地盛產各類植物和花卉，習慣以可食的野生菌類、野菜、水果與花卉入席，同時喜飲各種果酒與發酵飲料，具有明顯的地域特色。

⑥ 以德宏、西雙版納為中心的滇南地區。這一地區是傣族主要的聚集區，與緬甸緊鄰，各民族跨國境而居。因此，滇南地區的飲食文化具有鮮明的民族與地方特

色，一些飲食習慣明顯受到緬甸、越南、泰國等鄰國的影響。尤其體現出喜食酸、冷、辣等食物的口味，普遍有生食和涼食的習慣。居民喜以多種野生菜餚和昆蟲、魚蝦等「異物」入席，烹飪方式主要是烹煮與燒烤，喜食糯米飯和米酒。山居的少數民族，則喜歡油炸飛螞蟻、乾筍燜雞、罐醃豬骨、香茅草烤肉、血鮓、芭蕉葉燒肉、竹筒煮田雞等菜餚。

⑦ 以紅河、文山為中心的滇東南地區。該地區緊鄰越南，本地民族主要是哈尼族、拉祜族與壯族，對當地飲食習俗影響很深。其中，文山地區盛產珍貴藥材三七，當地有以三七烹製各類藥膳的傳統。這一地區的飲食，以講究精細、追求原汁原味為特色。當地知名的菜餚有酸湯雞、酸湯魚和狗肉火鍋等。

（3）貴州飲食文化區的劃分　在歷史上貴州的遵義地區開發得較早，在飲食文化方面較長時期受到四川盆地的影響。其他鄰近川、湘、滇的地區，在飲食習俗方面各自接近上述諸省。至於今天的黔南和黔東南地區，則較多地保留了本地民族的飲食習慣。具體來說：一是以烏江、赤水河流域的黔中菜為主導，包含其他六個市州地民俗菜、市肆菜在內的地方風味菜系；二是以清水江流域（含重安江、都柳江、陽河、劍江）及南北盤江流域古樸自然、充滿個性的以苗族、侗族、布依族為主的民族菜系。其風味流派有以貴陽、安順為代表的黔中風味，以遵義為代表的黔北風味，以畢節為代表的黔西北風味，以黔東南、黔西南、黔南為代表的民族風味。

（4）廣西飲食文化區的劃分　廣西的行政中心早期大致在今桂林。自桂林抵梧州一帶，因有自湖南入廣西達廣東的柳江水陸通道所經，該區域的地勢亦平坦，所以開發經營甚早。明清時廣西大致可分為桂東與桂西兩個部分，桂東地區主要種植水稻，農業與商業較發達，受內地尤其是湖南、廣東兩省的影響較深；桂西地區尤其是南寧地區與左右江流域，則較多地保留了壯族等本地民族的文化和習俗。廣西菜的發展，起於宋元時期，發展於明清時期，成熟於民國抗戰時期，定型於新中國改革開放後。它基本形成了五種流派的風味菜。一是桂北風味：以桂林、柳州地方菜組成，口味醇厚，色澤濃重，善燉扣，嗜辛辣，尤擅以

山珍野味入菜；二是桂東南風味：包括南寧、梧州、玉林一帶的地方菜，用料比較廣泛，口味以清淡為主，以粉食為代表的各種風味小吃更是樣多味美；三是桂西風味：包括百色、河池一帶的地方菜，帶有濃厚的民族風味，擅長眾菜合調，粗菜細做；四是海濱風味：以北海、欽州、防城地方菜組成，講究調味，注重配色，擅長海產品製作；五是少數民族風味：講究實惠，取材奇特，製法極有個性，富有山野風味。尤其對野生魚種、山間珍菌、田埂野菜、鄉村土雞情有獨鍾。

**❸．西藏地區**

西藏地區位於海拔4000米以上的青藏高原，具有氣溫偏低、降水較少以及空氣稀薄、日照充足的特點。西藏地區畜牧業發達，種有青稞、小麥、豆類等農作物。川西高原與滇西北屬於青藏高原的邊緣部分，物產、習俗與西藏近似。由於自然環境的殊異，青藏高原的飲食文化與四川、雲貴桂的大部分地區存在明顯差別。茶葉、糌（zān）粑、酥油和牛羊肉，被稱為西藏地區飲食的「四寶」，由此可略知其飲食文化的主要特徵。

第二章　史前至先秦時期

# 第一節　四川地區飲食文明之濫觴

根據古人類學的發現和研究，四川地區的史前時代最早發端於200萬年以前，相當於舊石器時代早期至新石器時代末期。在200多萬年前，就有原始人類在四川這塊古老的土地上生息，揭開了四川地區飲食文化史的第一章。

## 一、巴蜀地區原始經濟的開發

### ❶ · 舊石器時代以生食為主的飲食生活

四川舊石器時代晚期的遺址，有銅梁張二塘、資陽鯉魚橋、漢源富林鎮等。其中，銅梁張二塘遺址出土的石器以切割與砍劈為主要功能，表明經濟活動以食物採集為主，所發現植物的果實多為野核桃。動物化石有水牛、鹿、羊、中國犀、東方劍齒象及亞洲象等，說明這些動物有可能是本地居民食物的重要來源。資陽鯉魚橋遺址出土的石器以尖狀器為主，尖狀器是割裂獵物和採集植物塊根的重要工具，說明當地居民的經濟生活為狩獵與採集並重。富林鎮遺址，除了發現石器外，還有木炭、灰燼、燒骨和少量哺乳動物化石，說明狩獵經濟占有較大比重，而且開始使用火。[1] 可見舊石器時代四川地區的原始人類，大多過著《禮記》所描述的「食草木之實、鳥獸之肉，飲其血，茹其毛」的以生食為主的飲食生活。

在人類發明火以前，生食是最原始的食法。舊石器時代的生食方法我們已不可能瞭解，但我們可以從民族學資料中略窺一斑。原始先民的生食習俗在後世的少數民族中尚有一些遺風，據此可以推想當時的飲食狀況，如採集食用植物的根莖葉、食生肉及昆蟲等。蕨是世界上最早的植物，現在仍在西南山區繁茂生長。蕨根有澱粉，可以做食糧。現代涼山彝族在二十世紀中葉前，若遇災荒，還常將

---

1　段渝：《四川通史》第一冊，四川大學出版社，1993年，第8-10頁。

野生的蕨巴根挖出，洗淨磨漿，過濾沉澱後得到蕨粉，用沸水沖成「糊」食用。因此涼山彝族稱其為「救命草」。及至近代，四川虎牙藏族仍認為吃生肉耐餓。二十世紀中葉，有的獵人在深山老林打獵時，因無火種或累極欲食，即以吃生肉充飢。又如，康區藏族有一種生食鮮牛肉的食俗，即將鮮牛肉大塊分割後掛起，待半乾後用刀割而食之；或做成風乾生牛肉，即把胸叉肉、背溜肉割下切塊，蘸鹽、辣椒粉生食，剩餘部分割成條形，加鹽和辣椒粉風乾，放至次年直接生食。此外，蛆蟲也是一種食物，諸多典籍中有食蟲及卵的記錄。晉代郭義恭《廣志》提及人捕大渡蜂取其子，「約數升為羹，亦可蒸食」的習俗。直至近現代，有些民族還有食蠶蛹、蜂蛹、蝗蟲的習慣。這些飲食風俗，皆是遠古時期的飲食遺風。

**❷·新石器時代原始農業和漁獵經濟的發展**

四川新石器時代的遺址，東起長江三峽的巫山，西至川西北高原的阿壩、甘孜，北達秦巴山地的廣元、閬中，南及川西南的涼山地區均有分佈。

受自然地理環境的影響，決定了四川新石器時期主要存在盆地原始農業經濟和高原原始畜牧業經濟兩大類型。四川新石器文化最重要的代表是成都平原新石器晚期文化，包括寶墩文化和三星堆第一期文化。出土的生產工具有斧、錛（bēn）、鑿、有柄石鋤、網墜、矛、杵、砍砸器等，以及陶器和家畜遺骨。可知其居民主要從事農業經濟，輔以漁獵。巫山縣大溪文化遺址位於川東長江三峽，也是四川迄今發現的最重要、最典型的新石器時代遺址之一。據發掘情況分析，捕魚在大溪文化的居民生活中占有重要地位，遺址中出土有大量的魚骨以及網墜、魚鉤、矛、鏃等捕魚工具。此外，還發現有豬、狗、牛、羊、馬、虎、鹿等獸骨，可見狩獵是捕魚的補充。從新石器時代遺址的出土情況，可以看出原始農業和漁獵經濟的發展。

**❸·原始先民的定居及農作物的栽培**

四川考古資料表明，原始社會時期，農業的發展使四川建立了早期農耕聚落，主要體現在發現了排列密集的墓葬遺址和成組的房屋建築遺址。在這些遺址中也發

現有處於同一年代或相近年代的農具以及日常生活用品等，表明當時已經出現永久性定居和定居農業。[1]

西南原始先民定居並從事農業後，培育出了諸多的糧食品種。《山海經‧海內經》記載，西南地區古代盛產膏菽、膏稻、膏黍、膏稷等「百穀」。四川三星堆新石器文化遺址中，雖未直接發現糧食的遺跡，但出土了大量烹煮糧食的陶器，說明人們已經從事農業。

麥，是我國古代主要糧食作物之一。其中，青稞和蕎麥均是野生大麥的衍生物種，它們是藏族和彝族的主食。藏、彝民族對青稞和蕎麥都有久遠的栽培歷史。

青稞，是藏族先民最早種植的作物之一。在青藏高原，不僅有野小麥、野大麥，而且通過細胞學觀察，它們分別和普通小麥、栽培大麥染色體數目相同。雲南小麥和西藏半野生小麥不僅染色體數目相同，形狀也較相似。由此，從細胞學的觀察研究揭示，青藏高原也可能是小麥、大麥的原產地之一。[2]考古發現，在西藏山南貢嘎縣昌果鄉新石器時代遺址，發現了青稞遺存，揭示了雅魯藏布江中游流域在新石器時代就以青稞為主要栽培作物。藏文吐蕃王朝《世系明鑒》記述：西元一世紀，藏族地區已「墾原作田，種植稞麥」；《北史‧列傳》亦稱：居住在青藏高原的附國嘉戎夷，「氣候涼，多風少雨，宜小麥、青稞」；又據《唐書‧吐蕃傳》記載，秦隴巴國高寒地區松潘草原、青藏高原地區，最遲在唐代已種植稞麥。唐代以後，青稞在藏區普遍種植。《新唐書‧吐蕃傳》中也記載：「其稼有小麥、青稞麥、蕎麥、螢豆。」

1　段渝：《四川通史》第一冊，四川大學出版社，1993年，第15頁。
2　羅琨、張永山：《原始社會》，中國青年出版社，1998年，第147頁。

蕎麥，原產於亞洲中部和北部。最早的蕎是甜蕎。據彝族史籍《西南彝志》[1]載，彝族培育蕎麥的歷史是久遠的。蕎始種於名為「實」和「勺」的部落，他們是西元十四世紀中期的古代部落。傳說最早發現野蕎並培育出蕎麥種子的人是實奢哲、勺莫額。最先培育蕎麥的地方，涼山彝族說是阿樂尼山，即孕育彝族祖先之地的樂尼白，今與四川緊鄰的雲南會澤一帶。其後，彝族普遍種蕎，成為彝族人民賴以生存的主食，並從甜蕎中培育出苦蕎。苦蕎作為古老的糧食，在彝族古詩中有「人間最偉大的是母親，莊稼最早的是苦蕎」的詩句。至今，彝族仍以蕎粑祀奉祖靈。

### ❹・始用火熟食與對火的崇拜

在新石器時代，人們已普遍使用火。人類的飲食文明史是從烹飪開始的，而熟食是烹飪史的開端，飲食文化也發軔於此。人類從無火生食，到使用天然火，再到人工取火，懂得熟食，使人類在生存鬥爭中掌握了一種強有力的手段。火，孕育了原始的烹飪，因為有了火，才有了食物的燒、烤、炙，才有了燒製烹飪器皿陶器的發明，進而產生了煮、煨等加工食物的方法。熟食結束了人類茹毛飲血的生食習慣，擴大了食物來源。使諸如貝類、動物甲狀腺及肝臟、木薯、黃花等含有天然毒素的動植物，經過燒烤或水煮之後成為可食之物。從而豐富了人體所需的營養成分，加速了人類的進化，特別是促進了大腦的發達。火還幫助人們驅走野獸和洞穴中的潮濕，使洞穴從動物的棲身之地變成了人的居所。

由於火對人類的貢獻，人類逐漸產生了火崇拜。相關研究認為，在原始宗教中，最早的火神不代表自然之火，而是家族的灶火之神，而且與曾作為家族核心的女性祖先融為一體。很多民族傳說中灶火之神都是女性。例如，漢族灶神在早期的

---

1　《西南彝志》是一部比較全面地記載西南地區彝族歷史的彝文獻巨著。編纂者是黔西北古羅甸、水西熱臥土目（今黔西縣境內）家的一位慕史（歌師），姓氏無可考。成書年代不詳，僅從書中一些記載推測，可能在清康熙三年（西元1664年）之後，雍正七年（西元1729年）年前。本書敘述了彝族先民對宇宙、人類起源的認識，記述了狩獵、耕牧、手工業經濟等發展情況，對於研究彝族的社會歷史、天文曆法和文學都有重要的價值。

傳說中是女性形象，說她著赤衣，狀若美女。後來的道書則把灶神說成是崑崙山上的一位老母，叫「種火老母元君」，民間稱其為「灶神奶奶」。可見作為祭祀對象的先炊和灶神都產生於母系氏族時期，這一文化特徵反映了一些民族早期尊重女性的習俗，同時反映了婦女在生活中因司掌烹煮食物的家務，而與居家火塘、火爐和灶所產生的密切關係。[1]

**❺·生活用陶器與製鹽的尖底陶器**

在新石器時代，陶器使用較為普遍。陶器發明初期，除陶刀、陶紡輪等少數生產工具外，基本上都是飲食用具，表明人們處理食物的方法除燒烤外，又增加了煮、蒸、熬、燉等手段。

在四川的新石器時代及夏商周遺址中發現了不少陶製品。如在成都新石器時期出土的陶器器形主要有高領罐、尖底缽、小平底罐等，由此得知先民主要從事農業經濟，輔以漁獵。巫山大溪居民經濟生活以農業為主，輔以家畜飼養業和漁獵業。

◀圖2-1　西周至戰國時期的陶雙耳罐，四川西昌大洋堆遺址出土（「四川文物編輯部」提供）

---

1　羅琨、張永山：《原始社會》，中國青年出版社，1998年，第99頁。

▲圖2-2　新石器晚期至西周的陶甗，四
　　　　川廣漢三星堆遺址出土（「四
　　　　川文物編輯部」提供）

▲圖2-3　商周時期的尖底陶杯，四川成都
　　　　出土（「四川文物編輯部」提供）

在巫山新石器時代遺址中就出土了極為豐富的陶製生產工具和飲食器具，如豆、盤、碗、釜、罐、缽、瓶、盆和豬頭形器等。陶器以紅陶為主，黑陶、灰陶次之，還出現了紅衣黑彩陶器。

地處四川西南的西昌禮州新石器時代晚期遺址和西昌市經久鄉大洋堆遺址，是四川另兩處重要的新石器時代文化遺存，其中出土的陶器均為手製，以平底深腹器和小口瓶、壺為代表。此外，還有缽、碗、盆、杯、盤等。其中帶流壺、帶把罐、雙聯罐、桶形罐等尤具特色。

在夏商周時期，蜀陶以夾砂褐陶為主，器形以圈足豆、小平底罐、尖底罐、高把豆、鳥頭柄勺、喇叭形器、三足形炊器等為典型器物群，其中最富代表性的是尖底、平底陶器和高把陶豆，具有濃郁的地方特色。特別是三足陶盉（hé）、陶甗（yǎn）的出現，說明製陶已經達到相當水平。春秋戰國時期則以圜底罐、盉、釜、喇叭狀口矮圈足豆等為典型器物群。新石器時代晚期與夏商周前後陶器的陶質及組合的變化，反映了製陶水平不斷提高和成熟，也反映出陶器的發展演變。[1]

---

1　段渝：《四川通史》第一冊，四川大學出版社，1993年，第134-135頁。

這一時期，除生活用陶器外，在川東和三峽地區的考古遺址中，發現了大量尖底陶器，尖底陶器主要有三種：尖底缸、尖底杯和圜底罐。尖底缸是新石器時代末期的主要器物，尖底杯主要流行於商代晚期至西周中期，圜底罐主要流行於西周中晚期至戰國。考古最新研究顯示，它們都是古代製鹽工藝流程中使用的器具。這將在後文專述。

### ❻·蜀、巴是華夏文明中長江上游的文明中心

先秦時期，四川地區形成兩個政治、經濟與文化的中心：一個是以成都一帶為中心的蜀；一個是以重慶一帶為中心的巴。它們既是華夏文明中長江上游文明中心的兩個方國，也是華夏民族多元一體中的古老民族，在歷史長河中為人類文明做出了重要貢獻。

巴是一個古老的部族，興起於西北高原的黃帝部落。約在夏商之際，巴人遠祖逐漸南遷至今陝西南部的漢水上游，並從母系氏族制社會發展到父系氏族制社會階段。春秋時代，南夷衰微，楚國崛起。巴與楚數相攻伐，迫於楚國的強大勢力，巴人放棄漢水和大巴山之間的故地向南遷徙，渡長江，溯清江西上，進入四川東部。從此，形成川東巴國、川西蜀國的局面。

蜀是興起於岷江上游的一個古老部族。古史記載為黃帝的子孫，蜀人也自稱為黃帝后代，反映了蜀族的先世與西北地區的氐羌先民有淵源關係。西周中葉後，來自岷江上游的強悍首領杜宇奪取了蜀族的統治權，自立為蜀王，並在汶山下建立都城，名為郫（pí，在今郫縣）。杜宇在成都平原廣泛推行稻作農業，各地有「漁、田之饒」「有美田」「好稻田」，促進了成都平原栽培農業的進一步發展。戰國時，蜀地已是沃野千里，土地肥美，以糧食菜蔬豐饒而聞名遐邇。同時，林牧漁業也得到長足的進展。

### ❼·蜀國的經濟狀況

先秦時期蜀國的疆域北達漢中，南抵青神縣，西至今蘆山、天全，東至嘉陵江，而以岷山和南中為附庸。當時，蜀地擁有優越的自然環境和豐富的自然資源。

早在四五千年以前，成都平原及周圍邊緣丘陵山地的農業就已得到初步開發。早期蜀族就是以狩獵畜牧為主，兼營耜耕農業。

農業始於對野生植物的栽培。古蜀地野生植物資源豐富，其中一些被蜀人栽培發展為農作物品種，「芋」即其中之一。《史記·貨殖列傳》記：「汶山之下，沃野，下有蹲鴟，至死不飢。」蹲鴟，即芋也。《華陽國志》也云，汶山郡都安縣有大芋如蹲鴟。臨邛、都安在川西平原邊緣，適宜芋類生長。漢代畫像磚中，不乏種芋的畫面。從蜀人種芋的歷史來看，成都平原的芋類是原產於本地的一個栽培品種。

蜀地稻作農業一般認為源於古代雲南稻作農業的傳播。至殷周之際，成都平原已發展成為海內栽培農業的中心分佈區之一，盛產各種栽培農作物。《山海經·海內經》載：「西南黑水青水之間，有都廣（成都平原）之野……爰有膏菽、膏稻、膏黍、膏稷，百穀自生，冬夏播琴（種）。」※冬夏播種，說明成都平原已是雙季栽培農業。蜀國農業經濟不斷髮展，至西周時已是當時全國農業先進的富庶之區。西周中葉後，農業成為蜀民經濟生活的主要方式。春秋戰國之際，蜀國由於水利設施的大規模興建，促進了農業的長足發展，《漢書》載，「民食魚稻，亡凶年憂，俗不愁苦」，「富於桑、漆、麻、紵之饒」。

在成都市商業街發現的戰國早期大型船棺葬和獨木棺葬墓中，出土的雙耳甕內裝有稻粒、粟粒等糧食作物和桃、李、梨等果實，證明戰國先民在主食中已有了南稻北粟交相為食與食用水果的習慣。在汶川的石棺葬中發現粟穄類作物，茂縣城關和理縣佳山寨石棺葬中都發現有皮大麥。粟穄和皮大麥都是高地農業普遍種植的耐寒耐旱作物。《華陽國志·蜀志》曰：「汶山郡……土地剛鹵，不宜五穀，惟種麥。」與考古資料反映的情況大致吻合，但「不生穀粟麻菽」，「不宜五穀」，則與發現有異。皮大麥和粟穄類都應是本區的糧食作物品種。出土於石棺葬的這幾種糧食作物，應是本地區從農業起源時代至秦漢時代以後的主要農作物品種。[1]

---

※　編者註：為方便讀者閱讀，本書將連續占有三行及以上的引文改變了字體。對於在同一個自然段（或同一個內容小板塊）裡的引文，雖不足三行但斷續密集引用的也改變了字體。

1　段渝：《四川通史》第一冊，四川大學出版社，1993年，第94頁。

興建都江堰水利工程意義重大。蜀國農業發展與進步，與興修水利密切相連。蜀中腹地所在的川西地區，處於岷江下游，夏秋多有水害，給兩岸平原的居民帶來災難。都江堰位於岷江幹流上，是我國古代著名的水利工程，為蜀農業的發展創造了良好條件。約在秦昭王時期，由蜀郡守李冰修築。都江堰設計巧奪天工，是具有灌溉、防洪和漂木等多功能的大型水利樞紐工程，是迄今為止世界上最古老、最先進、最科學、最符合生態和諧要求、唯一留存且仍在使用的以「無壩引水」為特徵的宏大水利工程，堪稱世界水利史上光輝燦爛的明珠。於二〇〇〇年被聯合國教科文組織列為世界文化遺產。此外，李冰還疏導文井江、白木江、洛水、綿水等河道，建立了農業自流灌溉系統，使得蜀地土地肥美甲於天下。《華陽國志‧蜀志》載沱江流域「皆溉灌稻田，膏潤稼穡」。除農業長足發展外，成都平原還積極發展經濟林木的栽培。故《漢書‧地理志》言：蜀地土地肥美，「巴、蜀、廣漢本南夷，秦並以為郡，土地肥美，有江水沃野、山林竹木疏（蔬）食果實之饒」。《華陽國志‧蜀志》中說蜀有「桑、漆、麻、紵之饒」。

蜀民肉食以家庭畜養動物為主。三星堆早期蜀文化遺址不僅出土有豬骨，在生活區的房舍中還出土了大量各種精美的工藝陶塑家養動物塑像，如牛、羊、豬、魚、蛙等，生動地再現了當時家畜飼養的景象。成都地區各遺址出土的大量動物遺骨中，可以確認屬於家養動物的有豬、犬、水牛、黃牛、馬、羊、雞等，六畜皆備。其中家豬占飼養動物的75%，說明家畜以飼養豬為主。[1]

在成都平原及邊緣山地的早期蜀文化遺址中，出土不少虎、黑熊、獼猴、中華竹鼠、豪豬、豬獾、靈貓、犀牛、小麂、梅花鹿、水鹿、赤鹿、白唇鹿等哺乳類動物骨骼，以及魚類和烏龜、鱉、陸龜等爬行類動物骨骼。據這些野生與家養動物骨骼共存的情況推測，野生動物也是蜀人肉食的重要來源之一。

當時的畜牧業主要分佈在高原地區。如岷江上游，是古代四川最早開拓的地區之一，屬於山地農業類型，其經濟特點是農牧相結合。在本區發掘的大量石棺葬

---

1　段瑜：《四川通史》第一集，四川大學出版社，1993年，第93頁。

中，也出土有各種動物骨骼。主要是羊骨，也有獸類和鳥類骨骼，還有青色羊毛織物。反映出當地居民兼事畜牧並輔以狩獵的生計方式。

居住在川西北的氐羌民族，在商代以後已見於史籍記載。氐羌原居我國西北甘青高原，以後發展為兩個族群。《說文》稱，「羌，西戎牧羊人也」，《後漢書‧西羌傳》又說羌人「地少五穀，以產牧為業」，是以畜牧業為主並營粗耕農業的民族。《三國志‧魏志‧烏丸鮮卑東夷傳》注引：「氐人俗能織布，善田種，畜養豕、牛、馬、驢、騾。」據考，氐族是從羌族中分化出來後，由高地向低地發展並主要經營農業的民族。其初始分化年代，至少可上溯至商代。[1]

**❽ · 巴國的經濟狀況**

巴人早期以狩獵漁捕為主，輔之以粗放農業。西周中葉後，由於受蜀地農業的影響，也致力於農耕。春秋戰國時，農業已成為主要的生產方式。《華陽國志‧巴志》載：「其地東至魚復，西至僰（bó）道，北接漢中，南極黔、涪。土植五穀，牲具六畜，桑、蠶、麻、苧、魚、鹽、銅、鐵、丹、漆、茶、蜜、靈龜、巨犀、山雞、白雉、黃潤、鮮粉，皆納貢之。其果實之珍者，樹有荔芰，蔓有辛蒟（jǔ），園有芳蒻，香茗、給客橙、葵。其藥物之異者，有巴戟、天椒；竹木之璊（同『瑰』）者有桃支、靈壽。」

戰國初，巴國已發展到川東，推進了農業生產工具和技術的傳播。在四川巴縣即出土了戰國時期巴人的農具——「犁鏵」，《華陽國志‧蜀志》中記載：「後有王曰杜宇，教民務農……巴亦化其教而力務農。」促進了農業生產的發展，《華陽國志‧巴志》載，江州「有稻田，出御米」（即出產優質米）。從《華陽國志‧蜀志》記錄的古代巴國詩歌也可窺見巴國農業取得的成就：「川崖惟平，其稼多黍。旨酒嘉穀，可以養父。野惟阜丘，彼稷多有。嘉穀旨酒，可以養母。」其祭祀之詩曰：「惟月孟春，獺祭彼崖。永言孝思，享祀孔嘉。彼黍既潔，彼犧惟澤。蒸命良辰，

---

1　段渝：《四川通史》第一冊，四川大學出版社，1993年，第261頁。

祖考來格。」又曰：「惟德寶寶，富貴何常。我思古人，令問令望。」這段文字述及巴地大量種植糧食，為巴地的酒文化發展奠定了基礎。

巴地地理環境上的差異，造就了不同的經濟發展形態。如，「土地山原多平」的巴西郡多「有牛馬桑蠶」；山區和丘陵地帶，則以刀耕火種的粗耕農業與狩獵結合的復合經濟為主，多種植黍、稷等作物；而「三峽兩岸土石不分之處，皆種燕麥。春夏之交，黃遍山谷，土民賴以充食。」[1]

❾ · 巴蜀是鹽文化的發祥地

四川自古以來就是我國主要的產鹽區之一，鹽儲藏量非常豐富，主要有泉鹽、池鹽、岩鹽和井鹽。東到萬縣、石柱，西至洪雅、鹽源，北到儀隴、閬中、江油，南到長寧、江津等縣都有鹽盆分佈。其中川東、川中、川西被稱為三大鹽盆，渝東地區是岩鹽的重要產地。據《華陽國志·蜀志》所載，南安（今四川樂山市）有「鹽溉」。張澍《蜀典》卷七釋曰：「溉，為水中灘磧之名。」此應為池鹽。如此，南安鹽溉，應是蜀人就地取煮鹽水之地。據《水經注》《朝野雜記》等文獻載，至遲在春秋戰國時代，川東沿江一帶多有鹽泉。而鹽泉則謂鹽池，在巴東北井縣，水出地如湧泉，可煮蒸為鹽。川東大寧河也產泉鹽，稱為鹽水。

岩鹽多集中在中國西北和西南高地勢的山脈區域。位於岷江上游的「汶山有鹹石，煎之得鹽。」屬岩鹽。又據《水經注·江水》：「朐（qú）忍縣（今重慶雲陽縣境內）入湯口四十三里有石，煮以為鹽。石大者如升，小者如拳，煮之，水竭成鹽。」可知岩鹽是通過煮製獲取的。在古代畫像磚上的鹽業圖，常以山作為背景，應與岩鹽有關。

井鹽最早出現於戰國時期的巴蜀地區。《華陽國志·蜀志》記載，秦昭王時，蜀郡守李冰十分重視食鹽的生產，他勘察地下鹽滷分佈狀況，「穿廣都鹽井諸陂池，蜀於是盛有養生之饒焉」。這是有關中國古代開鑿鹽井的最早記載。李冰在總結前

---

1　曹學佺：《蜀中廣記》卷六四，商務印刷館，1935年。

人經驗的基礎上，瞭解到地下鹽滷水有脈絡可尋，根據民間「依山可作井，隔溝不同脈」的經驗，提出一套鑿井、汲鹵、煮鹽的辦法，並進行實地試驗，取得成功，開創了巴蜀井鹽業的先河。井鹽的大量生產改變了利用天然的鹹泉和鹹石製鹽，數量少而質量差的局面，對烹飪的發展起到重要作用。

蜀地產鹽的數量很大。在《華陽國志‧蜀志》中記載了秦滅蜀後第五年，在成都置「鹽、鐵、市官」；在蜀地出土的秦漢畫像磚中亦有大量鹽井操作的畫面，可見鹽是蜀地的主要產業之一。

漁鹽也是古代巴國的經濟命脈。《華陽國志‧巴志》記巴地物產有：「桑蠶麻苧，魚鹽銅鐵。」商末周初，川東地區的巴人就有了大規模生產商品鹽的歷史。考古發掘顯示，今三峽地區的大寧河流域曾是泉鹽的集中生產地，其中巫溪寧廠、彭水郁山和清江鹽水，這三處是古代巴人最早開發的鹽泉。

從整個三峽地區的考古發掘中，都發現有魚骨渣和魚葬品，說明巴人鹽業的興盛與漁業生產有關。水產品須用鹽醃製才能貯藏與保存，發展漁業需要以鹽業為支撐。同時，漁業生產又促進了鹽業的再發展，從而使此「漁鹽之地」成為當地的經濟集聚中心。正因自古鹽與巴的特殊關係，古川東一帶乃至整個四川地區也稱鹽為「鹽巴」。

巴人得鹽而興，因鹽而富。《山海經‧大荒南經》記載：「有䍒（dié）民之國。帝舜生無淫，降䍒處，是謂巫䍒民。巫䍒民盼姓，食穀，不績不經，服也；不稼不穡，食也。……爰有百獸，相群爰處，百穀所聚。」是什麼讓巫䍒國能夠不織而衣，不耕而食？這就是鹽，以及因鹽而起的鹽業經濟。食鹽貿易解決了他們所需的物品，滿足了日常生活的需求。[1]

可以說，歷史上的巴蜀之地因鹽而生，因鹽而聚，因鹽而興。同時也因鹽而戰，古代三峽地區發生的戰爭實際多是為了爭奪對鹽的控制權，如春秋戰國時期巴楚之戰，即是爭奪清江及伏牛山鹽泉的戰爭，其結果導致巴國衰敗，終於西元前

1　管維良：《大巫山鹽泉與巴族興衰》，《重慶三峽學院學報》，1999年第3、4期。

三一六年為秦所滅。

**❿ · 尖底陶器與巴鹽食鹽的製作**

從中壩遺址[1]的考古發掘來看，新石器時代末期，有製鹽器具的堆積層，並隨著時間的推移，出現儲鹵池、窯灶等典型製鹽遺跡。鹽業考古專家認為，在人類採用金屬容器熬製食鹽以前，曾經有過相當長的一段時期是採用陶器製鹽。其製作不精，器類往往都是單調的尖底、圜底、小圈足等容器，如尖底缸、尖底杯、圜底罐等，在這些陶器殘片的下面常常可以見到灶或者窯等遺跡。[2]

尖底缸為敞口深腹，是新石器時代末期的主要器物。據一些考古學者推測，早期煮鹽應是在地面上燒柴生火，為使罐體更好地受熱，增大其受熱面，就必須將罐體做成上大下小的形狀，若將幾個尖底缸緊挨著插在地上，相鄰缸體的下面就有了類似於爐膛的空間，缸體就能更有效地接觸火焰，正好能滿足地面生火煮鹽的技術要求。二〇〇一年法國國立科學院鹽業考古專家顧磊先生到中壩遺址考察後指出，這類器物的底部與他在非洲看到的鹽業生產工具十分相像。

尖底杯主要出現在商代晚期至西周早期，至西周中晚期出現了少量帶有圈足的尖底杯。尖底杯最開始是插在沙中使用的，很容易解決其平穩放置的問題，而圈足起著器座的作用。這種陶器，主要功能是作為製鹽和盛鹽的器具。它一般內壁比較粗糙，在晾曬鹽水時可以使水分儘快蒸發，使杯底留下白色的鹽晶。[3]

圜底罐最早出現在商代，後來慢慢地成為製鹽的主要工具，至戰國以後逐漸消失。製鹽時，圜底罐需放在一個被叫作「柱洞」的凹洞中，再利用「柱洞」底部的炭火或平鋪在地表的炭火餘熱，將從鹽灶上轉移來的鹽鹵殘餘少量水分蒸發，形成鹽晶。

---

1　中壩遺址：位於重慶市忠縣，文化堆積層厚達12.5米，是世界考古史上罕見的、迄今唯一能完整展現五千年中華古代文明發展史的古代文化遺址。

2　孫華：《四川盆地鹽業起源論綱——渝東鹽業考古的現狀、問題與展望》，《鹽業史研究》，2003年第1期。

3　白九江：《巴鹽與鹽巴》，重慶出版社，2007年，第37頁。

**⓫．質地多樣的巴蜀飲食器具**

巴蜀先民製作的飲食器具質地多樣，如陶器、木器、竹器、漆器、青銅器等，種類繁多，如四川新都、蒲江等地戰國墓出土的，有裝食物的敦；有盛食物的豆；也有以適應各種飲食盛裝需要的罐；還有蒸煮食物的「甗」、甑以及裝祭祀食品用的銅鼎等，反映了巴蜀祖先已有「美食美器」的審美意識。

當時的製陶業已相當發達。四川夏商時期的廣漢三星堆遺址中出土的陶器有盉、杯、觚（gū）、壺、勺、缸、甕、碗、碟、盤、豆、罐等品種多樣，造型實用，極具巴蜀風格。

巴人手工業中最負盛名的是青銅的冶煉和銅器的製造，其發展水平與中原不相伯仲。古代蜀國青銅器的製造業也較發達，如在彭縣竹瓦街，兩次發現了西周時期的青銅器窖藏；一九七九年，在綿竹清道發現了春秋時期蜀人的船棺葬，隨葬物有青銅酒器罍（léi）和提梁壺。[1]青銅器的冶鑄，促進了飲食器具的發展。從木、竹食具到青銅食具，是飲食文化飛躍發展的標誌之一。

漆器在巴蜀手工業中占有重要地位，該地漆器的發展，與生態環境密切相關。《華陽國志‧巴志》指出，巴地盛產「丹、漆」，《華陽國志‧蜀志》也說，蜀有「漆、麻、紵之饒」。蜀漆的實物資料最早發現於三星堆遺址。後來在成都羊子山、榮經和青川墓群中也發現了大量蜀漆製品，多數是生活用器。從青川漆器的形制、製作工藝到裝飾圖案，均充分體現了蜀漆工藝在戰國的中晚期已相當成熟。[2]巴人漆器的製造也達到了較高水平，在巴縣冬筍壩、昭化寶輪院和涪陵小田溪的巴人墓葬，都有漆器出土，飲食器皿有漆盒、漆盤等，多為黑紅二色，有的還加有銅足、銅蓋或銅箍，製作頗為精美。

1　四川省博物館、新都縣文管所：《四川新都戰國木槨墓》，《文物》，1981年第6期。

2　李昭和：《青川縣出土戰國漆器》，四川省文物志編輯部編：《四川省志‧文物志》報審稿，1990年，第175-178頁。

圖2-4 四川甘孜藏族同胞將麵饃放入火灰中烘烤

## 二、巴蜀先民的飲食生活

### ❶·掌握了多種的熟食方法

燒食和烤食是人類懂得用火以後的最早食法。先民們或將食物直接放在火上、火爐中燒烤，或用工具將食物穿起、吊起進行叉烤和懸烤。清光緒《雷波廳志》曾記彝族「飲食不烹飪，以火炙之，用木盒盛而食」。至今，彝族還盛行燒烤食品。彝族的燒烤仔豬，是「叉烤」的活見證；土家族、苗族、羌族的火鋪、火塘吊烤的豬膘、燻肉，納西族的烤乾魚，即為「懸烤」的生動寫照。羌族、藏族的燒、烤饃，涼山彝族的烤土豆，都是將食物埋入火爐中烤熟的，此為遠古時期人類燒、烤食物的遺風。

人類還較早地發現能夠利用熾熱的石塊或石板烘烤食物，這種方法較之將食物放在火上直接燒烤又前進了一步。聚居在滇西北地區，屬橫斷山脈縱谷區中部山原地帶的普米族，是具有悠久歷史和古老文化的民族之一。他們的石烤粑粑就是先將石頭燒得熾熱，然後再將調好的粑粑放置在石頭上，片刻即可烤熟。

在陶器發明以前，人類還學會了用水煮熟食的方法。據民族學資料顯示，普米族曾用羊胃煮肉。屆時把羊胃掏空洗淨，裝水，再放進羊肉，然後將羊胃放在火上，以

▶圖2-5　陶盉，四川廣漢三星
　　　　堆遺址出土（「四川
　　　　文物編輯部」提供）

煮熟當中的食物；他們還用木桶煮食，即是先在木桶中盛冷水，再把食物放入水中，而後把燒熾的石頭放入木桶內，持續不斷，直至水開食熟為止。又如，雲南的傈僳族、佤族、怒族、景頗族，日常都用竹筒盛水煮飯，其方法沿襲至今。

汽蒸之法的歷史也很悠久。在三星堆博物館的陳列中，有一件引人注目的炊煮器——陶盉，即為水烹汽蒸的炊具。這種三足形炊具，有三隻袋形大足協調撐開，袋足中空，並與口部相通，容水量很大，足下可生火加溫，既穩當，受熱面又廣。口上為寬盤沿，上面可放食物。當下面的火焰燃燒起來時，溝槽狀的寬沿上可將水燒沸，又可加蓋烹煮食物，開了水烹汽蒸的先河。這種烹煮方法至今還存留於彝族、羌族和藏族之中。

### ❷ · 圍火聚食的飲食方式

新石器時代的飲食方式，尚可從考古遺址與近代原始民族的飲食習俗中窺知一二，如手抓、咂飲、聚餐、席地而食，等等。

進餐不用筷子而用手抓，是古老的進食方式。直至二十世紀中葉以前，藏族、彝族進餐如吃肉、饃時，基本不用漢族傳統的筷子，一般仍用手抓食。

「咂飲」是南方民族最原始的吸飲飲料的方式。吸飲工具多為空莖的植物枝

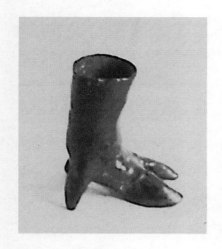

◀圖2-6 四川涼山彝族的豬蹄酒杯

條，如蘆秸、鉤藤、竹枝等，故咂酒又名「鉤藤酒」或「竿竿酒」。因為人類飲用最原始的酒，是野果經自然發酵而成的果酒，所以空心植物莖枝為理想的飲酒工具。

圍火席地而食稱之聚餐，是最古老的飲食方式。新石器時代氏族制度下流行同爨（cuàn）共飲。炊間在住屋的中央，上有天窗出煙，下有火塘燃物，在火上作炊，就食者圍火聚食。女性老人是炊飲的製作者，也是食物的分配者。不論飯菜，都由她平均分給每個人。這一聚餐方式和平均分配製綿延後世，及至近代仍有許多少數民族留存。至清末民初時，四川地區的少數民族中還不乏其例。清光緒《越西廳全志》記載：「夷人……無灶，以三石支釜，名曰『鍋莊』，肉菜雜煮。肉半生，席地或團坐竹笆分食；湯用木勺取貯，團轉分食。」而現代納西、普米族人吃飯時仍沿襲傳統，全家圍坐火塘四周，由家庭主婦分配飯菜，每人一份。家長的第一碗飯必須由女子盛給。這種習俗帶有原始母系社會的遺跡，也是聚餐制的遺留。

❸·由手抓到陶器的飲食器具演進

上古先民從抓食掬飲，茹毛飲血，發展到利用自然物燔炙熟食，再到製作陶器，成為歷史上人類生活的幾個發展階段。但最早的飲食容器並非是陶器，而是用

石、木、竹、角、骨等自然物加工製成，或用瓠類植物的果殼及植物的莖做成的。很多民族都有使用木、石、角、骨食器的歷史，這些器具至今還遺存於西南諸多民族中。傈僳族過去使用的食具皆用木、竹製造。木器完全靠剜削，有的木食器幾乎保留著木材本身的自然形狀，稍加修飾即成用具。四川甘孜縣藏族，曾在食完牛頭肉後，將顱骨正中劈開，取出大腦組織後剩餘的腦顱骨呈勺狀，以此作為舀湯的勺用。涼山彝族則以牛角、豬蹄挖空為酒杯。

陶器的前身是瓦器。瓦器對原料要求不高，也不上釉，火候容易掌握，所以早於陶器。新石器時代後期龍山文化遺址中出土的白、灰、紅、黃四種瓦器，都屬於早期的陶器。這種瓦甑，現在還遺存於巴渝地區。在渝東大山深處的雲陽縣黃石鎮，當地居民還自製自用這種黃泥瓦甑。鎮上居地，木材隨手可取，可製作大量的木甑。但人們卻寧願使用瓦甑，其原因是認為它比木甑方便，木甑易脫水，鬆散，蒸飯前還要用水浸泡一段時間，且飯帶木腥味。瓦甑則避免了這些不足，用瓦甑蒸的飯不僅特別香，而且剩飯放在瓦甑中可以保存幾天不餿。[1]陶器的發明，為先民提供了具有歷史貢獻的烹飪器具。陶器不僅可以盛放固體食物，還可以盛放液體食物。它的出現，使人們處理食物的方法，除燒烤外又增加了煮、蒸、熬、燉等手段，極大提升了先民的飲食水平。

❹ · 蜀地蔬菜豐富，有「築場圃」之俗

蜀地水利工程的護佑，改善了當地生態環境，促進了農業的發展。《華陽國志·蜀志》形容「其山林澤漁，園囿瓜果，四季代熟，靡不有焉。」說明蜀地蔬菜類食物十分豐富，從而使蜀人「水旱從人，不知饑饉。」所謂「饑饉」的「饉」，指蔬菜歉收。《爾雅》云：「菜不熟為饉。」但先秦時期菜品種很少，《詩經》中提到132種植物，其中作為蔬菜的只有20餘種。戰國秦漢時略有改善，但品種仍不多。《素問》一書將「葵」「藿」「薤（xiè）」「蔥」「韭」列為「五菜」，葵菜，植物學上稱為冬葵，

---

1　喬光友：《瓦甑》，《民俗研究》，2001年第2期。

是菜中之王，至唐代已不為人重視，後來就無人種了。藿，是先秦時的蔬菜，是大豆的嫩葉，《戰國策》說：「民之所食，大抵豆飯藿羹。」韭菜，是我國原產，因季節性極強，在古代是上等的蔬菜。此外還有蘿蔔、蔓菁等根類菜。《詩經·邶風·谷風》說「采葑采菲」，葑，蔓菁；菲，蘿蔔。《詩經·豳風·七月》曰：「九月築場圃。」說明當時蜀人已有了「園圃」，已經開始了蔬菜種植。朱熹《集傳》釋曰：「場圃，同地，物生之時，則耕治以為圃而種菜茹；物成之際，則築堅之以為場而納禾稼。」此習俗在四川農村一直延存。

**❺·講究「調和」之味**

古人講求肴饌的五味調和。《呂氏春秋·本味》對「調和」作了如下描述：「調和之事，必以甘酸苦辛鹹，先後多少，其齊甚微，皆有自起。」又說「鼎中之變，精妙微纖，口弗能言，志不能喻。若射御之微，陰陽之化，四時之數。故久而不弊，熟而不爛，甘而不噥，酸而不酷，鹹而不減，辛而不烈，淡而不薄，肥而不膩，言皆得其中適。」

食物原料本身有各種不同的性能與味道，所謂「調」，即去其惡味提其美味，使之更能符合人們喜愛的口味。「和」則是使食材和作料的氣味互相滲透，達到美味的境界。此外，還有調色與調形，使食物的色彩、形狀讓人悅目，引起人的食慾與視覺上美的感受。這體現了中華民族飲食文化中「尚和」的核心思想，不僅體現在烹飪技術層面的「五味調和」，還體現在人際關係的和諧與和睦。比如，羹是先秦時代流行的重要食品，即是用肉類或攪菜製成的帶有濃汁的食物。《禮記·王制》：「羹食，自諸侯以下至於庶人，無等。」製羹要調和五味，反映了當時烹調的最高水平；而且人人都可以吃，說明在飲食上的平等、和諧。周代時羹的種類豐富，有牛羹、羊羹、豕羹、犬羹、兔羹、雉羹、鱉羹、黿（yuán）羹、魚羹等。

先秦時期，巴蜀地區的調味品資源十分豐富。最早作為調味品的鹽，既是「百味之王」，更是巴國盛衰之所繫。中國早在商代即已知用鹽做調味品，用來配製美味的羹湯。《尚書·說命》：「若作和羹，爾惟鹽梅。」意思是若要調和肉羹的味

道，只有靠鹽和梅子，而鹽是調味品的主角。[1]《尚書·禹貢》還記載青州「厥貢鹽絺」，即夏代就有「貢」給奴隸主國家的鹽，故中國關於食用鹽的最早記載可以溯推至西周中期。至周代已把鹹味作為「五味」之一，並用於醫治疾病，《周禮·天官·冢宰》中有「以鹹養脈」記載，《管子·海王篇》云：「以鹹養血，蓋與五穀同。」《管子·輕重甲篇》說「無鹽則腫」，說明人體缺少鹽會生病。鹽對牲畜的生長也有好處，《後漢書·西南夷傳》載：「地有鹹土，煮以為鹽，麋羊牛馬食之皆肥。」《漢書·食貨志》稱鹽為「食者之將，人人仰給」，這說明中國人很早便認識到鹽對健康的重要作用。

巴蜀自古產薑，也是川菜的重要調味品。《呂氏春秋·本味》曾記商王成湯的庖宰（掌管膳食的官）伊尹向湯介紹天下的美味食品時，談及「和之美者，陽朴之薑」，漢代高誘註：「陽朴，地名，在蜀郡。」即今川西的一個地方。《史記·貨殖列傳》也把薑列為巴蜀的土特產品，後魏的《齊民要術》、西晉左思的《蜀都賦》、南朝梁陶弘景的《名醫別錄》等史籍，都有關於蜀薑的記載。

此外，四川還產花椒、茱萸等調味品，奠定了川味的基礎。《華陽國志·蜀志》說，蜀中飲食習俗是因為「其辰值未，故尚滋味；德在少昊，故好辛香」，而尚滋味、好辛辣，喜鮮香、重味素的飲食習俗延續至今，可謂四川地域飲食文化的一大傳統特色。

**❻·茶葉發源於巴蜀，巴蜀人種茶飲茶**

西南是野生茶樹的原生地。有日本學者先後到我國的台灣、海南島和泰國、緬甸以及印度阿薩姆進行調查，又三次到雲南、四川、廣西、湖南等地作考察，發現茶的傳播是以四川、雲南為中心，往南推移，由緬甸到印度阿薩姆，向喬木、大葉形發展；往北推移，則向灌木化、小葉形發展。[2]

---

1　張莉紅：《在閉塞中崛起——兩千年來西南對外開放與經濟、社會變遷蠡測》，電子科技大學出版社，1999年，第52頁。

2　王從仁：《玉泉清茗》，上海古籍出版社，1991年，第6頁。

　　我國最早利用和生產茶葉的是位於巴、楚之地的古代民族。唐代陸羽在《茶經》中說：「茶之為飲，發乎神農氏，聞於魯周公。」有學者考證了神農氏發現茶葉的傳說，認為「神農」是被稱為「三苗」「九黎」的南方氏族或部落，最早可能生息在川東和鄂西山區，即古代巴、楚之地。他們在這裡首先發現茶的藥用，進而把茶作為採食對象，並且逐漸在食用茶的基礎上發明了茶的飲用。[1]

　　據史料記載，我國最早的飲茶、種茶的地區是位於四川東部的巴國。巴蜀是茶文化發源地，也是飲茶文化的起源地。西周時，古蜀國的貢品中，即有茶和蜜。《華陽國志・巴志》載：「武王既克殷，以其宗姬封於巴，爵之以子。」「……丹、漆、茶、蜜……皆納貢之。」《華陽國志・巴志》又說巴地「園有芳蒻，香茗」，香茗即茶，說明至遲在周代，巴族就已經在園圃中種植茶樹，並把茶作為珍貴的貢物獻給周室，可見最早將茶樹從野生改為人工栽培的應在巴蜀地區。南宋蜀人魏了翁《邛州先茶記》言：「且茶之始，其字為荼。如《春秋》書齊荼，《漢志》書荼陵之類。陸、顏諸人，雖已轉入茶音，而未敢輕易字文也。若《爾雅》，若《本草》，猶從艸從余。惟自陸羽《茶經》、盧仝《茶歌》，趙贊《茶禁》以後，遂易『荼』為茶，其

------

1　陳祖槼、朱自振：《中國茶葉歷史資料選輯》，農業出版社，1981年。

字從艸、從人、從木。」說明茶字最初是蜀人的稱呼，也證明了茶發源於蜀。

據《華陽國志》載，漢代茶的名產地如涪陵郡（今彭水縣）、廣漢郡（今什邡縣）、犍為郡的南安、武陽（今樂山市）、平夷郡（今貴州畢節）以及蒙頂山等都是巴蜀的故地。再從《僮約》《方言》等史籍來看，西漢時巴蜀已有飲茶之風，並有茶市。《僮約》為西漢時蜀郡文學家王褒所著，書中記載了四川資中男子王子淵在成都買奴僕後，相互間訂立「買卷」，規定「奴當從百役使，不得有二言」，百役中就包括「烹茶盡具」「武陽買茶」。武陽在今四川省彭山縣，至今仍產茶，在仙女山頂有古茶園。這是全世界最早記載「烹茶」和「買茶」的重要史料。西晉人張載《登成都白菟樓》詩有「芳茶冠六清」之語，證明成都的茶為飲品之最。《茶經》引傅咸《司隸教》有「蜀嫗作茶粥賣」語，說明喫茶已普遍流行於巴蜀一帶。

**❼・巴蜀自古即釀酒、飲酒之鄉**

巴蜀酒史源流遠長。從考古資料得知，四川各地均大量出土商周至戰國時期的酒器和禮器。其中酒器有罍、壺、尊、觶（zhì）、彝、瓶、缶、瓠、盃、鈁、鍪（móu）、勺等種類。

酒器是酒史發展的實物見證。在西元前十一世紀蜀王朝都邑廣漢三星堆遺址的第二期至第四期（商周時期）「早蜀文化」中，出土了大量的陶、銅酒器具，包括各種釀酒器具、盛酒器和飲酒器，如盃、杯、瓶、瓠、壺、勺、缸、甕、尖底盞、尊、罍、方彝等，還有兩個雙手過頂捧著酒尊作供獻狀的青銅人像。這些酒器從釀造、貯藏到飲用，一應齊全，數量很多，反映了古代巴蜀酒文化的成熟發達，說明在3000多年前的蜀中大地飲酒已相當普遍和講究。

巴蜀酒文化在文獻記載中以巴酒為最早。《華陽國志・巴志》引先民之詩：「川崖惟平，其稼多黍。旨酒嘉穀，可以養父。野惟阜丘，彼稷多有。嘉穀旨酒，可以養母。」以好糧釀酒孝敬父母，說明酒作為一種高級飲料在巴蜀先民生活中的重要地位。戰國時期，川東地區出現一種名酒稱「巴鄉清」，《水經・江水注》說：「江之左岸有巴鄉村，村人善釀，故俗稱巴鄉清。」據考，巴鄉村即今奉節縣西邊的雲

陽縣龍峒鄉。「巴鄉清」屬「清酒」中的一種，而清酒是一種釀造時間較長且濃度較高的酒，名列《周禮》「三酒」[1]之一。戰國初期的酒稱為薄酒，酒汁不清，又稱濁酒，鄒陽《酒賦》稱：「*清者為酒，濁者為醴；清者聖明，濁者頑呆。*」宋代竇蘋《酒譜》亦言：「*凡酒以色清味重為聖，色如金而醇苦者為賢。*」由此而定酒清、酒精成分高者為上品，反之為次品。巴人善釀清酒，說明釀酒技術甚高，釀酒業發達。

蜀酒文化的歷史同樣悠久，可以追溯到開明氏蜀國（蜀國的最後一個王朝）的「醴」。蜀國的古酒雖無史籍像「巴鄉清」那樣明確記載，但「醴」卻見於史籍。據《華陽國志·蜀志》載，西週末年，「*九世有開明帝，始立宗廟，以酒曰醴，樂曰荊，人尚赤，帝稱王*」。近年四川出土的古蜀國青銅器中有許多貯酒器，如尊、罍、卮（zhī）、爵等。其中銅鍪是巴蜀青銅器中頗具特色的容器，從形制來看，屬於實用器物，其形狀為小口、短頸、圓腹、圜底，肩部有一兩個辮索耳的釜形器，它起源於商周時代早蜀文化中的圜底陶罐，在成都十二橋、指揮街等遺址都有出土。

巴蜀酒飲的發達，還表現在已有了專門的酒宴。成都百花潭出土了戰國「嵌錯宴樂攻戰紋銅壺」，其上有三層畫面，其中第二層左組為宴樂武舞圖，其中有一幅飲酒畫面：一人前置瓢，雙手捧觶；其面向左第一人，作敬酒狀。第二人一手舉觶，另手似執一勺。前面有釜置於架上。第三人垂手而立。可見酒在貴族階層中作為生活享樂的表現。

先秦時期的巴蜀酒文化十分發達，其影響力遠播四鄰。如在貴州、湖南、湖北等省甚至遠到朝鮮樂浪（今平壤），都曾出土巴蜀地區生產的漆酒器。可見巴蜀酒器作為巴蜀文化的代表流傳甚廣，它促進了巴蜀文化圈的形成，這是和中原不盡相同的區域性文化現象。[2]

---

1　「三酒」：《周禮·天官·冢宰》，「辨三酒之物，一曰事酒，二曰昔酒，三曰清酒。」鄭司農云：「……清酒，祭祀之酒。」

2　林向：《巴蜀酒文化比較研究》，《巴蜀文化新論》，成都出版社，**1995**年，第**129**頁。

# 第二節　雲貴桂地區飲食文化之萌起

　　西南雲貴桂地區是我國人類重要的搖籃之一。這一地區的古老居民，很早就生活和勞作在這塊土地上，他們寫下了這一地區飲食文化史上的一頁。

## 一、石器時代的生計方式及青銅文化

❶・石器時代的漁獵生活及稻作文化的起源

舊石器時代是雲貴桂地區飲食文化的啟蒙期。

　　該地區多處發現舊石器時代遺存，早期的以雲南元謀人、貴州黔西觀音洞等遺址為代表。元謀人大約生活在距今170萬年前，從出土的石製品、大量的炭屑和哺乳動物化石來看，他們已學會使用石器捕獲野獸或採集食物，並掌握了用火製成熟食的方法，開始擺脫茹毛飲血的時代。觀音洞遺址距今約20萬年至4萬年，這裡出土了大量石製品和哺乳動物化石，表明先民以狩獵和採集為生。

　　舊石器時代中期及晚期，則以雲南保山塘子溝及貴州的桐梓岩灰洞、平壩飛虎山等遺址為代表，除早期文化遺存的石器、炭屑和動物化石外，還出土了不少螺螄與河貝的棄殼，說明水產是當時人們的重要食物來源。一些地方甚至發現了包括火塘、柱洞和夯土面的房屋遺跡，充分體現了先民們生活能力的增強。並在火塘內發現有殘留的燒土、炭屑與燒骨，可知當時的人們已懂得利用火取暖，並掌握了燒、烤、烘、煨等火烹和石烹熟食的方法。火的使用擴大了人類食物的來源，也有利於食物營養的吸收，對人類的大腦和身體的發展都十分有利。

　　新石器時代是雲貴桂地區飲食文化的萌芽期。

　　進入新石器時代以後，最顯著的進步是出現了以農業為主的墾殖經濟。如在雲南、貴州地區的遺址，普遍發現主要用於砍伐樹木、開闢種植用地的大型石斧與石錛。尤其是在大墩子、白羊村、闆心場等處遺址，還出土了打磨鋒利、帶有鑽孔的

新月形石刀，用來割取稻穗；並且發現了稻穀。經研究發現，當時種植的稻穀主要是粳稻，屬旱地種植的品種。這一時期，也出現了畜牧業。在遺址中普遍發現了豬骨和牛骨，說明人們已飼養豬、牛、狗以及雞等禽畜。

而廣西地區的新石器時代早期遺址，如柳州鯉魚嘴下層、桂林甑皮岩下層等遺址的文化堆積層富含各類獸骨與魚貝類的殘骸，還發現了不少骨針和骨魚鉤；出土石器主要是以礫石為原料打製的砍砸器與刮削器，少見石斧；有摻砂粒或蚌末的夾砂粗陶。表明人們除狩獵和採集外，還捕撈魚及貝類等水產。其中桂林甑皮岩遺址出土的陶片經碳14測定為9000年前，說明廣西古人在那時即開始使用陶器烹食。這可以說是廣西烹飪誕生的標誌。在新石器時代中期，廣西地區才開始出現農業。在防城亞薩山、馬蘭嘴山與杯較山等地的遺址中，出現不少磨製的斧、錛、鑿、磨盤與杵等與農業生產有關的工具。至新石器時代晚期，廣西地區的農業有了很大的發展。欽州獨料遺址出土了斧、錛、鑿、鋤、刀、鐮、犁和磨盤，大致包括用於農業砍伐開墾、平整土地、除草和收割的基本工具。在有些遺址中也發現了稻穀遺存。在廣西南部的遺址還普遍出土頗具特色的大石鏟，反映出農業生產較發達。

考古研究表明，西南地區等地是亞洲地區人工栽培稻穀的起源地。栽培稻由野生稻培育而成，從古至今雲南、廣西一直有野生稻生長。生活在這一地區的百越族群，最早培育出了人工栽培稻，對亞洲文明做出了重要貢獻。

**❷ · 青銅器發展的鼎盛時期**

繼新石器時代末期，西南各地先後進入青銅時代。據《史記·西南夷列傳》，西南諸族可歸為三類，即滇、夜郎和邛都（居今四川西昌地區）。其中「滇」國約始建於戰國中期。其勢力範圍主要在雲南，大致以滇池周圍為中心，東至曲靖、陸良與瀘西，西到祿豐，北達會澤，南面抵元江、新平一帶。其主體民族是僰人，即《史記·西南夷列傳》中所說「魋（tuí，同『椎』）結、耕田、有邑聚」的農業民族。農業和畜牧業是其重要的經濟部門。在楚雄萬家壩春秋時期的墓葬中就發現有青銅農具100餘件，其中有54件青銅鋤。青銅農具在一個地方如此大量出土，在全

◀圖2-8　戰國時期的滇國銅器
「牛虎銅案」雕塑

國實屬罕見，可見滇國農業之發達。

「夜郎」始於戰國時期，是一個分佈較廣的部落聯盟，其活動範圍在今貴州及其相鄰的地區。該地自古重視農業發展，在夜郎地區的墓葬中，出土有钁、鋤、刀、斧等青銅製的農業生產工具，在貴陽、盤縣、赫章、興義、威寧等地還收集到一些青銅製的尖葉形钁、長條形鋤、斧和刀等器物。另外，在畢節瓦窯商周遺址中還發現了杵、研磨器、砧等磨製石器。

青銅器約在商周時傳入廣西，武鳴馬頭鄉出土的周代墓中有石範（青銅鑄模），說明在西週末期廣西人就掌握了青銅技術。約在戰國時期，這裡進入了青銅文化的鼎盛階段。器型有鼎、罍、卣（yǒu）、盤、尊、杯、壺、鬲、簋、鑊（huò）、刀、匕等。但廣西地區製造的青銅器，生活用具和禮器多於生產工具，且只有部落首領才使用青銅烹器，平民仍以陶器為主。因為，有限的銅資源須先滿足奴隸主貴族製造禮器與高檔生活用具的需要，也與鐵器在嶺南（唐中期前，今廣西、廣東和越南北部通稱為嶺南）較早的推廣使用等因素有關。廣西鐵器大約在戰國初從楚地傳入，多為生產工具，用於烹飪的不多，只有鼎、鑊、刀、匕等。此外，還有漆具，如漆盒、漆豆、漆碗等。

## 二、青銅時代的飲食習俗

　　雲貴桂地區在新石器時代晚期進入了金石並用的時代，尤其是在今雲南地區的滇國創造了燦爛的青銅文化。在這些青銅器的圖像中，我們可以讀出當時人們的飲食生活。如在祥雲大波那銅棺墓中發現有牛、雞、馬、羊、豬、狗等六畜的模型或圖像。在晉寧石寨山的青銅貯貝器上有馬、豬、牛、羊（山羊、綿羊兩類）、雞的圖像，可見養畜業的發達。其中以牛的圖像最多，因為牛是財富的象徵。滇人賦予了飲食資源以文化的內涵。

　　由於生產力的發展，食物的數量與種類開始豐富起來，滇國的飲食與烹飪，較石器時代有了很大的進步。稻米是農業地區居民的主食，有熬粥、蒸飯、磨粉製成麵食等多種吃法。副食則有家養畜禽及獵獲野獸的各種肉類，以及從江湖中捕撈的魚蝦螺螄和采自田園或野外的瓜果菜蔬。當時常見的炊具有青銅或陶土製的釜、甑、罐和鍑，人們把這些器物安置在鍋樁石、三足架或灶台上，對食物進行細心的烹製。滇人常用的食器，有銅、陶以及竹木製成的碗、盆、勺與箸等。滇國盛行飲酒的風氣，在各地墓葬中都有青銅鑄造的壺、尊、杯等酒具出土。

　　在貴州的普安銅鼓山等地的墓葬中，發現有徑粗十釐米的石臼與徑粗約四釐米

◄圖2-9　戰國時期的滇國銅器
　　　　「牧羊圖」雕塑

的石杵，顯然是用於稻穀的脫粒加工。由此推知，當時的夜郎國種植水稻，並需要對稻穀進行規模性的加工，可知當時人們日常吃米。

由於進入了青銅和鐵器時代，廣西生產力有了飛躍性的變化。飲食生活也隨著農業、手工業和商業的發展而進步。首先，水稻、黍類與雜糧共食，兼採集野生植物性食物。如《呂氏春秋》中提到的「越駱之菌」等。其次，肉食種類大幅拓展。水產仍占重要地位，亦有豬、狗、羊、牛等家畜，以及捕獲的鳥獸蛇蟲等。其三，陶器、銅器與鐵器製作的烹飪器具兼而使用。其四，上層奴隸主貴族飲食調料，已有鹹、甜、酸和辛香之味。此外，從興安縣、平樂等地出土的春秋戰國時期的銅杯、銅壺、銅卣，以及陶壺、陶杯等來看，此時廣西已出現造酒技術。

# 第三節　西藏地區的早期文明

## 一、各具特色的三大早期文明

從考古資料可知，在舊石器時代，現今西藏高原的大部分地區就已有古人類活動。進入新石器時代，西藏高原形成了三個各具地域特色的原始文化：以藏東河谷區卡若遺址為代表的「卡若文化」，以雅魯藏布江流域拉薩曲貢村遺址為代表的「曲貢文化」，藏北高原以細小打製石器為特徵的「藏北細石器文化」，共同構成了西藏新石器時代文化的基本面貌和格局。

❶·卡若文化

卡若文化的先民定居於藏東河谷，主要是以農耕為主，兼狩獵、畜牧的生產方式。現代考古表明，卡若文化遺址（距今4600多年）中發現有大量炭化粟米，以及

一些保存很好、未經炭化的植物種殼，經專家鑑定為粟。[1]研究表明，粟應是當時栽培的主要農作物，並在當時的糧食生產中占有相當大的比重。[2]在遺址中，除粟米外，還發現有豬、鼠、兔、鹿、馬、牛、羊、獐等動物的遺骸。此外，還發現有陶器，以小平底的罐、盆、缽為基本組合，也發現有彩陶。陶質均為夾砂陶、手製，紋飾以刻畫紋、錐刺紋和附加堆紋為主。石器中有鏟形器、砍砸器等。

### ❷ · 曲貢文化

曲貢文化的先民聚居於拉薩河谷地帶，從事以農耕為主，畜牧、狩獵、捕魚為輔的經濟生活。在曲貢文化遺址（距今3500-3800年）中出土了大量的石器，主要用作農耕。如砍伐類石器，是用於砍伐灌木叢，以及開墾河谷地帶的土地；切割類的石器石刀，用來收割穀物；石磨和磨石（磨棒），則是粉碎穀物的必備加工工具等等。曲貢文化遺址出土的綿羊、犛牛和狗的遺骸，充分說明了當時家畜飼養的存在，顯示了家畜飼養是藏族先民飲食生活的一項重要來源。遺址中還出土了大量狩獵工具矛頭和箭鏃，同時也發現了許多野生動物骨骸，有馬、鹿、麝、野豬、藏野驢和飛禽等。遺址出土的網墜、魚骨則表明捕魚也是當時藏族先民的一個輔助經濟手段。此外，在雅魯藏布江中、下游地區的另一支流尼洋河與雅魯藏布江交匯處的居木遺址、雲星遺址、紅光和加拉馬等遺址中，也發現了捕魚的網墜。這一現象說明，西藏腹心地區的一部分藏族先民從事漁獵生產活動。在曲貢遺址中，陶器組合以罐、盆、豆、碗為主，還出現有單、雙耳罐、大肚高頸罐和工藝水平極高的棱形紋黑陶罐。陶器表面多經磨光，尤以磨光黑陶最為精美。

### ❸ · 藏北細石器文化

藏北細石器文化是以藏北為中心，分佈廣泛的新石器晚期文化。它地處藏北高原游牧區和拉薩河谷農牧區相連接之處，海拔均在4300米以上，氣候寒冷乾燥，不

1　吳玉書：《卡若遺址的孢粉分析與栽培作物的研究》，文物出版社，1985年。
2　傅大雄：《西藏昌果溝遺址新石器時代農作物遺存的發現、鑑定與研究》，《考古》，2001年第3期。

適宜農作物的生產，但分佈著大面積的高山草甸，是優良的天然草場。其中以加日塘文化遺址（距今約2900-3200年）最為典型，這個遺址是活動於藏北高原地區主要從事游牧和狩獵的游牧居民群體留下的。該遺址的出土物主要有船底形石核、楔形石核、柱形石核、石鏃、尖狀器、穿孔石球、凹窩石球等，其主要用途均與狩獵和畜牧經濟活動有關。

## 二、高原飲食結構及炊餐用具

從四五千年前開始，藏族的祖先就生活在雪域高原。因西藏高原絕大部分地區屬於亞熱帶的暖風帶，有著極其豐富的自然資源，又由於平均海拔在4000米以上，空氣稀薄、降水量小、日照充足等方面的原因，形成了西藏地區獨特的飲食文化。

❶ · 主食

青稞和蕎麥是藏族先民最早種植的作物之一。據考古發現，在卡若和貢嘎兩處新石器時代遺址中，均有青稞、粟的炭化物出土；曲貢遺址雖然未發現具體的糧食作物，但出土了用於收割、粉碎穀物的石器和磨粉的工具石磨、磨棒，以及現在該

▲圖2-10　炒青稞（《西藏民俗》，五洲傳播出版社）

地區的主要糧食作物青稞等，可推知藏族先民的主食是青稞及粗麵食。由此可以看出，分佈於雅魯藏布江中游及其支流的西藏中部、南部河谷平原地區的藏族先民應以青稞和粟為主要栽培作物和主要糧食。

❷·肉食與食魚禁忌

從石器時代考古遺址中得知，西藏先民已飼養豬、犛牛和藏綿羊，作為日常肉食的主要來源。此外，還依靠狩獵和捕魚作為肉食的補充。從動物遺骸看，獵獲的有馬、鹿、麝、牛、羊、獐、野豬、藏野驢、鼠、兔和飛禽等。

從出土的網墜和魚骨來看，捕魚是當時的一個輔助經濟手段。但是，藏族食魚的習俗是因地因時而異的，藏學家格勒博士認為很可能與原始信仰或巫術有關。他引述了藏文典籍《賢者喜宴》中的一段記載：「赤年松贊與妃沒廬薩莫杜楊嫺之子為仲年代如。此子因疑慮之病致使身受癩病之苦，俟後，他自達布娶一名為琛薩路傑之美女，此女後來變醜，（贊普）問其原因，美妃答道：我家鄉有一種食物，因無此物，是否由此之故？於是贊普遣人取之。隨後女僕取回眾多油烹青蛙，並置於庫中。琛薩路傑因食蛙而複變美。仲年代如想到，我也食之！遂以鑰匙打開倉庫之門，因見蛙屍，而生疑慮，遂之染疾。其時，吐蕃其他地方不食魚，而稱達布為蛙食之鄉。據稱，該地食魚，並稱魚為蛙。」格勒先生認為，這段記載說明遠古的西藏社會確實存在著以魚為禁忌食物和不以魚為禁忌食物的氏族部落，從藏東「卡若文化」先民傍江而居但無漁業（不食魚）的歷史來看，早在新石器時代就已經存在禁忌食魚和不禁忌食魚的氏族部族，食魚與否也就成為部族之間的區別所在。[1]這一遠古影響延至近現代，對魚的禁忌與否也存在地域差別：塔布一帶居民仍以魚為食；雅魯藏布江流域的日喀則、拉薩和山南等地，也有打魚為生的漁夫和漁村存在，當地居民在一定季節也食魚（但山南窮結、澤當一帶禁忌食魚）；衛藏地區的城鎮居民仍有部分人吃魚。而在廣大的農牧區，尤其是藏東地區的人至今幾乎不吃魚和蝦。

---

1    石碩：《西藏文明與東向發展史》，四川人民出版社，1994年第2版，第32頁。

**❸ · 炊具與餐具**

遠古時期，藏族先民已有使用炊具熟食的傳統。昌都地區卡若新石器時代遺址中發現有石灶。灶在住房中間，口大底小呈鍋狀，灶周圍嵌10塊石頭為一圈，均沿坑口略向外斜傾，其中有三塊石頭突出，成為三個支點。少數陶盆（陶鍋）的表面有明顯的火灼痕跡，此為目前所知西藏最早的炊具。遺址中發現有大量餐具，如陶罐、陶盆、陶壺、陶缽、陶碗等，盆的器形較大，敞口平底而深腹，製作較精；碗的形器較小，敞口平底，可分直口和多口兩型；罐的器形大小懸殊，製作精良。這些器具多為夾砂陶，大部分表面經過打磨。陶色有紅、黃、灰、黑四種，以黃灰色為主。器面以刻劃紋為主，也有繩紋、附加堆紋、壓印紋、篦紋、藍紋、抹刷紋等。主要圖案為三角折線、方格、菱形、連弧、貝形、圓圈及四方形紋等彩繪裝飾。

曲貢文化遺址中發現的陶器有炊具、盛器、水器和食具，主要器類有罐、缽、杯、碗、盤、底座等，以罐為大宗，有單耳罐、雙耳罐、高頸罐、大口罐，還有圈足碗、豆、盃、單耳杯、圜底缽等。陶器製作水平較高，其面貌與卡若遺址相比顯示出進步性。例如，陶質火候較高，泥質磨光黑皮加工精細，器表光亮如黑釉，器胎薄約二毫米。陶胎質密、堅實、紋飾較為豐富，陶器的腹頜耳部有刻劃紋、重菱紋、三角紋、波折紋或蛇紋，多飾於陶器的腹、頜、耳部。從陶器的紋飾和器種來看，卡若遺址與曲貢遺址的陶器存在密切的關係，並對西藏以後的製陶工藝產生了重要影響。

上述考古發掘，為我們復原西藏遠古先民的生活環境、食物結構等提供了不可多得的重要資料。

第三章 秦漢時期

# 第一節　巴蜀經濟興旺，飲食文化繁榮

　　秦漢時期，都江堰水利工程的成功，促進了蜀地農、牧、漁、副業的發展，為蜀地飲食發達提供了豐足的物質基礎，使成都平原有了「天府之國」的美稱。

　　「天府之國」的四川，飲食文化發達。《後漢書・公孫述傳》中說：「蜀地沃野千里，土壤膏腴，果實所生，無穀而飽。」得天獨厚的生態環境，為飲食文化的發展提供了豐富的物質基礎，使秦漢時期的巴蜀飲食文化表現出千姿百態的繁榮景象。

## 一、巴蜀經濟的全面興盛

### ❶・巴蜀地區的各民族與區域經濟

　　秦漢時期，中原人口大量進入蜀地，與四川盆地腹心地帶的原巴蜀土著逐漸融合。巴蜀土著皆以農牧漁獵並重，農業為旱地作業，廣種薄收；牧業系小規模的定居放牧，以羊馬居多；漁業、狩獵在整個經濟活動中所占比重仍然很大。

　　秦漢至三國時期，在巴蜀境內的周邊地區還生活著除華夏族以外的少數民族，主要有邛人、夷人、氐羌等。

　　邛人是川西南的主體民族。《史記・西南夷列傳》載：「自滇以北君長以什數，邛都最大。」邛都即邛人所在地，滇以北即越西地區，這是西漢邛人的分佈中心，該地邛人為農耕民族，習居平原或淺山。東漢中期，邛人集中分佈在今四川安寧河流域，這一帶氣候溫暖，適宜稻作農業，當地邛人以稻作農業為主。

　　夷人發源於川西北，秦至三國蜀漢時期活動於川西高原。夷人的支系甚多，《華陽國志・蜀志》說：「汶山曰夷，南中曰昆明，漢嘉、越巂（xí）曰筰（zuó），蜀曰邛，皆夷種也。」汶山即今阿壩地區，在秦至蜀漢有「六夷七羌九氐」。這裡的夷、昆明、筰等為同一民族在各地的不同稱呼。筰人主要分佈在川西高原的中段

▲圖3-1　漢代畫像磚「放牧」，四川寶興出土（「四川文物編輯部」提供）

和南段。《史記・西南夷列傳》說：「西南夷君長以什數，夜郎最大；其西靡莫之屬以什數，滇最大；自滇以北君長以什數，邛都最大：此皆魋結，耕田，有邑聚。其外西自同師以東，北至楪榆，名為嶲、昆明，皆編髮，隨畜遷徙，毋常處，毋君長，地方可數千里。自嶲以東北，君長以什數，徙、筰都最大；自筰以東北，君長以什數，冉駹（máng）最大。其俗或士箸，或移徙，在蜀之西。自冉駹以東北，君長以什數，白馬最大，皆氐類也。此皆巴蜀西南外蠻夷也。」「夷」系民族依山而居，其經濟為半農半牧，農業主要種麥等耐寒作物，牧業一般為定居性放牧。

　　西南地區的氐羌，主要居住在川西北一帶。《史記・西南夷列傳》說：「自冉駹以東北，君長以什數，白馬最大，皆氐類也。」羌是漢代四川西部的重要民族。這些部落的畜牧業在漢代很發達，史稱巴郡「土產五穀，牲具六畜」，其他地區則以越嶲郡和蜀郡冉駹都尉轄境為最，所產犛牛、筰（zuó）馬大量外銷，是巴蜀的主要商貿產品之一。東漢安帝時，曾在越嶲郡置長利、高望、始昌三苑養馬。

　　秦漢時期，巴蜀地區因地理環境的不同，而形成不同的經濟發展形態。有學者將其分為六類。[1]

　　第一類，成都平原鋤耕農業經濟區。這類地區以農業為主，土質優良，灌溉充足，農作物主要有水稻、小麥、玉米、紅薯、豌豆等糧食，有茶、油菜、麻等經濟

---

1　羅開玉：《四川通史》第二冊，四川大學出版社，1993年，第223頁。

作物，以及棗、梨、橘等各種水果。池塘養魚亦頗發展。手工業生產占有重要地位。如廣漢生產的漆器聞名天下，臨邛為因冶鐵而知名的重要城市，成都附近鹽井的開鑿，使成都成為鹽業集中之地。

第二類，川西北高原牧業經濟區。這類地區主要居住「西戎」系統的夷人、氐人和羌人，過著以放牧、狩獵為主的生活。史籍載，這裡生長有旄牛，無角之「童牛」，肉重千斤，還出產名馬和食藥鹿。盛產犛牛、犏牛、綿羊等牲畜。

第三類，川西南山地農牧區。該地區主要是夷人居住，影響較大的有筰都人、青衣人以及邛都人。農作物主要有玉米、蕎麥，個別地區有水稻等糧食作物，以及油菜、大麻等經濟作物。畜牧業與農業同等重要，狩獵仍是社會生產的重要部分，主要牧養犛牛、綿羊、馬和水牛。

第四類，盆地南部農牧並重區。主要是僰人所居住。主要農產品有玉米、小麥、紅薯、豆類和水稻，經濟作物有甘蔗、茶等。本地區有大小河溪數百條並形成河網，山丘樹林中的動物鳥獸資源也十分豐富，漁獵經濟仍起著重要作用。該區的突出特點，是以荔枝為代表的園植業特別發達。《華陽國志・蜀志》說：僰道「有荔支（通『枝』）、薑、蒟（蒟蒻，俗稱魔芋）。」《太平御覽》卷一九七引《郡國志》說，「西夷有荔支園，僰僮施夷中最賢者，古所謂僰僮之富，多以荔支為業，園植萬株，收一百五十斛。」表明以荔枝為代表的園植業，在該地區經濟中有重要的地位。

第五類，四川中部丘陵區。主要是巴人的板楯（shǔn）蠻部族和廩君部族活動區。農作物有水稻、小麥、紅薯、豆類、薑、瓜、茄、蔥、芋和藕。從資中人王褒在《僮約》中對奴僕所規定的活計，可看出其農業、園植的水平。《僮約》規定奴僮必須縛落鋤園、種薑養羊、種瓜作瓠、別茄披蔥、焚槎發芋、園中拔蒜、池中掘荷、收芋、九月當獲、十月收豆、掄（lún）麥、窖芋、拾栗、採橘，並要「植種桃、李、梨、柿、柘、桑」等，這份《僮約》非常充分地反映出川中地區農作物和果木種類的豐富程度。本地區還以漁、獵為副業。

第六類，川東北、川東漁獵農並重區。此為巴人的主要分佈區。這一地區主要

是江河捕魚，沒有或很少人工養魚。狩獵占較大比重。在壩區和谷地，種植水稻等作物，淺山地帶多種雜糧。

秦入主巴蜀後，進行過三次大規模移民，《華陽國志‧蜀志》言：「始皇克定六國，輒徙其豪俠於蜀，資我豐土。」這一時期即開始孕育以成都為核心、巴蜀盆地為內圈，輻射西南地區的巴蜀經濟區。至西漢中晚期，全國形成了十大經濟區，巴蜀為其中之一，成都亦為全國六大都市之一。東漢時成都的經濟更加發展，人口也增加了。西漢時成都有戶26萬，人口124萬；至東漢時已增加到30餘萬戶，人口135萬。人口的增加及大都市的興起，為飲食文化的發展帶來有利條件。東漢順帝時泰山人吳資為巴郡守，屢獲豐收，民眾用「歌」來表達喜悅的感情，歌曰：「習習晨風動，澍雨潤乎苗；我後恤時務，我民以優饒。」在「足食」的條件下，巴蜀地富民強，漢代四川的飲食文化出現了千姿百態的繁榮景象。

❷‧都江堰水利工程促進巴蜀的經濟發展

以成都為中心的今川西地區，是巴蜀經濟最發達的區域。西漢末年，蜀郡守文翁擴大都江堰水利灌溉工程，澆灌新繁、彭縣、唐昌一帶的良田達1700餘頃。東漢時，廣都縣「開望川源，鑿石二十里，引取郫江水，灌廣都（今雙流縣境）田」[1]，今新津、彭山、武陽等縣地「藉江為大堰，開六水門，用灌郡下」[2]。都江堰水利工程使川西大批地區受益，從而全面地促進了蜀都農、牧、漁、副業的發展，成都平原遂有「天府之國」的美稱。

成都地區物產豐富，江河縱橫，生態繁茂，人們以富相尚，為飲食烹飪提供了豐富的禽類、水產、蔬菜、水果等原料。《漢書‧食貨志》亦云：巴蜀有江水沃野，山林竹木，蔬食果食之饒，「民食稻魚，亡凶年憂，俗不愁苦，而輕易淫佚」。《後漢書‧公孫述傳》說：「蜀地沃野千里，土壤膏腴，果實所生，無穀而飽。」農業生產的發展，為川菜的多樣化提供了物質基礎。此時，巴蜀地區的農作物有水稻、

1　范曄：《後漢書‧郡國志》，中華書局，1965年。

2　酈道元：《水經‧水經注》，中華書局，2007年。

麥、芋、瓜、瓠、薑、蔥、蒜、蓮藕、蔓菁等。主食豐足，蔬菜種類繁多，蜀地先民的飲食結構已基本形成。

這一時期，川地的經濟作物也獲得蓬勃發展，荔枝、龍眼、卮、薑、桑、麻之類遍布四川各郡。《華陽國志・巴志》載：「其果實之珍者，樹有荔芰，蔓有辛蒟，園有芳蒻、香茗，給客橙、葵。」奉節、樂山、夾江一帶以產橘著名，設有負責橘業管理的橘官和橘官社。大量巴蜀水果外運，並出現了一批園植專業戶。廣大農戶也把園植業作為副業。西漢揚雄《蜀都賦》言稱蜀地：「爾乃其裸，羅諸圃畯緣畛，黃甘諸柘，柿桃杏李枇杷，杜樼栗棕，棠黎（梨）離支，雜以挺橙，被以櫻梅，樹以木蘭。」左思《蜀都賦》說蜀地「家有鹽泉之井，戶有橘柚之園。其園則有林檎枇杷、橙柿梬（yǐng）楟（tíng）、榹（sì）桃函列、梅李羅生。百果甲宅，異色同榮。朱櫻春熟，素柰（nài）夏成」。

由於水利系統的發達，漁業也由單純捕撈發展至人工飼養。《漢書・地理志》說，巴、蜀、廣漢「民食魚稻」。漢代川人把魚作為主要副食，巴蜀地區池塘堰湖數以萬計，大都用於養魚，巴蜀成為著名的富庶之鄉。《華陽國志・蜀志》載：「漢安縣郡東五百里。土地雖迫，山水特美好，宜蠶桑；有鹽井、魚池以百數，家家有焉，一郡豐沃。」但在四川境內的長江流域地區，獽（ráng）、蜑（dàn）等族群仍以捕魚為業。秦漢時，不論是政府的法規還是鄉規民約，均強調保護魚類資源，規定春季不能結網捕魚，不能毒殺魚鱉，即使在允許捕撈的季節，也主張放生捕到的小魚，即「不中殺不食」，說明秦漢時期的先民，已經有了可貴的生態意識，注意到了人類與自然和諧相處的關係。

### ❸・稻麥為主要糧食作物

秦滅巴蜀後，牛耕迅速傳入巴蜀。秦人牛耕主要使用黃牛，但巴蜀人在平原、丘陵、一般山地主要使用水牛，而在高原地區和高寒地區也使用黃牛。由於牛耕技術的推廣，大大提高了生產效率，再加上水利發達，使得四川水稻產量較高。出土的漢代陶水田模型圖案，都能清楚地看出稻田與水渠、水塘相依託的關係：幾乎所

◀圖3-2　漢代畫像磚「弋射收
穫」，四川成都出土
（「四川文物編輯部」
提供）

◀圖3-3　漢代畫像磚「舂米」，
四川彭州出土（「四川
文物編輯部」提供）

有的稻田，都與水渠相連接；約有一半稻田，旁有專門的水塘魚塘。[1]《華陽國志・
蜀志》載：「綿竹與雒各出稻稼，畝收三十斛，有至五十斛。」據考證，這產量約相
當於今畝產水稻780斤-1160斤。麥也是四川重要的糧食作物。有些地區麥甚或是唯
一的糧食作物，如汶山郡「土地剛鹵，不宜五穀，惟種麥」。此時的巴蜀地區還流
行將麥磨成粉狀後再加工食用。從粒狀食物到粉狀食物的發展，是人類飲食文化史
上重大的進步。

---

1　羅開玉：《四川通史》第二冊，四川大學出版社，**1993**年，第**259**頁。

我們從漢代畫像磚中，能獲知巴蜀勞動者從點種到收穫，再到糧食加工的完整農作畫卷，生動而形象地再現了秦漢時期的勞動場景。彭縣「點種」畫像磚上，二農夫衣裙齊膝，腰間束帶，一人正高舉農具鬆土或掩種，另一人正彎腰拄「點種棒」點種。這是在旱地點種的方法。而新都「薅（hāo）秧農作」畫像磚上，畫有兩田，中間田埂上有一調劑水量的缺口。左邊田裡插有秧苗。二農夫正用雙手交替薅秧除草。右邊田裡二農夫則正舉鋤刨土。這一薅秧形象，從古至今未變，地方特點甚為明顯。

成都東漢墓出土的「弋射收穫」畫像磚圖像，下部為收穫。稻田有二人用鐵鐮刈草。這是一種比較大型的鐮刀，裝有木柄，雙手持而刈之，刈禾面積比較寬，功效較高，稱之為「（pō）鐮」，是當時較為先進的工具之一。左邊三人則在割穀穗，所用工具是手鐮，古稱「鎈」（zhì）。這種場景在十九至二十世紀的四川農村常可見到。彭縣「舂米」畫像石，反映了漢代進行穀物加工時的過程。畫上有一座干欄式建築，為儲糧的倉房。房基有較高的木樁，以防潮。圖左置二杵臼，臼石平放於地，杵的翹桿上有二人憑欄伸腿，弓身舂米。右下方一人肩橫負圓桶，對準篩子傾倒糧食。對面一人執篩除糠。

### ❹ · 鹽業發展迅速

巴蜀鹽井是我國第一批鹽井，在全國鹽井史上有開創先河的意義。漢代，四川的鹽井開鑿發展迅速。西漢宣帝地節三年（西元前66年），在臨邛、蒲江鑿鹽井20所。至東漢，鹽業更加發展，廣都縣（今雙流縣）、江安縣（今內江境）、南安縣（今樂山市）、定筰縣（今鹽源縣）、什邡縣、郪縣（今三台縣）、牛鞞（bǐng）縣（今簡陽市）、漢陽縣（今瀘州市）等近10個縣皆有鹽井。巴蜀郡縣設置鹽官達16處之多。

漢代西蜀還是世界上最早採用天然氣煮鹽的地區。《華陽國志‧蜀志》載：臨邛縣「有火井，夜時光映上昭。民欲其火，先以家火投之。頃許，如雷聲，火焰出，通耀數十里，以竹筒盛其光藏之，可拽行終日不滅也。井有二，一燥一水。取井火煮之，一斛水得五斗鹽；家火煮之，得無幾也」。西晉左思在其《蜀都賦》中寫下了「火井沉熒於幽泉，飛焰高煸於天垂」的名句，即是對臨邛火井的描繪。

　　近年在成都發現的東漢「鹽井」畫像磚，描繪了漢代巴蜀地區的井鹽生產的完整流程。鹽場坐落在山巒、樹叢之中。畫像的左下方有鹽井一口，井上搭架，架上安裝單滑輪，上系吊桶。架分兩層，每層相對站立二人，正拉動繩索提取鹽滷，然後傾入架右側的盆內，並通過梘（jiǎn）筒引流至灶旁方形缸，再注入鹽鍋熬煮。右下方有一長形灶，上置鍋五口，灶成斜形逐漸升高，這樣可以利用火力，使鹽滷由淡而濃，最後熬成鹽粒。灶門前一人加柴搖扇以助火力。灶後有通氣煙囪。山麓上二人背鹽包而行。這種「置鑊煎鹽」的方法，一直沿用到民國時期。[1]

　　四川少數民族地區發明了各種煮鹽方法。除岷江上游汶山郡「有鹹石，煎之得鹽」外，漢代摩沙夷在鹽源縣開採鹽池，稱「黑鹽塘」。它是一個大口的淺井，製取方法是先燒炭，以鹽水沃炭，刮取鹽。因從木炭上刮取的鹽混有炭屑，所以鹽呈黑色，亦稱「黑鹽」。把黑鹽做成圓筒形狀，每個重量數十斤至數百斤不等，俗稱「筒筒鹽」。據《華陽國志·蜀志》：漢晉時製鹽的方法是「積薪，以齊水灌，而後

1　余德璋：《成都市「鹽井」畫像磚》，四川省文物志編輯部編：《四川省志·文物志》報審稿，1990年，第80頁。

焚之，成鹽。」唐代仍然流行這種黑鹽，直到宋代，鹽源地區才改製為白鹽。

　　自漢武帝起始設鹽法，實行官鹽專賣。自漢以來巴蜀食鹽行銷金沙江南北地區，鹽泉為一方所仰。西南地區，鹽業商業利潤收益的增加引起了部族間、部族與中央王朝的衝突，如滇人與哀牢爭奪比蘇鹽泉，蜀漢與摩沙夷爭奪越雟（xī）郡定筰（鹽源）鹽池而發生衝突。漢以後，這種衝突也未間斷。[1]

　　秦漢時期，食鹽貿易成為南方絲綢之路經濟交流中最有活力的經濟活動，它直接促進了中國西南地區之間，以及中華民族與緬甸、印度的經濟貿易交流。

　　❺·冶鐵業的發達

　　在四川臨邛，冶鐵業十分發達。《華陽國志·蜀志》說：臨邛縣「有古石山，有石礦，大如蒜子，火燒合之，成流支鐵，甚剛，因置鐵官，有鐵祖廟祠。」臨邛生產的鐵製農具遠銷西南各地以及今越南、泰國等地。據考，近代在「古石山」（今成都市南部的蒲江縣西）發現了漢代臨邛古石山冶煉遺址。

　　秦漢時期，巴蜀地區的冶鐵業發展與秦滅六國移民入川的卓氏、程鄭氏有關，

---

1　張莉紅：《在閉塞中崛起》，電子科技大學出版社，1999年，第55頁。

他們原擅冶鐵，入蜀後仍重操舊業。《漢書·貨殖列傳》謂：「卓氏之先，趙人也……致之臨邛，大喜（xǐ），即鐵山鼓鑄，運籌算，賈滇蜀之民，富至童八百人，田池射獵之樂擬於人君。」還有「程鄭，山東遷虜也，亦冶鑄，賈魋結（魋結，西南夷）民，富埒（liè，等同）卓氏。程、卓既衰，至成、哀間，成都羅裒（póu）訾（通『貲』，錢財）至巨萬……擅鹽井之利，期年所得自倍，遂殖其貨。」臨邛、武陽、南安等地冶鐵業的發展，使巴蜀成為西南的冶鐵中心。

冶鐵業的發達，在巴蜀開發史中具有重大的意義。新型的鐵製農具普遍增多，促進了社會生產的發展。鐵犁、斧、刀、　、錘、鋸、鑊、鋤等鐵製工具的普及，推動了大規模的水利建設和農業的發展。巴蜀鐵製工具遠銷外地，促進了當地經濟的繁榮。

**❻·飲食器具各具特色**

秦漢時期的巴蜀內地，陶器、瓷器、漆器、銅器的飲食器具大有發展。質量較高，品種多樣，器型與中原相似。

（1）陶器　據考古發現，西漢至蜀漢時期的巴蜀內地飲食生活離不開陶器。出土有各類陶製炊具、飲器、酒器等，東漢至蜀漢是巴蜀內地製陶業大發展的時代，陶器出現了許多新的器型，種類十分多樣。主要有罐、缽、釜、甑、耳杯、壺、甕、豆、勺、鼎、鑑、盂、盆、盤、碗、碟等。此外，能夠直觀反映這一時期百姓生活的陶器模型也有大量出土，形象生動逼真，細緻精巧，為這一時期的陶器代表作。如有橢圓形、筒形、長方形、方形的「倉房模型」，倉上還配有倉眼、樓梯、守倉人員、運糧工具等。有「井房模型」，井架上有房，架上設梁，上懸轆轤。有「水田模型」，包括各種形狀的水田，模型中的田、溝、池和路清晰了然。田中或有莊稼、農人，池中或有魚鱉。「水塘模型」一般有引水渠、水門，塘內有魚、蓮花、荷葉等。還有不少與飲食有關的模型，如「俎模型」，多配有圓盆、肉、魚、鵝等；有「案模型」，案上置魚、肉等；有「灶模型」，多配有煙囪、鍋；還有平房、樓房模型，畜圈以及大量的豬、狗、雞、鴨、馬等牲畜俑。古人「事死如事生」的觀

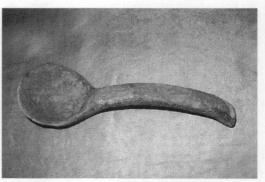

▲圖3-6　東漢雙耳陶釜（周爾泰提供）　　　　　▲圖3-7　東漢陶勺（周爾泰提供）

念，讓這些陶器再現了成都平原優良的生態環境與豐裕的生活。

　　巴蜀的周邊地區，如川西北地區陶器的製造也相當發達，常見器物有各式罐及鼎、盆、碗、豆、甕等。大渡河──青衣江流域在這一時期的陶器比例較大，有三足和四足的雙耳罐、以銅泡裝飾的陶器，極具地方特色，這些器具均未見於外地。川西南地區，這一時期的陶器主要有雙耳罐、單耳罐、杯、帶流壺等。而川西高原，以雙耳罐最富特點，雙耳特大、頸小、口小、腹大、底大，數量極多。這與該地居民習慣於吊燒、吊煮食物密切相關：耳大，方能承受吊重；腹大、底大，受熱面積才大；頸小口小，散熱慢，在寒冷的高原地區容易保溫，反映了飲食文化對生態環境的適應。

　　東漢中晚期，巴蜀地區已出現大批燒造工藝很成熟的釉陶器，而且普遍使用青瓷器。巴蜀漢代青瓷器的特徵是，燒造時多用間隔墊燒，燒成後在內外壁上留有釘疤，罐耳多為立型，不同於長江中、下游地區的牛鼻型；紋飾多為長方形回型紋，不同於外地的松針幾何紋。

　　（2）銅器　在秦統治巴蜀期間，冶銅業有了一定的發展，有兵工與私人兩種作坊。其產品分為兩類，一類具有濃厚的土著文化風格的「巴蜀式」飲食銅器，是當地土著民族及其後裔所作，有鍪、釜、瓵、壺等容器；另一類則是中原、關中或楚地的產品樣式，如鼎、甗、甑、匜（yí）、盤、鈁、盉、盆、壺等。業主主要是外來

▲圖3-8　漢代的銅壺，四川宣漢縣羅家壩遺　　▲圖3-9　漢代的銅罍，四川宣漢縣羅家壩遺址出土
　　　　址出土（「四川文物編輯部」提供）　　　　　　　　（「四川文物編輯部」提供）

的移民，多出於官營作坊。西漢初期，各種銅生活用品迅速普及，如鑑、釜、鈁、壺、洗、盤、鑣、尊、勺、鍋、耳杯等。但具有「巴蜀文化」風格的產品明顯減少，有的器類甚至消失。西漢中期，銅器多被鐵器取代。由於鐵器易鏽，炊具仍多用銅鑄，除大的鐵質鍪、釜、三腳架外，常見的器類有銅質的釜、甑、鼎等。日常炊餐器具的主要品種有杯、勺、箸、鈁、鍾、洗、壺、甕等。東漢時已出現銅筷、銅案和銅耳杯。

（3）漆器　秦至蜀漢，巴蜀的漆器也十分走俏。漆容器因美觀、輕便、耐用、不易破碎而成為廣受歡迎的產品。巴蜀成為當時全國最大的以官辦為主的漆器生產基地。蜀郡、廣漢郡的金銀工、漆工最為有名，而漆器多是飲食用器。兩漢時，蜀郡、廣漢兩郡生產的漆器獨步天下。無論耳杯抑或飯盤，製造漆器均須經過造型、製胎、打磨、髹漆、鎦金、繪圖、清理等七道工序，還有總設計師、工頭以及官吏負責監製。《鹽鐵論》言：「文杯（即漆器）一具，較銅杯貴十倍，製成文杯須經百人之手。」可見漆器極為精美，「美食美器」已達到極為講究的程度。

　　竹木漆器品種繁多，飲食器具主要有耳杯、卮、鼎、盂、匜、鈁、勺、筷、盤、壺、盒、杯、扁壺、案、樽等。一般漆容器的胎質主要有木、竹、夾、陶、皮五大類，每一類又可細分為若干種。僅木胎就有旋、雕、挖、砍、削、卷等製法。從東漢開始，民間開始流行陶胎漆器，如陶胎漆耳杯、陶胎漆缽、陶胎漆案等。巴蜀漆器的代表作是「扣（釦）器」，即在耳杯、盤、壺、盒等器物的口沿、耳部、圈足或腹部等部位，鑲上鍍金銀的銅箍、銅殼、銅環，有的則飾以金銀等部件。這種漆器技術，亦由西蜀漆工首創。

　　（4）金銀器　四川境內發現的金銀器早至戰國早期，其鑲錯工藝即已臻成熟。秦漢時這一傳統工藝得到發揚與提升。出土的飲食器皿主要是錯金銅壺、耳杯及錯金鐵刀等。金銀器和漆器的工藝技術也達到了較高的水平，其技法主要有金銀錯、鎏金和扣金。從漆器的銘文可知，製造金銀器的中心在巴蜀的廣漢與蜀郡，製造金銀器和扣器的工藝相當複雜，「一杯卷用百人之力」，揚雄的《蜀都賦》即有描繪成都「雕鏤扣器，百技千工」的記載。

　　（5）竹器　總的來看，秦、蜀漢時期，巴蜀大部分地區使用的飲食器皿，仍以陶器和竹木器為主。《漢書・地理志》言「巴蜀、廣漢有竹木之饒」，在飲食器具方面，常見的竹木器有筷、桌、竹籃、籮筐、箕、桶、刀、魚竿等種類。這一時期，由於推廣竹料的剝皮、刮絲等技術，出現了高級編織竹器，推動了竹質飲食器皿製造業的發展。

▸圖3-11　漢代畫像磚「酒肆」，四川彭州出土（「四川文物編輯部」提供）

## ❼．商業繁榮

西元前三一一年，秦築成都城，遂在城中開闢商品交易市場，採取了秦國的商業管理制度，在市場上又按不同的商品種類設立「列肆」，除設立「亭」吏管理市場外，還對鹽、鐵兩種特殊商品設吏，實行單獨管理，從而促進了巴蜀地區商品經濟的進一步發展。

秦末漢初，全國戰亂，巴蜀獨安，經濟發達。《史記・貨殖列傳》形容當時的市場情況說：「通邑大都，酤一歲千釀，醯（xī，醋）醬千瓨（xiáng，長頸大腹的陶器），漿千甔（dān，陶製罌類容器），屠牛羊彘（zhì）千皮，販穀糶千鍾，……馬蹄躈（qiào，口）千，牛千足，羊彘千雙，……蘖麴鹽豉千荅（dá，容量單位），鮐（tái）鮆（ci）千斤，鯫（zou）千石，鮑千鈞，棗栗千石者三之，……佗果菜千鍾。」描繪出成都飲食業的興旺景象。揚雄《蜀都賦》謂成都是「東西鱗集，南北並湊，馳逐相逢，周流往來」「萬物更湊，四時迭代」。

漢代成都的商業延續了秦時的繁榮，從成都東漢墓出土的「市井」畫像磚可見一斑。圖上的市井為井字形四隅區建築，有垣牆環繞，三面設門。市井中央立五脊重檐市樓一座，為管理市場的官署治所。以市樓為中心，向四方展向四條通衢大道，形成井字形四個商業區，每區有三至四列，古稱「肆」或「市肆」。肆內有著

長服者，有踞（jì）坐者，有弓身站立正與對方交談者，有席地而坐的議價交易者，有長服曳地，伸手言歡者，有著長服的佩劍者，有執杖站立者，有執物正向高樓走去者，有短袴齊膝，手推獨輪車與人交易者，還有手執扁擔者。在靠近市牆處，又有縱橫交錯的市廛（chán），亦稱「邸舍」，為貨棧及館驛住所。經考證，畫像磚上所繪內容，即《寰宇記》所記東漢成都著名的「青羊肆」，可見其時成都商業的繁榮景象。

## 二、茶酒食事興旺，地域特色初顯

### ❶ · 兩漢時期飲食文化的長足發展

兩漢時期，飲食文化獲得了長足的發展，並呈現出鮮明的特點。

（1）兩漢時期出現了專職的炊爨人員　四川地區出土的漢代畫像磚中有許多「廚房」「庖廚」的圖像，以及庖丁俑、廚俑等從事炊事人員的形象。忠縣塗井蜀漢崖墓出土了四件庖廚俑，有男有女。女庖廚俑頭飾雙髻，系巾，右衽衫，捲袖。其面前的長方形俎上，堆放有雞、鴨、魚、龜、豬、牛頭、菜蔬等。女俑左手按魚頭，右手作切魚狀。男庖俑頭戴幘，踞坐於長方形俎後。俎上放滿雞、魚、豬頭、龜、筍等。左手持魚頭，右手作切魚狀。從俎上陳列食品之豐富，有男女兩個庖俑來看，描述的是達官貴人家的奢侈生活。[1]另一「東漢灰陶庖廚俑」，是專門刻畫女庖俑形象的。此俑頭飾花冠，雙耳珮環，正在作配菜狀。其身前有一案俎，擺滿了山珍海味，羅列的佳餚有犬頭、羊頭、豬頭，及各種鱉魚蝦類、蹄腿、青筍、瓜菜、麵食等18品之多。[2]有人認為，我國第一位被典籍記載的專業廚師是夏末商初的政治家、軍事謀略家伊尹，被後人尊為廚師之祖。而從事烹調的職業婦女最早出現

1　《忠縣出土蜀漢庖廚俑》，四川省文物志編輯部編：《四川省志·文物志》報審稿，1990年，第65頁。
2　陳麗瓊：《東漢灰陶庖廚俑》四川省文物志編輯部編：《四川省志·文物志》徵求意見稿（第二集），第241頁。

▲圖3-12　東漢男子庖廚俑，四川彭山出土　　　▲圖3-13　東漢女子庖廚俑，重慶忠縣
　　　　　（「四川文物編輯部」提供）　　　　　　　　　　出土（「四川文物編輯部」
　　　　　　　　　　　　　　　　　　　　　　　　　　　提供）

▲圖3-14　東漢陶鴨，重慶忠縣出土（「四　　　▲圖3-15　東漢陶雞，重慶忠縣出土
　　　　　川文物編輯部」提供）　　　　　　　　　　　　　（「四川文物編輯部」提供）

在北宋。[1]四川出土的漢代畫像磚可以說明，漢代就出現了專業廚師，有「女廚」，

也有「男廚」。由此把女廚出現的時間提前了700多年。

　　（2）市民飲食富足　　這一時期，在多地漢墓出土的畫像磚中，都有神采各異的

「庖廚」圖出現，成為漢代飲食文化的亮麗一景。如成都東漢「庖廚」畫像磚中的

1　　江禮暘：《食趣》，學林出版社，2001年，第209頁。

圖像，表現了市民飲食生活的富足。整個畫像磚為一寬大的廚房，廊簷下置肉架一排，架上掛有大魚、家禽肉。肉架右坐一庖丁，正將魚置於案上，右手運斧砍下；畫像磚右邊一庖丁正將一狗牽入，似準備宰殺；右下有一灶台，台上置釜，一庖丁雙手握長竹管向火膛吹氣；其身後有一庖丁跪地洗剁畜肉；右下角有二庖丁圍著灶台操作。整個畫面反映了庖丁宰殺、洗剁、烹飪的場面。彭州的「庖廚」畫像磚，左上有一懸掛畜肉的肉架，架旁重疊四層矮幾，分別排放碗碟。庖丁搧火煮食，於案前操作。表現了庖丁忙碌的場面。德陽地區的「庖廚」畫像磚，也表現了庖丁炊廚的景象，畫面上，廚內有灶、案及炊具，架上懸畜肉，庖丁正忙於烹調。[1]

從四川出土的庖廚畫像磚中可以看出，兩漢巴蜀地區長於熏魚、肉的烹飪，如王褒《僮約》所記：「舍中有客，……斫（zhuó）蘇切脯，築肉、膾芋、膾魚、炮鱉……牽犬販鵝。」其中亦可見，狗肉也是當時主要的肉食之一。《漢書·樊噲傳》謂噲「以屠狗為事」，顏師古註：「時人食狗，亦當羊豕同，故噲專屠以賣。」畫像磚中所展現的飲食畫面內容之豐富，表現出漢代對飲食生活的重視和飲食生活的興旺。

（3）資源豐富，豪門莊園興起　兩漢時期巴蜀地區飲食文化的發展，源於當地

◀圖3-16　漢代畫像磚「庖廚」，四川彭州出土（「四川文物編輯部」提供）

---

1　劉文傑：《成都市庖俑畫像磚》，四川省文物志編輯部：《四川省志·文物志》報審稿（下冊），第93頁。

飲食資源的豐富。《漢書・地理志》載：「其地土地肥美，有江水沃野，山林竹木蔬食果實之饒……民食稻魚，亡凶年憂，俗不愁苦。」另外，豪族勢力的發展，是促進蜀地飲食發展的社會因素。蜀地豪族初興於西漢中期，發展壯大於東漢時期。由於豪族們掌握大量錢財，擁有大量田地山林湖澤，逐漸形成了相對獨立的、自給自足的經濟體系——莊園，內有農林牧副漁及手工各業。如西漢王褒，當時僅系巴蜀資中一地的一般名門，尚不屬豪族，但其《僮約》一文所要求奴僕做的勞動，即有農作、水利、畜牧、打獵、打漁、園林、手工和製船等。園林勞動如種植桑樹、果樹，手工副業勞動如織席、編繩等。迄至東漢中晚期，自給自足的體系更趨完善。東漢巴蜀豪族，往往家有鹽井、酒坊、冶煉作坊等。而各大豪族相互攀比，以富相尚。《華陽國志・蜀志》形容為「工商致結駟連騎，豪族服王侯美衣，婚嫁設太牢廚膳……祭奠而羊豕夕牲。」為飲食和酒業的繁榮帶來了動力。

（4）飲食文化類著作出現　飲食文化的發展還表現在飲食文化類著作的出現。這一時期，揚雄在《蜀都賦》和《方言》中都提及飲食文化的內容，為四川及中國飲食文化提供了重要的文獻資料。揚雄（西元前53-西元18年），西漢末蜀郡成都人，是我國古代著名的辭賦家，其著《蜀都賦》首次對四川的飲食烹飪狀況進行了描述和記載，在飲食文化史上具有開創之功。此賦比較系統地描述了漢代四川地區的烹飪原料、烹飪技藝、川式筵宴和飲食習俗，成為當世及後世人瞭解和研究漢代四川飲食烹飪的重要參考資料。《蜀都賦》描繪和讚美了家鄉的飲食烹飪，反映出揚雄的飲食觀。揚雄極為重視飲食，認為飲食有「頤精神養血脈」的作用，可以保養與維持人的生理健康和心理健康。表現出揚雄注重人的社會屬性，把飲食與人的生存、發展、享受結合起來。晚年的揚雄潛心學術研究，所著《方言》蒐集、記錄了西漢時期各地關於動植物烹飪原料、烹製方法、餐飲器具、飲食品及飲食習俗等眾多方面的方言材料，並加以對比分析，後人從此書所記載的大量方言材料中可以瞭解到漢代全國的一些飲食烹飪和飲饌語言的狀況，為後人留下寶貴歷史資料，對四川乃至中國的飲食文化作出了重大貢獻。

**❷**・秦漢時期巴蜀開啟種茶的歷史

一般認為，開啟人工種茶歷史始於西漢甘露元年（西元前53年），在四川名山縣蒙山。據《天下大蒙山》碑記：蒙山芬祖師吳理真將七株「靈茗之種，植子（蒙山）五峰之中」，說它是「高不盈尺，不生不滅，迥異尋常」的「仙茶」。這是我國最早栽茶的文字記載，開啟了蒙山茶的歷史，也掀開了中國茶文化的新篇章。

巴蜀氣候溫和，土地肥沃，自古盛產名茶。漢時，除馳名的「蒙山」「仙茶」外，《華陽國志・蜀志》言：「什邡縣山出好茶」，其茶產於縣西山區，今仍產茶。「南安、武陽皆出名茶」，南安茶主要產於今丹棱、洪雅一帶；從《僮約》中「武陽買茶」的記載，也說明當時新津、邛崍一帶產茶。產茶的地區還有涪陵、湔（jiān）底道等。至漢代蜀中以產茶聞名的地區已有數處，並已開始形成不同的地方品種。

在秦漢的種茶和飲茶者中，土著民族占很大比例。川東巴人與川西氐人，均已飲茶成俗；川南僰人也以產「香茗」聞名。當時，製茶主要靠日曬，不用鍋炒，外來移民很快從巴蜀學會種茶和飲茶，並傳播到外地。清人顧炎武在《日知錄》中說：「是知自秦人取蜀而後始有茗飲之事」，可知秦漢時巴蜀地區飲茶已很普遍。

最早記錄茶事的，大都是四川人。如漢代成都人司馬相如撰寫的《凡將篇》中就有茶的記載；而最有價值的記載，是西漢時資中人王褒所撰《僮約》。西漢末年，成都人揚雄《蜀都賦》這樣讚美茶：「百華（花）投春，隆隱芬芳，蔓茗熒鬱，翠紫青黃。」東漢成書的《本草》，亦有川茶的記載。

**❸**・秦漢蜀酒釀、銷兩旺

秦漢時期，巴蜀酒文化高度發達。最直觀反映當時酒文化發展盛況的，是四川地區大量出土的漢代畫像磚，從中可瞭解到酒的生產、銷售與消費的過程。

當時，巴蜀地區釀酒業興盛，出現了專門的釀酒作坊。成都東漢「馬廄、織機、釀酒」畫像石，反映了當時地主莊園釀酒的情景：圖中有五口釀酒的大陶缸；畫像石右側一農夫手牽牛車，將滿車的糧食運到作坊釀酒。另有畫像磚反映了蜀城邑中出現了專門釀酒的作坊，市場上還有專門批發酒的商鋪，路邊道旁是一大批專

門酤酒的小店，道上有載酒的獨輪車與挑酒的挑夫。這些畫像磚形象地反映出漢代釀酒售酒兩興旺的情景。據《漢書‧貨殖列傳》載：「通邑大都，酤一歲千釀。」唐人顏師古《注》：「千甕以釀酒。」說明在大都市和交通要道上的城邑，一年之中至少可買賣上千甕的酒。而商肆林立的成都，沽酒業必然興旺。酒業興盛還表現在當時已經存在一整套系統的酒器。在宜賓漢代墓葬及窖藏中就出土了一大批酒器，主要有銅罍、銅壺、銅鐎（jiāo）斗、銅勺、耳杯、筒形陶提罐、高頸領陶罐等，經確定，其中包括了釀酒器、盛酒器、溫酒器、飲酒器等類。酒的暢銷，說明飲酒之風盛行於秦漢時期的巴蜀地區。

秦漢時期，酒文化中的「禮」也逐漸成熟，多與各種日常活動聯繫起來。在宜賓長寧的東漢紀年畫像岩墓，刻有一幅「夫妻餞行圖」：妻子舉杯為丈夫餞行。酒不僅作為日常飲料，而且作為祭祀之品。瀘州城西一九八四年出土的第8號漢代石棺，有一幅《巫術祈禱圖》的祭祀畫像，圖上兩位巫師正以杯中之酒為祭物，進行祈禱儀式。蜀地喜飲酒的並不分官吏與普通百姓，雖奴僮亦如此，在《僮約》中即有奴隸「欲飲美酒，不得傾杯覆斗」的規定。

四川江河眾多，岷江水質清澈甘甜，是釀酒的優良水源，加之漢代釀酒技術的提高，已普遍使用「麴」釀酒。從秦至蜀漢時期，巴蜀地區的名酒已有多種。例如：甘酒，為用糧食釀製的酒，其釀法是「少麴多米，一宿而熟」，操作簡易。二十世紀九〇年代在西蜀漢墓中，多次發現寫有「甘酒」字樣的陶罐。西漢成都的清醥（piǎo）酒，冬釀夏成，發酵期長，酒味醇正，濃度較高，據說有「一醉累月」的效力。酴醾（túmí）酒，釀時酒中加花，色香味俱優。清酒，巴人善釀，此酒釀造時間較長，濃度較純。朐忍巴鄉村（今重慶雲陽縣東六十里）村人尤善釀此酒，俗稱「巴鄉清」。旨酒，為甜米酒。巴詩云：「旨酒嘉穀，可以養父」，「嘉穀旨酒，可以養母」，說的就是這種酒。此酒度數不高，男女皆宜。

巴蜀地區酒的產量甚大，質量也很高，善飲之人頗多，西漢文學家揚雄即好酒。《漢書‧揚雄傳》中說：揚雄「家素貧，嗜酒，人希至其門，時有好事者載酒餚從遊學」。他撰寫的《酒賦》一文，就極言飲酒的樂趣。揚雄所著的《方言》中提及的地

方所產名麴有八種，並說明已發明了餅麴。他在《蜀都賦》中還列舉了蜀地名產「蒟醬酴酒，眾獻儲斯」，「蒟醬」是產於今宜賓的名酒，後為傳世的「屠蘇」酒。一些少數民族地區的釀酒業也頗興盛，多用果物釀製，今宜賓一帶的僰人善於以荔枝或沙棘釀酒。

**❹·富商大賈的宴飲盛行**

漢代中後期，由於關梁（關口和橋樑。泛指水陸交通必經之處。這些地方往往設防戍守或設卡徵稅）開放，山澤弛禁（指鹽鐵私營），四川出現了富商大賈。《漢書·貨殖傳》記述了成都巨富羅裒，有錢百萬。在成都與都城長安兩地間做買賣，積錢一萬萬。而此時的成都也成為西南最大的商業城市。繁榮的都市與聚居的富商，催生了宴飲之風盛行。

四川豐富的物產，成就了富商大賈的設宴隆重。《華陽國志·蜀志》稱富豪們「娶嫁設太牢之廚膳，……染秦化故也。」所謂「太牢」，是指牛羊豬三牲。揚雄在《蜀都賦》中，詳細描述了漢代四川的烹飪原料、烹飪技藝、川式筵宴及飲食習俗。賦中說：「其淺濕則生蒼葭蔣蒲，藿茅青蘋，草葉蓮藕，茱華菱根。……其深則有猵獺沉鱓（shàn），水豹蛟蛇，黿鱔（shàn）鱉龜，眾鱗鰨（tǎ）鱧。……爾乃五穀馮戎，瓜瓞饒多，卉以部麻，往往薑梔附子巨蒜，木艾椒蘺，蒟醬酴清，眾獻儲斯。盛冬育筍，舊菜增伽。……乃使有伊之徒，調夫五味。甘甜之和，勺藥之羹。江東鮐鮑，隴西牛羊。糴（dí）米肥豬，麘麀（zhuī sì，鹿一歲曰麘，二歲曰麀）不行。鴻鷃獱乳，獨竹孤鶬。炮鴞被紙之胎，山麕髓腦。水游之脮，蜂豚應雁。被鷃（yàn）晨鳧，戳鴂（yì）初乳。山鶴既交，春羔秋鼺（竹鼠，似鼠而大），膾鯪（suō）龜肴，粳田孺鷩（bì，錦雞）。形不及勞，五肉七菜，朦猒（朦，蒙之借字；猒，yàn，飽、滿足；山珍有腺，海味含腥）腥臊。可以頤精神養血脈者，莫不畢陳。……若其吉日嘉會……置酒乎滎川之間宅，設座乎華都之高堂。延惟揚幕，接帳連岡。眾器雕琢早刻將皇。」所言五肉，指牛羊雞狗豬之肉；七菜，指蔥蒜薑韭芹薤芫荽；所謂「朦猒腥臊」，是說有充足的山珍海味。

從此賦可以解讀到以下內容：蜀地有豐富的蔬菜，如嫩蘆葦（「蒼葭」）、菱白與香蒲（「蔣蒲」）、嫩豆葉（「藿」）、茄子（「伽」同茄）和蓮藕；有辛香味調料茱萸、薑、蒜等來調配多種味道；有多種水生食物：菱角、水獺（「猵獺」為獺的一種）、鱔魚（「鱓」）、「水豹」、水蛇（「蛟蛇」），以及大鱉、蚯蚓、龜、鯢魚（「鰨」，俗稱娃娃魚）等。五穀也極為豐盛（「馮戎」，意為豐盛），還有蒟醬（「蒟醬」）和釅酒（「酴清」）。以及從江東運來的河豚、鮑魚，還有隴西盛產的牛羊。在這些原料中不僅有人工種植、養殖的食物原料，還有眾多山珍野味，有山上奔跑的獐（「麢」）、幼鹿（「麈麛」），有水中的野鴨、野鵝，有田裡的麥雞和碩大的竹鼠，還有飛翔的鴻雁、仙鶴，烹飪所用動植物食材竟達70餘種，山珍海味水陸雜陳，其豪華奢侈可以想見。揚雄在《蜀都賦》中還記述了富商大賈大宴賓客時，用繡花白縠（hú）裝飾牆壁的奢華場面，宴席中觥籌交錯、杯盤狼藉。《鹽鐵論·散不足》載，西漢中等以上的富裕人家，多用「銀口黃耳，金錯蜀杯」，其中的「金錯蜀杯」即嵌錯金花的蜀竹木漆杯，十分精美華貴。

這種豪華的「宴飲」已演為世風，這在漢代畫磚中多有反映，如四川成都、新都、彭縣、德陽、廣漢等地，出土了許多反映日常「宴飲」的畫像磚。如成都地區出土的東漢畫像磚中即有如此圖像：七人席地而坐，男者高冠長服，女者頭挽高髻，身著廣袖袍衣。上排三人，座前設案，左一人捧盤，中者進食，右上一人舉杯飲酒。下方四人對坐，席間置案，旁有耳杯和盂，盂內放勺。他們取杯欲飲。成都東漢「庭院」畫像磚上為二進四合院俯視圖。廳堂內豎有高大的立柱，下有方形柱礎。堂上二人，高冠長服，席地而坐，席間置有案、杯等，正飲酒敘談，一面觀看舞鶴為樂。新都出土的畫像磚：廳內三人圍案而坐，飲酒進食，案上置箸與杯，其中男女二人猜拳飲酒。德陽出土的畫像磚，畫中人物醉態甚濃。正如張載《登成都白菟樓詩》云：「鼎食隨時進，百和妙且殊。披林採秋橘，臨江釣春魚。黑子過龍醢（hǎi，肉醬），果饌逾蟹蝑（xièxū，蟹醬）。芳茶冠六情，溢味播九區。人生苟安樂，茲土聊可娛。」把成都的果、魚、茶、醬等佳食美味稱讚全備，認為成都是人生享受安樂的極佳地方。對漢代成都的酒宴風習，揚雄亦有生動描述，《蜀都賦》

▶圖3-17　漢代畫像磚「宴飲圖」，
　　　　四川成都出土（「四川文
　　　　物編輯部」提供）

◀圖3-18　漢代畫像磚「飲食圖」，
　　　　四川新都出土（「四川文
　　　　物編輯部」提供）

▶圖3-19　漢代畫像磚「猜拳飲酒
　　　　圖」，四川彭州出土（「四
　　　　川文物編輯部」提供）

云：「若其吉日嘉會，期於倍春之陰，迎夏之陽。侯、羅、司馬，郭、范、畾、楊，置酒乎榮川之間宅，設坐乎華都之高堂。延帷揚幕，接帳連岡。眾器雕琢，早刻將皇。」

此時的宴飲多與觀賞樂伎相結合，提高了飲食享樂的層次。這樣的畫像磚石也在四川發現不少，如成都出土的東漢「庭院」畫像磚、郫縣出土的東漢石棺畫像「宴飲觀伎、曼衍角抵」畫像石、成都市東漢「車馬出行、樂舞百戲」畫像石等。畫像中的宴飲場所大都為達官貴人的重檐四阿式樓房，或長廊式的五脊平連的庭院，廳堂寬敞，廳內設長席；抑或是地主豪族的幾進四合庭院，院角還有高聳望樓，有方井、庖廚及蓮池等。畫面中的賓主並排跽坐，飲酒觀伎，展現了主人宴客時歌舞百戲助興的熱鬧情景。

這一時期還盛行郊遊宴飲之風。在眾多的宴飲畫像石中，就有郊遊宴飲的畫面，如成都市東漢「車馬出行、樂舞百戲」畫像石。畫面上，可以看到在郊外的寬敞廳堂內掛著帷幔，左邊為主客敬酒及觀看表演，右邊長席上有奏樂者。圖的中部為舞蹈與雜技表演。圖左設庖廚，用帷幔與廳堂相隔，一人端盤從廳外進入。備宴的廚內置案、鼎、缸、盤、杯等，庖丁們正忙著洗菜、剖魚、備菜、烹調。帷幔處還有一管家席地而坐，伸手指揮庖丁操作。廚役們正忙碌著端盤、端菜，展示了主人們相互敬酒，觀看表演和備宴的情景。

❺ · 巴蜀地域飲食文化特點的初步形成

四川有一馬平川的成都平原，其地物產豐盈，魚肉蔬菜充足，造就了巴蜀發達飲食文化的物質基礎。《華陽國志·蜀志》記：「簫鼓歌吹，擊鐘肆懸，富侔公室，豪過田文，漢家食貨，以為稱首。蓋亦地沃土豐，奢侈不期而至也。」四方移民對巴蜀飲食文化亦有「調和」之功。巴蜀歸秦後到三國時期接納了來自四方的移民，也融合了各地的飲食文化。在秦惠王和秦始皇時期就有兩次大規模移民入川；東漢末年，中原南陽、三輔居民數萬家為避戰亂遷居入蜀；西元二一一年，中原將領韓遂、馬超率關中數萬部卒投奔蜀漢。他們帶來了中原地區的先進文化和生產技術，

為巴蜀地區的經濟發展、飲食文化繁榮奠定了基礎。正是由於秦漢統治者對移民實行按族聚居的制度，使得各族的飲食傳統得以完整保存，這是四川飲食文化的源頭之一。

巴蜀飲食本身具有「尚滋味」「好辛香」的特點。有學者認為，這是四川飲食文化具有悠久而獨立的始源。《華陽國志‧蜀志》曰：「其辰值末，故尚滋味；德在少昊，故好辛香。」而其尚好，始源於西周時，或許更早些。「尚滋味」，一是喜多味，二是喜特殊味。主要指苦味和甜味，或苦甜的混合味。「好辛香」中的「辛」指帶刺激性的氣味，「香」是帶芬芳性的氣味。辛香味主要取用於調料，巴蜀獨有的花椒、薑、蒜等，都具有「辛香」的特點。其中，花椒又稱蜀椒、巴椒、川椒，薑亦以蜀產為最好，秦漢時，薑即是和美的調味品。椒麻而姜辣，此為辛香的主要調料。當時的辣味應是薑辣，而非後世川菜麻辣特點的「辣椒」之辣。[1]

巴蜀飲食注重「五味調和」，才成就了兩漢巴蜀飲食百菜百味的特點。正如，揚雄《蜀都賦》中將巴蜀飲食文化概括為：「有伊之徒，調夫五味」，又言，「辛香溫」和「五味」（酸、甜、鹹、麻、辣）都是川人飲食的喜好。這些都說明了秦漢時期的巴蜀地區已經開始出現地域性特徵較強的飲食風格。

## 第二節　西南地區設郡縣與各地文化交流

秦漢時期的雲貴桂地區是飲食文化發展多元複雜的交合共生階段。統治者統一這一地區後，採取設置郡縣、移民和加強地區間交流的政策，使這一地區的飲食文化融入了更多的元素。

---

1　江玉祥：《川味雜考三題》，四川省民俗學會等：《川菜文化研究》，四川大學出版社，2001年。

## 一、秦漢政府西南設郡促進了西南農業發展

**❶**·雲貴地區的農業進步

兩漢稱今雲貴地區及其居民為「西南夷」。西漢武帝繼位後，於西元前一三五年至前一〇九年數次經營西南夷，先後在今雲貴地區設置犍為郡（治今四川宜賓）、牂牁（zāngkē）郡（治今貴州黃平西南）、越嶲郡（治今四川西昌）、益州郡（治今雲南晉寧以東）。東漢明帝永平十二年（西元69年），又設永昌郡（治今雲南保山）。至此，雲貴地區全部納入中原王朝的版圖。

設置郡縣之後，西南夷地區農業的進步明顯。據《後漢書·西南夷傳》：益州郡太守文齊修造陂池，墾田2000餘頃。東漢時今昭通地區的灌溉農業也較發達，據記載昭通盆地有大泉池，樊名「千頃池」，又有龍池，灌溉種稻。水稻種植在今滇東北平壩地區已較普遍，大小盆地廣為種植。《後漢書·西南夷傳》中說：滇池周圍地區「河土平敞，多出鸚鵡、孔雀，有鹽池田漁之饒，金銀畜產之富。人俗豪，居官者皆富及累世」。永昌郡「土地沃美，宜五穀、蠶桑」。此時，出現了使用畜力耕種的方法。二十世紀七〇年代，在昭通東漢墓發現了一塊東漢時的畫像磚，上面有一椎髻披氈之人以細繩牽著一頭黃牛，畫像磚上繫繩穿鼻之牛當為耕牛。

**❷**·廣西與內地的交流及農業生產的發展

古代稱五嶺以南的今兩廣地區為「嶺南」。秦統一六國不久，遂對嶺南發動進攻。平定嶺南後，即在今廣西地區設桂林郡和象郡。桂林郡，以今桂東北為中心，大致統治粵西南與廣西東北部；象郡，治今廣西崇左，大致轄有今貴州東部、廣西西南部及其以南的一些地區。秦政府採取移民開發政策，從內地移入大批「以為士卒衣補」的女子，留駐幾十萬「謫戍」的士卒，以及不斷遣入十幾萬「逋亡人、贅婿、賈人」等與「越雜處」，從而傳入了中原先進的文化和生產、生活技術。秦末中原爆發農民大起義，趙佗擊並南海、桂林、象三郡，自立為南越武王。他採取了「和輯百越」的策略，緩和各民族矛盾，促進了經濟發展，融合了各族飲食文化。至西元前

一一二年，西漢出兵平定了南越國，在其舊地設置儋耳、珠崖、南海、蒼梧、鬱林、合浦、交趾、九真、日南等九郡，統治範圍大體包括嶺南及其以南的部分地區，使廣西地區實現了較短時期的統一，為該地區飲食文化的進步創造了積極的條件。

秦漢在嶺南置郡縣後，廣西地區的經濟有了較大發展。二十世紀五〇年代以來，在廣西發掘出不少有中原文化特點的漢墓，徐聞、梧州、合浦和桂平等地較為密集。廣西地區西漢墓葬出土的隨葬品，除少量銅製的鼓、桶等器物外，大部分物品與中原類似。東漢墓葬則為內地常見的磚室墓，普遍出土有房屋、井、灶、糧倉和六畜的陶製模型。如合浦漢墓出土有長方形陶倉，梧州雲蓋山墓葬出土有滑石糧囷等，均表明當地農業生產已有長足的進步，糧食也有較多的剩餘。

早在南越國時嶺南就已較多地使用了鐵製生產工具。漢朝在嶺南設郡縣後，鐵器的使用更為普遍，水稻等糧食作物的品種也明顯增加，在一些地區還種植了雙季稻。農家已知收集和施用畜肥與人肥，在貴港和合浦等地的漢墓中出土了豬圈的陶製模型，合浦望牛嶺一號漢墓還出土了一座「干欄」式陶屋，上層設有廁所並有孔與下層的豬圈相通，表明主人已有積肥的意識。在梧州、合浦等地的東漢墓還發現有陶牛和陶牛車，表明使用牛耕和以畜力耙地亦較普遍。在廣西合浦、梧州、鐘山等地的漢墓，還發現了不少陶製水井的模型。水井主要用來汲水給人畜飲用，也可澆灌農田。

◀圖3-20　廣西靈渠

家畜飼養也很普遍。除黃牛與水牛外，豬也是大量飼養的家畜。廣西漢墓常見的陶屋模型幾乎都附帶豬圈，圈中養豬一二頭或四五頭。各地漢墓出土的隨葬品，也常見牛、羊、馬等家畜和雞、鴨等家禽的陶或銅質的模型。在都安拉仁鄉東漢墓陶屋模型的屋簷下，發現有鴿子伏窩的雕塑，表明至遲在東漢時廣西已馴養鴿子。

各種飲食器具也有所發展，尤其是銅鐵、陶瓷、漆器製作的飲食器具，適應了不斷產生的新的烹飪技法和新的飲食內容。此外，漢代廣西的金銀器，無論在質量上還是數量上均有較大發展。受社會生活豐富化和內地厚葬習尚的影響，東漢時的一些大墓，各種材質的隨葬品其種類和數量明顯增加。如從貴港羅泊灣漢墓即出土了800件漆器，賀州金鐘漢墓亦出土了大批漆器，其中有許多餐具，如盤、盒、豆、盆、耳杯等。

與西南夷中部地區的情形相似，這一時期嶺南的廣西地區也是吸收內地經濟文化因素較多、變化較大的區域，這主要是與該地區交通方便，並鄰近社會經濟發展較好的地區有關。在嶺南西部，內河航運十分發達，秦朝時期為運糧，在今廣西興安縣境內修建了「靈渠」，這是世界上最古老的運河之一，有著「世界古代水利建築明珠」的美譽，溝通了湘江與灕江兩大水系，打通了南北水上通道，促進了當地的生產和經濟的發展。此外，秦漢時期還開闢了四川經牂牁江、溫水、郁水達番禺的水運航線，貫通了黔西與嶺南東西部的水運。變化最大的主要是位於今廣西東北部的蒼梧郡與瀕海的合浦等地。而蒼梧郡與經濟發達的南海郡、桂陽郡為鄰，合浦又是海運的重要港口，這些都為廣西經濟的發展創造了有利條件，同時也打開了廣西對外交流的窗口，擴大和推進了廣西與內地的商業交流，引進了先進飲食文化，並融合於本土。

## 二、多地區飲食文化的相互影響

### ❶．影響雲貴飲食文化形成的因素

西南邊疆特有的自然環境，深刻影響了當地的飲食文化。雲貴地區多山地與高原，形成了複雜多樣的地貌與氣候的環境，這裡有著極為豐富的動植物資源，這些資源分佈於不同海拔高度的地區，呈立體狀分佈。雲貴高原的各民族，很早便分別居住在不同海拔高度的地區，從而形成了不同的生計方式和飲食文化。如世居雲貴高原河谷平原、平壩地區的壯、侗、布依等民族，生計方式主要是農耕稻作，是精耕農業文化；而世居雲貴山區的怒、佤、景頗等民族，其生計方式則是山地農耕、刀耕火種，是初級農業文化等。

除自然環境的影響外，雲貴地區文化的形成還深受四川文化的影響。秦對今雲貴地區的經營始於對巴蜀開發的成功。從秦朝至元朝初年的約1500年，今雲貴地區便與四川結下了不解之緣，兩地文化相互影響深遠。主要是由於：其一，長期以來，雲貴地區是四川大行政區的一部分。其二，約1500年間，五尺道與靈關道把雲貴地區與四川緊密地聯繫在一起，加強了兩地人民的文化交流。歷代統治者都從四川向今雲貴地區派遣軍隊和官吏，並以官方名義或以民間性質向雲貴地區移民。如在兩漢時期，由官方組織了大量蜀地人民進入雲南，以今滇東北和滇中地區最為密

▲圖3-21　始於秦代的「五尺道」

集。因此，數千年間雲貴地區的經濟和文化受到巴蜀地區的深刻影響，絕非偶然，飲食習俗便是最有力的說明。今雲貴地區居民的飲食習俗同四川十分相似，如普遍嗜好辛辣，崇尚辛香，口味偏鹹，嗜食河鮮與野味；菜餚的原料必須豐富、新鮮，菜餚的味道講究色香味俱全；風行市肆風味與地方特色菜等等。這些飲食習俗的特點，可以說早在1000餘年以前便已基本形成。

再有就是來自外地漢族移民的影響。二十世紀中期以來，在雲南的東部、中部和西部，以及貴州的中部與西部，先後發現不少稱為「梁堆」的東漢至魏晉時期的墓葬。普遍出土漢式銅器與鋤刀等生產工具，大量模仿建築、畜禽、生活用具和人物的陶製明器，以及盆、罐、碗、壺等陶瓷用品。還有鑄有「朱提」「堂狼」字樣的壺、洗、盤、釜等銅製生活用具，其形制、紋飾均與外地漢族器物相同。「梁堆」墓葬反映了生活在郡縣治地的漢族移民的飲食生活狀況。

❷ · 廣西地區的飲食結構進一步優化

兩漢時期，在外來移民與本地民族的共同努力下，廣西地區的農業生產有了較大發展。主食來源進一步拓寬，形成以稻穀為主要農作物，兼食粟、豆、薏、芋、薯等雜糧及各種果蔬的飲食結構。目前發現漢代稻穀遺址有五處，分別是貴港市羅泊灣西漢前期墓、貴港風流嶺西漢前期墓、合浦堂排西漢後期墓、梧州低山東漢墓和昭平界塘東漢墓。一九七五年考古工作者在合浦堂排漢墓中，在一口銅鍋中發現了稻穀與荔枝，保存完好。

薯類雜糧在廣西地區的平民生活中占重要位置。《異物志》有「甘藷出交廣南方……南人專食以當米穀，蒸炙皆美食」的記載；此外嶺南還出產優質薏苡，薏苡既能治濕痺病，又可充飢代糧。據《後漢書‧馬援傳》：東漢初馬援出征交趾，因常食薏苡深感其益，他還稱讚交趾的薏苡品質佳、果實大，軍還時帶回一車薏苡良種，準備在內地種植。

蔬果品種十分豐富。在以上廣西的這些漢墓中，除了稻穀、粟米和豆類以外，還發現有葫蘆、黃瓜、薑和木瓜等菜蔬，桃、李、橘、梅、荔枝、龍眼與橄欖等水果，以及花椒、金銀花等經濟類作物，表明這些作物在這時期已被廣泛種植。嶺南

出產的荔枝、龍眼、橘、柚等水果，經常輸入內地供宮廷享用。如《後漢書・和帝紀》載，「舊南海獻龍眼荔枝，十里一置，五里一候，奔騰阻險，死者繼路」。漢武帝時廣西先民種植的橘、柚大量輸入內地，深受百姓歡迎，以致「民間厭橘柚」。

　　肉食以飼養的畜禽為主。從貴港、梧州等地漢墓出土的動物模型可以看出，廣西的畜禽肉食主要有豬、狗、羊、雞、鴨、鵝等。此外，水產和鳥獸鼠蟲也占一定比例。

　　此外，廣西先民為了在「瘴癘之鄉」的廣西生存下去，他們在長期的生活實踐中，逐漸摸索總結出了「醫食同源」的文化思想。他們生產珍貴藥材，亦作飲食之用。東漢醫學家張仲景撰寫的《傷寒論》記載110份藥方，其中有約20個藥方以桂枝為主藥。嶺南是肉桂的重要產地，尤以廣西最多。為滿足內地的需要，交趾等地開闢了專植桂樹的桂園，合浦出產的肉桂也遠近出名，晉人郭義恭在《廣志》中說：「桂出合浦，而生必於高山之巔。」西漢史游的《急就篇》記有「菌桂、牡桂之屬，百藥之長」，可知，漢時廣西肉桂有丹桂、菌桂和牡桂三種。

第四章　魏晉南北朝時期

# 第一節　四川地區遠離戰亂的穩定與富足

　　魏晉南北朝時期是四川歷史中承前啟後的重要時期。三國時期，中原大戰，而巴蜀地區戰亂較小，蜀人憑藉優厚的自然條件，基本維持著繁榮的局面。西晉的統一極其短暫，東晉南北朝時期中國經歷了將近三百年的分裂，此間長期戰亂，由是，巴蜀地區被視為土境豐富、民物殷阜之地，成為南北政權爭奪的重要地區。這一時期四川東部的土著居民大量外徙，而眾多的少數民族又相繼遷入，使得巴蜀地區的人口和民族構成發生了巨大變化，對巴蜀的經濟、文化產生了直接影響。

## 一、巴蜀糧足市旺豐饒依舊

### ❶ · 豐富的糧食蔬果品種

　　以四川盆地為中心的東部地區，有優越的自然條件，悠久的農耕歷史，較高的農業生產技術，使水稻成為成都平原最為主要的糧食作物。早在秦漢時期，這裡就已是全國著名的「有粳有稻」的水田稻作區。兩晉南北朝至唐代，四川主要仍是種植早稻，《齊民要術・水稻》引晉人郭義恭《廣志》：「青芋稻，六月熟；累子稻、白漢稻，七月熟。此三稻，大而且長，米半寸，出益州。」形成了成都平原地區以大米為主而少麵食的主食飲食結構。

　　四川廣闊的丘陵和低山地區，缺乏水利灌溉條件，所以適宜種植麥、黍、粟等耐旱的糧食作物，但產量遠低於平原地區。據《華陽國志・巴志》記，巴西、梓潼、廣漢、犍為四郡，均有「山原田」或「山田」。《蜀中廣記・方物記》曰：「三峽兩厓（yá）土石不分之處皆種燕麥，春夏之交，黃遍山谷，土民賴以充食。」四川各地的旱作技術差別很大。在平原周邊的丘陵山區，旱作種植技術較為成熟，普遍深耕，並注意選用良種。為避免過量降雨的影響，而普遍採用壟作法。其方法是耕田整土後起土成壟，再清出壟溝，把耐旱的糧食作物種在壟台之上，壟溝則間種

蔬菜與芋，這種方法延續後世。其中芋在巴蜀地區有悠久的種植歷史，《廣志》說：「蜀漢既繁芋，民以為資。」

成都地區是四川最早從事農業生產的地方，也是最適宜農耕的地區，它是巴蜀主要的蔬菜產地。《華陽國志・蜀志》稱其「山林澤魚，園圃瓜果，四節代熟，靡不有焉」。其中，魔芋的發現與種植是巴蜀地區對飲食的一大貢獻。魔芋古稱「蒟蒻」，《華陽國志・巴志》曰：「蔓有辛蒟，園有芳蒻。」據《華陽國志》校注者劉琳考證，「蒻」就是「魔芋」。西晉左思《蜀都賦》亦言：「其園則有蒟蒻、茱萸、瓜疇、芋區、甘蔗、辛薑。」劉逵註：「蒻，草也，其根名蒻頭，大者如斗，其肌正白，可以灰汁，煮則凝成，可以苦酒淹食之，蜀人珍焉。」蜀人還取其塊莖供藥用。晉代巴蜀地區還以魔芋為原料入菜，還有將塊莖磨成水粉，去毒處理後製成魔芋豆腐的做法。還有一種在巴蜀地區廣受喜愛的蔬菜是「蕪菁」，又名蔓菁、圓根，它是一種南北都種植的尋常蔬菜。因蕪菁易栽種，產量高，葉和根都可以食用，所以蜀漢時的四川對蕪菁十分青睞。唐劉禹錫《嘉話錄》：「諸葛所止，令兵士獨種蔓菁」。當時受歡迎的程度僅次於葵（冬寒菜），在人們的飲食中占有重要地位。

水果種植也有較大的發展。柑橘與荔枝在巴蜀地區種植甚早。據《華陽國志・巴志》：園有「給客橙」。「給客橙」又名「盧橘」或「金桔」，即今四季柑。荔枝為水果中的珍品，據《華陽國志・巴志》，漢晉時巴蜀地區的荔枝主要產自江陽郡、犍為郡僰道縣與巴郡江州縣。其他果物種類也很豐富。左思《蜀都賦》言：「家有鹽泉之井，戶有橘柚之園。其園則林檎枇杷，橙柿榔樗。樻桃函列，梅李羅生。百果甲宅，異色同榮。朱櫻春熟，素柰夏成。」

❷ ‧ 家畜飼養有了長足的發展

畜牧業是巴蜀西部邊地的重要產業。如陰平地區（今甘肅文縣、四川南坪、青川、平武、江油一帶）、汶山地區（今阿壩州）均主要從事畜牧業生產，以馬、牛、羊聞名。《魏書・宕昌列傳》：「宕昌羌者，其先蓋三苗之胤……皆衣裘褐。收養氂牛、牛、豕以供其食。」除西部地區外，東部的四川盆地也有畜牧業，

據《華陽國志》記載，牛馬等大牲畜主要產自巴西郡和巴郡的墊江縣。今川西南的諸蠻部落喜養黃牛，飼養的羊有綿羊、山羊兩種，川西高原主要產綿羊，川西南一帶則以山羊為主。各地家庭普遍飼養豬、雞、鴨和鵝，但羊、驢的飼養不甚普遍。[1]

巴蜀普遍養豬，其歷史可追溯至蜀漢時期。養豬方法依地域不同而有差異，平原地區養豬流行圈養，這一時期墓葬中出土的陶豬多屬肥壯型，腰身和四腳粗壯、嘴筒略短，具有早熟、易肥、發育快、肉質較好的優點。丘陵地區則流行野外放養，在西漢王褒的《僮約》中有「持哨放豬」之語。據考古材料表明，因為是放養，所以丘陵地區出土的陶豬多為瘦型豬，且當時普遍採用了「閹割術」。從成都附近的新都、雙流、金堂及西昌等地出土的東漢陶豬俑可以看出，四川現代豬的若乾品種至少在東漢時即已初步形成。頭短體粗，顏凹耳略垂，正是現代黑豬的主要形象。

各地的小型家禽家畜飼養業也發達。從墓葬中的畫像磚和出土陶俑的資料來看，飼養較多的有犬、雞、鴨、鵝與兔。犬主要用於放牧狩獵。雞、鴨、鵝、兔是主要家禽，大都在平坦地區飼養，當時流行閹割的公雞為肉用雞。蜀漢時期墓葬出土的木質馬、牛、豬以及東漢崖墓群中出土的陶質犬、馬、雞和鴨，都顯示出這一時期家畜業有了長足發展。

自漢晉以來，四川的平原或丘陵地區，一直是利用瀦（zhū，蓄積）水和陂塘池水灌溉農田。陂塘在四川地區相當普遍，據《華陽國志》記載，巴郡江州縣、蜀郡廣都縣、廣漢郡德陽縣、犍為郡南安縣、江陽郡漢安縣等地，均有陂池或魚池。陂塘池除了灌溉農田外，還可以養魚、種蓮、栽菱，具有多種經濟效益，例如，新都縣出土的「農作捕魚」畫像磚，即是把養魚與種植水稻相結合的藝術寫照，此為巴蜀地區的一大創造。《太平御覽》引曹操《四時食制》中說：「郫縣子魚，黃鱗，赤尾，出稻田，可以為醬。」宜賓出土的一個陶田模型，其中水田和渠道約占模型的

1　李敬洵：《四川通史》第三冊，四川大學出版社，1993年，第186-188頁。

3/5，其餘部分為水塘與魚塘。水塘的兩個排水缺口高矮不一，可保證魚塘用水。魚塘排水口與魚塘底部同高，並使用不同的木板關水、排水，平時可使水緩緩流動，捕魚時便於將水排出。[1]類似形制的魚塘，在成都、峨眉、重慶、樂山、西昌等亦有發現。

❸ · 飲食器具工藝有所發展

晉代，在巴蜀地區飲食器具的品種中增加了瓷器。但陶器仍是主要的飲食器具，在不少墓葬中都有出土。至南北朝時瓷器器具的形制增多，在廣元、綿陽、德陽、涪陵、忠縣等地墓葬所出土的青瓷器，與前代相比無論是器物的類別和造型、花紋裝飾都發生了很大變化。

這一時期巴蜀地區出土的瓷器多為火候高的青白釉，胎骨為高嶺土。其中以飲食器具為多，主要有罐、壺、碗、杯、盤（高足盤）、缽等。壺的形制多以瘦長為主，廣元寶輪院崖墓群出土了四耳壺與四耳鍋，這兩種器物適宜「吊燒」烹煮。特別是盤口橋形四繫罐、盤口橋形四繫壺等均由短頸變長頸，短腹變深腹。耳繫亦流行橋形繫，還新創了一種圓環耳。碗亦由淺腹變深腹，平足增高（即假圈足），大大增加了碗的美觀與實用價值。

由於南朝佛教盛行，蓮花是佛教的象徵之一，故以蓮花為題材的紋飾廣泛流行在食器上，如昭化、重慶都出土有蓮花紋盤口壺、碗等。這一時期，在壺的裝飾上刻意創新，如盤口壺的頸上飾以竹節紋。尤為典型的是，在邛崍十方堂窯出土的盤口四繫壺，其形製為盤口短頸，頸肩之處設四圓環耳，豐肩，平足。該壺花紋裝飾在腰上部施以青釉，而後用黑彩繪出兩株草葉紋和「永元」二字，相隔其間織成紋飾。由此可知至少在南齊永元年間（西元499-500年），就已開創用筆繪出黑彩裝飾的新工藝。[2]使飲食器具的審美價值又上了一個台階。

---

1　秦保生：《漢代農田水利的佈局及人工養魚業》，《農業考古》，1984年第1期。

2　陳麗瓊：《試談四川古代瓷器的發展及工藝》，《史學論文集》，四川人民出版社，1982年，第212頁。

## ❹．城鄉商業的繁榮

西晉時期四川成都的商業繁榮，這在左思的《蜀都賦》中有充分的表述：「市廛所會，萬商之淵。列隧百重，羅肆巨千。賄貨山積，纖麗星繁。都人士女，袨（xuàn）服靚妝。賈貿墆（zhì）鬻（yù），舛錯縱橫。異物崛詭，奇於八方。」文中勾勒出晉代的成都商業發達，店鋪林立的情景，其規模之大、門類之雜、品種之多，均窮極於時。與秦及西漢早期相比，這時成都市場上的奢侈品明顯增多，如絲織品、金銀漆器、金銀漆飾車具等都成為全國的搶手貨。當時一件鑲金銀漆耳杯的價格，相當於10-20個同樣大小的銅耳杯的價格。[1] 成都纖麗星繁的商業貿易，與它「水陸所湊，兼六合而交會焉」的交通發達息息相關。蜀地的物產不僅自銷興盛，且流向省外廣東等地，「邛杖傳節於大夏之邑，蒟醬流味於番禺之鄉」。

南北朝時期，四川農村出現「草市」。「草市」是農村中的商業城鎮，有的也稱為「市」，如蜀州青城縣的青城山草市與味江市、彭州唐昌縣的建德草市與九隴縣的珊口市、雅州嚴道縣的遂斯安草市、闐州的茂賢草市、梓州鹽亭縣的雍江市等。其功能是商品交換，主要通過集市貿易的方式進行。鄉村居民可以不定時地把農副土特產品如鹽、麻、雞、魚等出售給商販，又從商販那裡購買回生活用品。這些位於州城、縣城以外的草市，都是無固定店鋪的商業點，商業設施也較城市商業區簡陋，但是這類商業點的形成與發展，卻是四川農村商業中最重要的進步，也使飲食原料有了交換、售購與調節餘缺的空間。

## ❺．鹽業的發展

自秦漢以來，巴蜀地區一直是全國最重要的井鹽產地。兩晉南北朝時期，除個別少數民族地區出產岩鹽外，大多數地區生產井鹽。所生產的食鹽，不但可保證當地居民的需要，還能進行對外商貿活動。據《華陽國志》記載，漢晉時期，巴蜀地區的井鹽產地主要在以下地區：巴郡臨江縣（今重慶市雲陽縣境）、巴東郡胸忍縣

1　羅開玉：《秦漢三國時期成都商業大都會的建成》，《成都大學學報》社科版，2010年第6期。

（今重慶市雲陽縣境）、涪陵郡漢發縣（今重慶市酉陽縣境）、巴西郡南充縣、蜀郡的臨邛（今四川邛崍）縣、廣都縣、廣漢郡的什邡縣、郪（qī）縣、犍為郡牛鞞縣、江陽郡的江陽縣、漢安縣、新樂（今四川省南溪縣境）縣、越嶲郡定筰縣、南廣郡南廣縣（今四川省珙縣境）等，共計10郡14縣。此外，梓潼郡的梓潼縣出傘子鹽。

由於食鹽為人民生活必需品，鹽利成為國家財政收入的重要來源，統治者十分重視對鹽業的管制。《三國志・魏書・鄧艾傳》載，司馬昭平蜀後，擬「留隴右兵二萬人，蜀兵二萬人，煮鹽興冶，為軍農要用」。《太平御覽》引《晉令》曰：「凡民不得私煮鹽，犯者四歲刑，主吏二歲刑。」南朝弛鹽禁，准許百姓煮鹽。北周末年又禁民開採井鹽，至隋文帝才廢除禁令。


## 二、巴蜀飲食習俗及烹飪特色

### ❶·奢侈的宴飲之風

中國歷史上的魏晉南北朝時期，是一個戰亂頻仍的歷史時期，中原地區經歷著「八王之亂」及「五胡亂華」的動盪局面，政局空前混亂。戰爭帶來的災難使得大批北民流入南方；而南方相對穩定的社會局面，豐富的物產資源，使得巴蜀地區飲食文化平穩發展。然而社會政治的動盪，使貴族統治階級深感朝不保夕，於是及時行樂、講究奢侈之風日盛，在物產豐富的巴蜀地區催生了豪華的宴飲之風。西晉文學家左思的《蜀都賦》，生動地描寫了當時的宴飲豪華與奢侈：「出則連騎，歸從百兩。若其舊俗，終冬始春。吉日良辰，置酒高堂，以御嘉賓。金罍中座，肴槅四陳。觴以清醥（piǎo，清酒），鮮以紫鱗。羽爵執競，絲竹乃發。巴姬彈弦，漢女擊節。起西音於促柱，歌江上之颰（liáo）屬。紆長袖而屢舞，翩躚躚以裔裔。合樽促席，引滿相罰。樂飲今夕，一醉累月。」金碧輝煌的座場，滿桌的菜餚、美酒、果品，賓客互相敬酒，更有巴姬彈弦，漢女擊節，演唱歌曲助興，絲竹悠揚，長袖飄舞，主客盡情享受宴飲之樂，即使醉倒一個月也不在乎。作者把絃歌麗舞助興、盛

筵歌舞的景象描繪得淋漓盡致，鮮活生動。

在「以富相尚」的影響下，各種宴飲活動也表現得十分鋪張，《華陽國志·蜀志》中寫道：「娶嫁設太牢之廚膳，婦女有百輛之徒車。」晉代的《官品令》規定，一品、二品官人可納四妾，三品、四品可納三妾，五品、六品可納二妾，七品、八品可納一妾。納妾者多為官員富豪，「太牢」婚宴想必更為豪華。這種儀式在南北朝時期變得繁瑣而且奢費，嫁娶又尚奢侈，故南朝有「銀杯連疊」及「牢燭」之俗（即新婚夫婦共用一個牢盤進食），北朝婚嫁則盡為奢靡，牢羞之費，罄竭資產。[1]

古代四川早已把豪華宴飲與遊玩結合在一起，在經濟較發達地區成為世風，成為一種民俗傳統。如踏青遊玩的野宴、江河遊玩的船宴，狩獵之餘的獵宴，以及各種廟會、燈會、花會，無不薈萃美食的飲食民俗，美景與美食，而且有樂舞助興，使人同時得到味覺享受、視覺享受和聽覺享受，構成了美食與美景交相輝映的飲食文化。這一傳統盈盈不衰，延續至宋。

**❷·巴蜀茶酒習俗**

這一時期巴蜀地區盛行飲茶。據《三國志》記載，東吳有採茶煮茗粥的習俗，西晉蜀地出現了賣茶粥的蜀嫗。西晉人傅咸在《又教》中有：「聞南市有蜀嫗，作茶粥賣之，廉事打破其器具，使無為賣餅於市，而禁茶粥，以困老姥，獨何哉。」這是我國關於售賣茶粥的最早記載。表明在西晉時期，巴蜀地區已出現賣茶者，其銷售方式即挑售茶粥、沿街叫賣。近現代四川流行「好看不過素打扮，好吃不過茶泡飯」的俚語，說明「茶泡飯」在民間是人們喜愛的飲食習俗，其源頭可能就是「茶粥」。西晉時，張載《登成都白菟樓》詩有讚譽蜀茶之句：「芳茶冠六清，溢味播九區。」據說這是我國最早一首描繪飲茶的詩。「六清」指水、漿、醴、涼、醫、酏等六種飲料，而茶以其醇香味厚居於「六清」之上，受到了很高的評價。至南北朝後，隨著各民族的大融合，飲茶習俗由南而北延伸，北方人也開始有了飲茶的嗜

---

1　李敬洵：《四川通史·兩晉南北朝隋唐》，四川人民出版社，2010年，第598頁。

好。

晉代酒釀繼續發展，西晉張載《酃（líng）酒賦》說：「物無往而不變，獨居舊而彌新，經盛衰而無廢，歷百代而作珍。」反映出飲酒在人們生活中占有重要地位和釀酒業的發達。北魏賈思勰在《齊民要術》卷七《笨麴並酒》中，詳細記述了蜀地釀酒之法：「十二月朔，取流水五斗，漬小麥麴二斤，密泥封。至正月二月凍釋，發瀝去滓，但取汁三斗，殺米三斗，炊作飯，調強軟合和，復密封，數十日便熟，合滓餐之，甘、辛、滑如甜酒味，不能醉人。」文中所言即今日的醪糟甜酒，幾乎家家可做，深受四川各地民眾喜愛。有的釀製獨創一格，並採用蜀地特產為釀製器皿，頗具地方特色，如著名的「郫筒酒」，便是此時發明的。製作方法是把麥麴置竹筒發酵釀成，因產自成都附近的郫縣而得名。《華陽國志・蜀志》：「郫地出大竹，截之盛酒，間以藕絲，包以蕉葉，信宿香達，曰郫筒酒。」據《郫縣志》卷二《秦漢以來職官表》說，郫筒酒的發明者是名為山濤的縣令所發明。據說釀製三日便有香氣散出，兩個多月剖開竹筒後，百步之外乃聞其香味，飲之味如梨汁蔗漿，美不可言。

❸・巴蜀烹飪特色

這一時期巴蜀烹飪的地方特色已初步形成，主要表現在三個方面：

一是喜甜。巴蜀盛產蜂蜜和甘蔗，漢晉時巴蜀以產優質蜂蜜而著稱，及至唐以後，四川仍是全國重要的蜂蜜產地。蜂蜜分為家蜂蜜與野蜂蜜兩類。家蜂蜜是人工飼養所得，野蜂蜜則是取自野生蜂所釀。因野蜂築巢之處及巢質有異，野蜂蜜又分為木蜜、土蜜和岩蜜數種。木蜜是「懸樹枝作之，色青白，樹空及人家養作之者，亦白而濃厚，味美」；土蜜則是「土中作之，色青白，味鹹」；岩蜜又稱「石蜜」，是「高山岩石間作之，色青赤，味小鹹」。[1]蔗糖即以甘蔗汁製成的食糖，當時有不同的名稱，揚雄《蜀都賦》中稱甘蔗為「諸拓」，左思《蜀都賦》則謂之「甘蔗」。

---

1　蘇敬等：《新修本草》卷一六《蟲魚部・石蜜》，安徽科學技術出版社，2005年。

在調味品不多的古代，蜂糖和蔗糖是一種重要的調味品。蜀漢時肉食的特點是都略帶甜味。《北堂書鈔‧蜜》引三國魏文帝《與朝臣詔》：「新城孟太守道：蜀豬、羊、雞、鶩（鴨）味皆淡，故蜀人作食，喜著飴蜜，以助味也。」與東漢揚雄《蜀都賦》所總結的蜀人「尚甘飴」的特點基本相同。即使在今天，川味不少菜喜放入糖調味，因此正宗川味也並不只是麻辣味型，而有甜香、甜鮮、鹹甜、糖醋等多種味型，且有其久遠的源頭，這是物產因素決定的。

二是喜辛辣。巴蜀盆地多為高山峽谷，日照時間短，空氣濕度大。自古以來人們就喜好辛香之物，如薑、椒、茱萸類辛辣調料。這些調料具有藥用價值，可溫中祛寒、開胃除濕，具有治寒濕痺痛和殺菌的功效。如生薑，它可將自身的辛辣味和特殊芳香滲入菜餚，使之鮮美可口，又可健胃溫肺，特別是還可解魚蟹毒素。花椒，性溫味辛，不僅可除各種肉類的腥氣，還具健胃散寒、除濕解毒的作用。因此，它們既是調料，也是藥物，體現了醫食同源的飲食思想。

這些香辛調料沿用至晉。東晉時，四川人常璩在《華陽國志‧蜀志》中對蜀中飲食習慣歸納為「尚滋味」「好辛香」，「辛香」之味乃指薑、芥、韭、蔥、花椒等日常調料。晉人葛洪《神仙傳》言魚膾中不可或缺姜，晉束皙《餅賦》說烹調麵條時，「薑株蔥本」為調料之首，並謂「椒蘭是畔」，說明花椒也是重要調料。直到現在，四川的麵食中還一脈相承地大量使用薑蔥椒為調料。《太平御覽》引晉代張華《博物志》，詳細記載了蜀人炮製薑的方法：「伏波將軍唐資傳蜀人熬薑法：先灑掃，別粗細為三輩，盛著籠中，作沸湯，沒籠，著湯中。須臾，取一片，橫截斷，視其熟否，裡既熟訖，便內著甕中，細搗米末以覆上，令薑不見，訖，以向湯令復沸，使相淹，消息視甕中，當自沸，沸便陰乾之。」其法被後世傳承並有所發展，由此生產出醃甜薑，這也是由生態因素決定的。

三是雜味並存。魏晉南北朝是我國各民族第二次大交流大融合的時期，外來人口大批入川，給原有的巴蜀土著文化增添了新的內容。《華陽國志‧大同志》載，西晉元康七年（西元297年），雍州、秦州大旱。次年，略陽、天水、扶風、始平、武都、陰平等六郡（在今甘肅、陝西境），僚、氐流民數萬家為逃避飢餓入蜀。略

陽臨渭（今甘肅南安縣）氐族李特家族，隨飢民由漢川轉益州就食。以後，李氏家族在成都建立成漢政權，又大量遷移僚、氐部族入蜀。西晉末年開始了全國性的北人南遷，豪門貴族、商賈工匠通過秦嶺入蜀，以避戰亂。南北文化大規模交流，不僅為巴蜀帶來了各地的生產技術，也帶來了各地區的風俗習慣。由於對移民實行按族聚居制，不雜於土著民族中，移民可以完整地保留原來的飲食傳統，成為四川飲食文化的源頭之一。如他們帶來了中原河南地區的鹹、辣風味，也帶來了山東以重用甜麵醬調味見長的烹飪技法。而「鹹、鮮、醬」味，都是川味中的基本味型。這些都是移民帶來的影響。

此外，漢魏時期還出現了不少節令食品。相傳饅頭即是諸葛亮南征時因祭祀而發明的。左思《蜀都賦》中提到了「麭（miàn）有桄榔」，「桄榔」為樹名，樹幹去皮後出澱粉狀物，如麥麵，可食，謂之「桄榔麵」。西晉張載《登成都白菟樓》反映了西晉時成都的飲食狀況：「蹲鴟蔽地生，原隰殖嘉蔬。雖遇堯湯世，民食恆有餘。鬱鬱小城中，岌岌百族居……鼎食隨時進，百和妙且殊。」每逢節令，巴蜀人有「嘗新」的習俗：「披林採秋橘，臨江釣青魚；黑子過龍醢，果饌逾蟹蝑。芳茶冠六清，溢味播九區。人生苟安樂，茲土聊可娛。」「龍醢」或為蝦醬，「蟹蝑」則是蟹肉乾或蟹黃，而本地所產「黑子」「果饌」超過蝦醬與蟹黃，可知其味甚美。這種飲食民俗傳統綿延後世，不斷發展。


# 第二節　雲貴桂地區的平穩發展

魏晉南北朝時期，中原戰爭紛繁，但西南的雲貴桂地區卻相對穩定，人民得以休養生息，地方經濟有了長足發展，飲食文化也體現了西南少數民族的獨有特色。

## 一、農牧業生產與社會生活狀況

**❶**·「南中」地區農弱畜強的生產狀況

東漢與西晉稱今雲貴地區為「南中」。通過蜀漢時期的劉備和諸葛亮的平定與經營，蜀漢逐漸從巴蜀「大姓」移民等豪強勢力手中恢復了對南中的統治。並設軍政機構庲（lái）降都督，先後駐南昌縣（治今雲南鎮雄）、平夷縣（治今貴州畢節）、味縣（治今雲南曲靖），以管轄南中。這一時期，蜀漢對南中組織了大規模的屯田，有軍屯和民屯。開墾土地，促進當地農業生產的發展，並遷永昌郡（治今雲南保山）的少數民族數萬人至雲南郡與雲南東部，鞏固了對這一地區的統治。西晉後期至南朝在雲貴地區設寧州，多有經營，但經西晉「華夷之辨」的偏見而引起的戰亂，使這一地區生產破壞嚴重，民不聊生。直至隋朝統一後，才有所恢復。

當時「南中」的畜牧業較為發達。諸葛亮平定南中後，徵收大量金銀、丹漆、耕牛、戰馬，「以給軍國之用」。後又以耕牛、戰馬為徵收的常賦，說明該地區的耕牛、戰馬產量頗大，反映了畜牧業興盛。在雲貴地區出土的漢晉時期墓葬中，常見馬、牛、狗、雞、鴨等畜禽的模型。近年在雲南保山汪官營發掘了一座刻有「延熙十六年（蜀漢後主年號，西元253年）」字樣的磚墓，在隨葬品中發現了牛、雞、狗與糧倉的陶質模型。由此可見除牛馬羊等大牲畜外，在農業地區普遍飼養的還有狗、雞、鴨等畜禽。另外該地還有牧豬的習俗，據《華陽國志·蜀志》：三縫縣（在今四川會理縣）有長谷，其中之石豬坪有石豬，達子母數千頭。當地長老傳言：過去夷人牧豬於此，一日豬化為石，以後夷不敢牧豬於此地。雖是「傳言」，但反映了晉代以前當地有野外牧豬的習俗，而且群牧的豬達數千頭之多。至今雲南山區的一些少數民族，仍將豬、馬、牛等一起趕到野外牧養，仍保留了古老的遺風。

這一時期，不僅大牲畜的數量增長較快，而且培育出一些新的優良品種。據《華陽國志·蜀志》：晉代會無縣（治今四川會理）有「天馬河」，曾有日行千里的「天馬」，「後死於蜀，葬江原小亭，今天馬冢是也。縣有天馬祠。初，民家馬牧山

下，或產駿駒，云天馬子也。」滇池地區也有類似傳說，據《華陽國志·南中志》：長老相傳：滇池中有神馬，與常馬交配即生駿駒，俗稱「滇池駒」，日行500里。這一良種馬與唐代南詔進獻之日行數百里的「越賧（dǎn）駿」應屬同一品種，並非是以負重登山見長、形體矮小的雲南山地馬。現代研究證明，用野馬配種對家馬基因的提純復壯有積極作用，早在1600餘年以前，今雲貴地區的居民已掌握這一先進的育馬技術。

### ❷ · 廣西地區諸族的社會生活

魏晉南朝時期的廣西地區大部分在交州的行政範圍之內。這一地區在東漢末年被孫吳占據，社會安定，「中國士人往依避難者以百數」，社會經濟得以發展。晉滅吳後，據《晉書·陶璜傳》，因朝廷對該地區不夠重視，封建王朝的統治力量十分薄弱，影響力甚微。南朝時期，統治者也是鞭長莫及。而實際控制嶺南的主要是當地的豪族或大姓，封建王朝常授其首領以官職和爵位。他們以俚、獠與烏滸等百越後裔為主，並結合一些落籍的漢族官吏與軍將。他們以村或洞聚族而居，首領有很大的權勢和號召力，相互間為掠奪人口財物及爭奪地盤而爭鬥。

從考古發現可看出，兩晉南朝時期廣西地區的農業生產有所發展。在廣西梧州的南朝墓葬，發現了耙田的模型。模型所使用的耙有六齒，裝於橫木之上，橫木的上端有扶手柄，使用時一牛牽引木耙，一人在耙後扶之，與今天廣西使用的木耙大致相同。在蒼梧出土了一組晉代的陶質模型，其中有駕車、犁田等活動和牛圈、禽舍、糧倉等建築的模型，可視為當地農業社會生活的寫照。此外還出土了青瓷騎俑、陶牛車、陶侍俑和手持武器的部曲，表明當地出現了豪族大姓。在桂林堯山發現的兩座南朝時的磚石墓，其中一座出土了青瓷碟、石俑、滑石豬、石製錢幣和滑石刻成的陰地券，表明當地已存在土地買賣。類似的滑石地券在廣西融安、鹿寨等地也有發現。

其地主要居民是俚、獠。這在《魏書·獠傳》言之甚詳：獠人依樹積圓木建築類似今竹樓之「干欄」住房，人居於上。獠人擅長鑄造大口寬腹的銅器，名曰

▲圖4-1　南方少數民族居住的干欄　　　　　　　　▲圖4-2　彝族同胞飲交杯酒（《雲南民族‧文化卷》，人民
　　　　　　　　　　　　　　　　　　　　　　　　　　　　　出版社）

「銅爨」。「銅爨」既薄且輕，易於烹飪熟食。其「銅爨」或即南方蠻夷視為重器的銅鼓，銅鼓起源於陶釜或銅釜，早期的銅鼓亦可作為炊具使用，這與「銅爨」的情形也相一致。

《魏書‧獠傳》還說，獠人能臥水底持刀刺魚，流行以口嚼食而以鼻飲水。可見捕撈仍是獠人謀取生活資料的重要方式；「鼻飲」即以竹管導水入鼻而飲之，「鼻飲」時氣管口自然會關閉，不至於嗆水。這一習俗在南方一些少數民族中流行，據說試以「鼻飲」，其感覺快不可言。若口嚼食而同時鼻飲，非經過練習十分熟練不可。

在這個地區生活的還有俚人，俚人的習俗是椎髻、文身、穿貫頭衣、喜鼻飲，以及崇信雞骨卜和善用毒箭等。推測這一類習俗主要流行於僻遠溪洞的俚人之中。至於居住在郡縣附近地區的俚人，則以種植稻穀為業，大部分已成為郡縣管轄下的編戶。

## 二、農作物食物資源與飲食習俗

**❶** · 芋薯豆類為主，兼食野生桄榔

兩晉南朝時期，由於經常發生戰亂，人們正常的生產生活得不到保證。除了主要糧食作物水稻和旱稻外，還要開闢另外的食物資源。人們充分利用各種野生植物代替主要糧食，並得到廣泛的開發。這一時期人工種植的副食類作物有芋類、薯類、豆類、瓜類等，野生植物有桄榔木等，這些人工作物與野生的植物，逐漸成為雲貴地區漢民與蠻夷重要的食物來源。

兩晉時期，芋在寧州得到廣泛種植。芋富含澱粉，對種植條件要求不高，各地不僅普遍種植芋，而且還培育出一些優良的品種。其中君芋、車轂芋、旁巨芋和青邊芋被認為是芋中的佳品。據《太平御覽》引晉《廣志》記，其芋塊大如餅，少子易熟，有味，莖還可做羹，「為芋之最善者也」。知名的芋類還有：蔓芋，大者達二三升；雞子芋，色黃如雞子；百果芋，產量甚高，一畝可收百斛；卑芋，七月熟，無糧時可救急；九面芋，芋塊亦大；葉榆縣所出百子芋與永昌郡的魁芋，也都是高產、大塊的芋種。

在興古（今雲南硯山）等地還普遍種植甘藷。《太平御覽‧果部》引晉代《南方草木狀》說興古等地的民家「常以二月種之，至十月乃成卵，大者如鵝，小者如鴨。掘食，其味甜。經久得風，乃淡泊耳」。芋和甘藷均耐瘠薄並適應粗放經營，甘藷在山地亦可生長，芋則適宜在卑濕的地方種植。這兩種作物的普遍種植，為生活在山區和邊疆濕熱地區的諸族解決口糧提供了有效的途徑。

寧州地區還大量栽種各種豆類，如《初學記》引晉《廣志》記載的優良品種有：重小豆，一歲三熟；槾甘白豆，粗大可食；秬豆，苗似小豆，紫花，碎之可為麵。這幾種豆類主要產自朱提郡與建寧郡。普遍食用的還有竹筍。南方竹子種類甚多，所出竹筍大小不同，風味各異。吃法一般是在春季大量挖取竹筍，曬為筍乾保存食用。

為補充主糧的不足，牂牁郡、興古郡、滇南的梁水郡與交趾地區的百姓，常以桄榔木中的澱粉代糧。桄榔木是一種稱為「董棕」的羽葉棕櫚，其皮和樹屑富含澱粉，採之「可作餅餌」。史載的製法，是取堅硬表皮下的內部樹皮與樹屑，乾搗成赤黃色粉末，復淋以水，乾燥以後即得桄榔麵。漢晉時今雲貴地區的居民多以野生植物代糧的飲食方式，反映了古代百姓的飲食智慧，也最大限度地擴大了飲食來源。

此外，該地區還有其他一些經濟作物。據晉《華陽國志·南中志》：平夷縣（今貴州畢節一帶）「山出茶、蜜」，這是我國採集茶葉較早的記載。東漢及晉，寧州地區諸族還種植多種水果，其中以荔枝最富經濟價值。據《太平御覽》引晉《郡國志》記載，居住在犍為、僰道地區的僰人，多以種植荔枝為業，園植萬株，可收150斛。《太平御覽》引晉代郭義恭《廣志》亦說：「犍為僰道南，荔枝熟時百鳥肥。」可見出產的荔枝產量很大。據《太平御覽·果部》記，這一地區還培育出各具特色的優良品種，例如：焦核、春花、朝偈三個品種的荔枝，因質優味甜、特點鮮明而出名，其中「焦核」味美而核特小。此外還有名為「鱉卵」的品種，個大味酸，專供製醋之用。

**❷·飲食內容豐富的廣西地區**

這一時期廣西地區的少數民族眾多，以俚、僚與烏滸等本地民族為主要居民。隨著生產的發展，他們的飲食資源進一步拓展。其種稻水平進一步提高，稻作種類增多。晉人郭義恭《廣志》記，當時的水稻有紫芒稻、赤芒稻、白米稻、虎掌稻、蟬鳴稻、青芋稻等十餘種，其中東晉俞益期《與韓伯康書》中還記載有「白穀」與「赤穀」，應是當時普遍食用的「兩熟之稻」。此時，廣西水稻已有粳、糯之分，都為當地人所喜愛。

果蔬品種之多，也被時人所記載。西晉嵇含《南方草木狀》中記有蓊菜，稱其為「南方奇疏也」，並記載了「南人編葦為筏」的植蓊方法。水果種植更加普遍，西晉張勃《吳錄》記「蒼梧多荔枝，生山中，人家也種之」等。受自然氣候和地理

環境的影響，本地民族嗜食檳榔及蛇、蟬、鼠等野味，並擅釀美酒。

該地盛產檳榔，吃檳榔是當地食俗。據《南方草木狀·卷下》：「檳榔樹，高十餘丈，皮似青桐，節如桂竹。樹幹上下粗細彷彿，千萬株整齊若一。樹幹無枝，端頂有葉。葉似甘蕉，如插叢蕉於竹林；風至搖動，似舉羽扇之掃天。葉下係數房，房集綴數十枚果實。果實大如桃李，其味苦澀。剖去其皮，核堅如乾棗。以扶留藤、貝殼灰並食之，有下氣、消穀的功效。嶺南人視之為貴物，逢婚禮宴客必先進奉，如怠慢不設，客人必心生怨恨。」檳榔為棕櫚科植物檳榔的乾燥成熟種子，味苦辛，功能殺蟲、消積。檳榔鹼為有效驅蟲成分，口服可麻痺及驅除條蟲、薑片蟲、殺鼠蟯蟲和蛔蟲；有輕瀉、刺激唾液分泌的作用，同時可治療食積脹滿、洩瀉及痢疾腹痛等症，具有很好的食療作用。

嶺南諸族不僅喜食各類水果，還擅長以水果釀酒。據《南方草木狀·卷下》：嶺南椰子大如西瓜，剖殼現白膚，厚約半寸，味似胡桃而極肥美。以椰漿釀酒，飲之乃醉，俗稱「越王頭」。楊梅，五月中熟。大者如杯碗，青時極酸，既紅味甜如崖蜜。以之釀酒，稱為「梅香酎」，非貴人重客，不得因獻而飲。

此外，這一時期的飲食用具亦有顯著發展。其品種多樣，工藝精良，炊具、盛器、食器、飲器一應俱全。其中廣西青瓷從戰國至西漢萌芽發展，東漢出現，至南朝已趨於成熟，並逐漸成為日常主要的生活用具。

# 第五章　隋唐五代時期

# 第一節　四川地區農豐國富空前繁榮

唐代是我國封建社會的鼎盛時期，四川地區的經濟也出現空前繁榮。成都平原為全國農業最發達的地區之一，不僅盛產各種稻米和蔬菜，還盛產多種經濟作物，茶的產量與質量居全國前列。杜甫在《為閬州王使君進論巴蜀安危表》中讚美蜀地「土地膏腴，物產繁富」，成都地區時稱「益州」，人謂揚州與益州為天下極沃之土，遂有「揚一益二」之說。

五代時期的前蜀和後蜀政權，在歷史上占有特殊的地位。在當時社會經濟遭受嚴重破壞的局面下，它們對維持巴蜀地區的穩定起到了重要作用。這一時期，不少中原士大夫入蜀避難，為巴蜀飲食文化的發展作出了突出貢獻，並為宋代的進一步發展創造了條件。

## 一、川地經濟大開發

### ❶‧大規模興修水利促進了農業發展

這一時期，成都平原與毗鄰的岷江沖積平原、涪江沖積平原出現了自秦漢之後的又一次大規模水利建設，促使蜀地西部的灌溉面積進一步擴大，如遠濟堰溉田達1600頃，通濟堰「溉田一萬五千頃」，鴻化堰「溉田二百餘頃」，蟆頤堰「共溉田七萬二千畝有奇」等。再加上唐以前就建成的都江堰、蒲江大堰等水利設施，可以說，在唐代巴蜀幾個主要的平原地區，都在不同程度上得到灌溉之利，從而形成一個以自流灌溉為基礎的水田稻作區。在維修、管理其龐大的灌溉網渠方面，亦形成了一套「賦稅之戶，輪供其役」的獨特「歲修」制度，使成都平原的水利工程能夠長期發揮作用，從而為這一地區農業生產的穩步發展奠定了堅實基礎。

由於大規模興建水利工程，水稻種植範圍逐漸由成都平原擴大到地處涪江沖積平原的綿州、岷江沖積平原的眉州。此外，沱江、嘉陵江、長江等河流所形成的沖

積平原為中晚稻的栽培提供了土地條件。從而使巴蜀地區成為「人富粟多，順江而下，可以兼濟中國」的糧食主要生產區。關中若發生饑饉，朝廷或從蜀地調運大批糧食接濟。

由於受水利灌溉之利，使水稻種植大為獲益。據《重修成都縣志‧食貨志‧物產》記載，這一時期巴蜀地區出現了眾多的水稻品種，一類是帶黏性的糯稻，亦稱「秫稻」，唐代眉州出產的秫米即屬此類；第二類是不帶黏性的秔（jīng）稻，亦稱「粳稻」，為巴蜀種植最廣的水稻品種，因此稱為「飯穀」。根據成熟季節的先後，稻穀又可分為早熟、中熟與晚熟三類。唐代以前蜀地主要種植早稻，入唐後開始種植中晚稻。杜甫《暫住白帝復還東屯》詩云：「落杵光輝白，除芒子粒紅」，形容的即是五月播種、九月成熟的中晚稻品種「紅蓮稻」。其稻「米半有紅粒，碓時紅粒先白，其味甚香」。直到清代，成都平原仍普遍種植紅蓮稻。還有一種中晚稻謂「穲穲（bàyà，稻搖動貌，借指稻）稻」，「其粒長而色斑，五月而種，九月而熟穲。」[1]《全唐詩》中韋莊《稻田》詩云：「綠波春浪滿前陂，極目連云穲穲肥。」

唐代蜀地推廣水旱輪作制，成都平原也種植各種旱地作物。在盆地西部及其鄰近的地區，以粟、麥為主的輪作複種是普遍採用的農作制度。西蜀地區主要種植冬麥。《全唐文》中杜甫《說雨》言：「今西蜀十月不雨……冬麥枯黃，春種不入。」因此其地居民的主食是麵食。輪作複種的旱地作物還有黍、豆、蔬菜等，尤以蔬菜的輪作複種面積最大。

這一時期芋的種植已從四川盆地西部擴大到整個盆地，受到時人的普遍認可，在諸多詩人的詩詞中都有吟詠，如王維《王右丞集‧送梓州李使君》稱「漢女輸橦布，巴人訟芋田」，岑參《晚發五渡》詩有「芋葉藏山徑」之語，《全唐詩》中杜甫《秋日夔府詠懷奉寄鄭監李賓客一百韻》也說：「紫收岷嶺芋，白種陸池蓮。」芋的品種很多，主要可分為水芋、旱芋兩類。水芋不耐旱，宜擇肥近水處種之，巴蜀地區的水芋種植分佈在成都平原和有坡塘、瀦水的丘陵地區。旱芋雖不及水芋味美，

---

1　李敬洵：《四川通史》第三冊，四川大學出版社，1993年，第190頁。

但產量較高，在丘陵山區廣泛種植。

五代時期農業發展，糧食豐裕，遂使米價低廉。《十國春秋·後蜀一·本紀》載，後唐天成四年（西元929年），蜀中「大飢，米斗錢四百文」，可推知在平常年份中米價更低。《蜀檮杌（táowú）》中記述了後蜀廣政十三年（西元950年）由於蜀中久安，賦役俱省，使得「米斗三錢，城中之人子弟不識稻麥之苗，以筍芋生於林木之上，蓋未嘗出至郊外」。「米斗三錢」不及八九四年彭州被圍時「斗米五千」的千分之一，也僅為西元九二九年蜀中大飢時「斗米四百文」的百餘分之一，甚至比盛唐時「米鬥不過三四錢」還低，足以說明五代時期四川的農業發達，糧食充足，府庫充溢。據《新五代史·郭崇韜傳》載，在前蜀滅亡時，其庫中所存，還有糧食二百五十三萬石，錢一百九十二萬緡，金銀二十二萬兩，珠玉犀象二萬，文錦綾羅五十萬匹。可見當時四川的農豐國富。

❷·水產資源豐富

這一時期，蜀地的水產也十分豐富。雖然見諸史籍很少，但在文學作品中多有描述，由此可見一斑。在杜甫筆下，對魚類及其饌肴描述甚多，種類有魴魚、鯉魚、雅魚、黃魚、白小魚與鯽魚等。如《戲題寄上漢中王三首》描述了綿陽一帶魴魚、鯉魚之多之美，故其詠曰：「江魚美可求。」人們常把魚製成魚膾，詩中讚歎道「綿州江水之東津，魴魚鲅鲅色勝銀。漁人漾舟沉大網，截江一擁數百鱗。眾魚常才盡卻棄，赤鯉騰出如有神。……饔（yōng）子左右揮霜刀，膾（斬細的魚肉）飛金盤白雪高」，並稱「魴魚肥美知第一」。《將赴成都草堂途中有作，先寄嚴鄭公》詩則稱「魚知丙穴由來美」，丙穴魚又稱「嘉魚」，是一種岷江、大渡河水系常見的食用魚，學名為「齊口裂腹魚」，因盛產於雅安，故又名「雅魚」。雅魚是川菜河鮮中的名菜。

❸·盛產各種經濟作物，蔗糖加工技術提升

柑橘是巴蜀種植分佈最廣的水果。重要產地有簡州、資州、綿州、梓州、普州、榮州、果州、合州、巴州、開州和夔州，即今四川盆地中部和東部的低山與丘

陵地區。荔枝種植也頗具規模，其產地擴大到戎州、瀘州、渝州、涪州、萬州與忠州等地。尤以戎州的單產最高，「一樹可收一百五十斗」；涪州妃子園的質量最好，「顆最肥大」。成都平原也出產荔枝，張籍《成都曲》言：「錦江近西煙水綠，新雨山頭荔枝熟」。

甘蔗的種植和加工也有較大發展。甘蔗的主要產地是益州、蜀州、資州、梓州、綿州和遂州。唐代成都、梓州和遂州的工匠，均已熟練地掌握了甘蔗熬糖的技術。製作蔗糖的方法，是把蔗漿曝曬或煎熬為糖漿，又稱「稀糖」。若在煎熬時加入少許石灰，使其結晶，便製成顏色紫紅的砂糖。蜀地的砂糖主要產在益州、蜀州和梓州，均為土貢之物。代宗時製造糖霜的技術傳入遂州，使巴蜀成為我國最早製造冰糖的地區之一。據說糖霜是一高僧發明的。《太平寰宇記・遂州・土產》有記，大曆年間，「有僧跨一白驢至傘子山下。山民以植蔗凝糖為業。驢食蔗，民咎僧。僧曰：『汝知蔗之為糖，而不知糖為霜，其利十倍。』因而示法，遂成蔗霜，色如琥珀，稱奇品。」這位僧人據說名「鄒和尚」，來自西域。他所傳授的「窨蔗糖為霜」的方法，是把搾取的甘蔗汁反覆煎煉，濃縮成飴糖狀，之後倒入甕中，插進竹編，甕口用簸箕蓋上，使蔗糖在自然冷卻的過程中於竹編上結晶。此外，還可將砂糖「用水、牛乳、米粉合煎」，製成黃白色的餅糖，稱為「石蜜」。

隋唐五代時期，四川仍是全國重要的蜂蜜產地，其產地進一步擴大，涪州、黔州、開州、夔州、通州、集州、壁州、利州、冀州、松州、文州、巴州和眉州等地，均出產蜂蜜。

**❹・開採腹地井鹽與爭奪邊陲井鹽**

井鹽，是通過開採地下鹽滷或利用天然鹽泉所提取的食鹽。由於井鹽生產的投資與開鑿難度較大，而產量較低，故其價格比池鹽和海鹽高。隋代和唐前期，因官府對食鹽的銷售無限制，致使價格低廉的東南海鹽和山西的池鹽被人販運入蜀，一度成為巴蜀食鹽的重要來源，由此抑制了巴蜀製鹽業的發展。安史之亂後，唐朝實行了食鹽管權制度，並劃定蜀地為井鹽銷售地區，禁止海鹽入川銷售，由此推動了

巴蜀製鹽業的發展。

唐後期四川鹽業鼎盛，劍南的東川有鹽井460口，分佈在梓、遂、綿、合、昌、渝、瀘、資、榮、陵、簡等11個州；西川有鹽井13口，分佈在邛、眉、嘉3個州；山南西道有鹽井123口，分佈在果、閬、開、通四州境內；夔、萬2個州則設鹽監13處。五代時四川井鹽仍沿襲中唐後的生產佈局，前、後蜀政權對井鹽生產較為重視。以四川盆地中部丘陵地區的鹽井數量最多，分佈最廣；長江三峽的峽內諸州成為另一重要的產鹽區。據《新唐書·食貨志》，唐代蜀地有鹽井639口；另據《宋史·食貨志》，宋初巴蜀有鹽井632口，二者相差無幾。說明自唐到宋初，巴蜀鹽井的數量比較穩定。

自漢代以來，爭奪食鹽的衝突從未間斷。西元六八〇年，吐蕃設置神川都督控制了雲南麗江地區，還統治了滇川交界地區的寧蒗、木裡、鹽源、鹽邊等有麼些人居住的地區。為爭奪巴蜀鹽產地，吐蕃與麼些人（南詔統治時期的「麼西蠻」，今納西族先祖）進行了長期的戰爭，以爭奪四川鹽源縣的鹽池最為頻繁。四川鹽源縣，古名定筰縣，唐改置昆明城。定筰縣的鹽池在漢代即屬麼些人占有。七五六年前後吐蕃將鹽池從麼些人手中奪走。《蠻書》卷七載：「昆明城有大鹽池，比陷吐蕃。」《資治通鑑》卷二三五載：貞元十一年（西元795年），「南詔攻吐蕃昆明城，取之」。可見，吐蕃占有昆明城的鹽池30多年後，又被南詔收復了。但吐蕃不甘心失去鹽池而復戰，南詔遂與西川節度使韋皋聯兵再攻吐蕃。《資治通鑑》卷二三六載：貞元十七年（西元801年），韋皋屢破吐蕃，遂圍維州及昆明城。次年吐蕃遣其大相論莽熱率兵10萬攻昆明城，也未能把鹽池奪回。吐蕃與麼些為爭奪食鹽而戰的歷史，也反映在藏族史詩《格薩爾王傳·姜嶺大戰》中。[1]

**❺·茶業勃興**

漢晉時期，在川西雅州蒙山已有人工栽培的茶樹。中唐後，四川茶業勃興，為

---

1　張銀河：《中國民族文學暨古代鹽文化的絕唱——〈格薩爾王傳·姜嶺大戰〉賞析》，《中國鹽業》，2007年第10期。

成都平原毗鄰的丘陵、山區農業的發展開拓了新路。至唐代後期，四川茶葉生產迅速發展，成為全國最重要的茶葉產區之一。

　　四川是全國七大茶葉產區之一。在全國產茶的七區31州中，四川占8州；全國50餘種名茶中，巴蜀占18種。當時四川盆地的茶葉產地集中分佈在兩大地區：一是位於盆地西部的綿、漢、彭、蜀、邛、雅、眉、嘉、簡、茂等10州，為蜀地最重要的產茶區，其中心在雅州。《太平御覽》引袁滋《雲南記》謂：「凡蜀茶盡出此」，即蜀茶多出自川西的產茶區。二是位於盆地南部的長江河谷地帶及其以南地區，包括瀘、渝、涪、忠、渠、開、夔、黔、思、播、夷、費等12州，其中大部分在四川境內。這些地方的茶葉主要採自野生茶樹。據《茶經》記載，茶樹樹幹周長有一尺、二尺乃至數十尺者，「其巴山峽川有兩人合抱者」。最初的採集法，是砍倒茶樹摘取茶葉，以後逐漸被攀登採摘取代。《太平寰宇記‧茶譜》說：「瀘州之茶樹，夷獠常攜瓢寘（tián）側，每登樹採摘芽茶，必含於口，待其展，然後置於瓢中，旋塞其竅。比歸，必置於暖處，其味極佳。」

　　入唐後，茶葉生產與銷售大增。成都平原以西的丘陵地區，雖缺乏灌溉之利，卻非常適宜茶樹的生長，遂開始大規模種植茶樹，以改變丘陵地區農業落後的狀況。中唐以後，蜀茶逐漸成為四川主要的外銷產品，盛銷於全國，聲名遠播。唐代楊曄《膳夫經手錄》說：「惟蜀茶南走百越，北臨五湖，皆自固其芳香，滋味不變，由此尤可重之。自穀雨後，歲取百萬斤，散落東下，其為功德也如此。」在陸羽《茶經》中即有10多處寫到川茶，詳細記述了四川產茶、製茶和飲茶的情形。蜀茶不僅產量多，而且質量好，雅州的蒙山茶是有名的貢茶。還有綿州的神泉小團、昌明獸目，彭州的仙崖、石花餅茶，蜀州的散茶，也都是聞名遐邇的上等茶。

　　唐代的散茶也主要出自蜀州，《太平寰宇記‧茶譜》中記：「其橫源雀舌、鳥嘴、麥顆，蓋取其嫩芽所造，以其芽似之也，又有片甲者，即是早春黃芽，其葉相抱如片甲也。蟬翼者，其葉嫩薄如蟬翼也。皆散茶之最上也」。

　　五代時，四川茶葉生產有較大發展。產茶地增加，據曾任前、後蜀中樞大員的毛文錫所著《茶譜》，唐代蜀中產茶的地區有彭州、眉州、蜀州、雅州、邛州、瀘

州、涪州、渠州和渝州，在這些產茶州中都增加了新的產地，如在邛州增加了洪雅、昌闔；在蜀州增加了晉原、洞口、味江等。這一時期的名茶也多了起來，如蜀中有八大名茶：雅州之蒙頂、蜀州之味江、邛州之火井、嘉州之中峰、彭州之堋口、漢州之楊村、綿州之獸目、利州之羅村。邛州的早春、火前、火後茶，涪州的賓花茶，瀘州的瀘茶，渠江的薄片，彭州、眉州的餅茶也都知名。其中名氣最大的數蒙頂與味江。

在茶葉的製作方面，四川的加工茶有餅茶和散茶兩種。餅茶歷史十分悠久，《太平御覽》引《廣雅》言：「荊、巴間採茶作餅成，以米膏出之。若飲先炙，令色赤，搗末，置瓷器中，以湯澆覆之，用蔥、薑芼之。其飲醒酒，令人不眠。」早期的餅茶製作方法較簡單，即直接把新鮮茶葉放入米膏中熬煮，以米膏為黏合劑製成茶餅。中唐後開始用「蒸青法」製作餅茶，即把採摘的鮮茶放入甑子，蒸熟殺青除去青草味，然後用火焙乾取出搗碎。這樣製成的茶稱為「研膏茶」。雅州也出產研膏茶，五代毛文錫《茶譜》說：「蒙頂有研膏茶，作片進之，亦作紫筍。」散茶是相對餅茶而言。最初的散茶是指直接煮飲的鮮茶葉，以後把新鮮茶葉經炒製做成散茶。朱墨《猗覺寮雜記》載，當時普遍使用「旋摘旋炒」的加工方法，「一鐺之內，僅用四兩，先用文火炒，次加武火催之。手加木指，急急抄轉，以半熟為度，微俟香發，是其候也」。中唐後又出現「蒸青」製作散茶的方法，製作過程和蒸青餅茶有相同之處，也是先把鮮葉蒸青，只是在蒸青後不搗不壓，而是用炒、曬、焙等方法，除去茶葉中的水分，能較好保存茶葉固有的香氣，茶味亦較餅茶純正。

四川茶樹在人工栽培後，開始向外傳播。經考證，基本有兩條路線。第一條是從四川今雅州、眉州等川西北茶區向北推進，沿川陝大道進入陝西南部至興州（今略陽）至梁州（今南鄭）而達金州（今安康），即今陝南茶區。由於秦嶺屏障北面之阻，茶樹折南沿漢水進入湖北的襄州（今襄陽）而到河南的義陽郡至光州（今黃州）；再向東移動，入安徽西部的壽州（今六安），形成今皖西茶區、河南信陽茶區。第二條路線是從四川瀘州分路：一是沿長江往南入支流黔江到江度河兩岸的思州、婺州和貴州（德江），再由小支流到夷州（石阡），最後直到播州（遵義），形

中國飲食文化史　■　西南地區卷・上冊

成黔中茶區，即今貴州茶區。二是從瀘州往東到夔州（奉節），再到歸州（巴東）、峽州（宜昌），到荊州（江陵），形成今湖北宜昌茶區。[1]

### ❻·商業交通日趨繁榮

隋唐時四川商業日趨繁榮，《隋書·地理志》曰：成都「水陸所湊，貨殖所萃，蓋一都之會也。」入唐後成都新設東市、南市和北市，並成為當時全國最繁華的商業都會之一。五代時期，成都仍是蜀地最發達的商業城市，設有專門從事交易的東市、西市、南市與北市，既有坐商的店鋪，也有流動攤販，出售各種生活生產用品。除成都外，四川重要的商業城市還有號稱「蜀川巨鎮」的梓州，鹽業發達的陵州，以及地處交通要沖的閬州與夔州。巴蜀大部分地區設有商業集市。有的集市還逐漸發展為米市、花市、炭市等專門的集市。各地還出現了許多「草市」主要通過定期集市交換商品。今成都市北門仍留有「草市街」，其他知名的草市還有彭縣的建德草市、蜀州的青城山草市、雅安的遂斯安草市、閬州的茂賢草市等。吳處厚《青箱雜記》說「蜀有痎（jiē）市，而間日一集，如痎瘧之一發，則其俗又以冷熱發歇為市喻」。「痎」，隔日發作的瘧疾，引申指兩日而集的集市。這種集市習俗，在現代的四川農村仍能見到。

四川有水陸交通之便，這一時期交通也有較大發展，促進了糧食、茶葉、食鹽供需的擴大。重要水路有聯繫蜀地與荊吳的岷江——長江航線，還有嘉陵江上游與隴右（今甘肅地區）之間的水陸通道。商人把蜀茶販運至隴右地區，而成州（今屬甘肅天水地區）的井鹽沿江輸入蜀地，大部分運轉山南西道（今陝西漢中地區）。嘉陵江中下游是盆地中部最重要的水上通道，糧食、食鹽、柑橘、藥材、布帛的運輸，多走這條水路，使飲食原料供需關係的暢通與擴大有舟楫之利。四川與關中的陸路主要有兩條：一條自成都經今廣漢、綿陽、梓潼，過劍閣，抵廣元沿嘉陵江谷道北上，達今陝西略陽，再過大散嶺經寶雞入關中，為蜀地與關中最重要的通道。

---

1　陳椽：《茶業通史》，農業出版社，1984年，第48-49頁。

另一條是從廣元經今陝西寧強達西縣百牢關，沿漢水進抵漢中，翻越秦嶺進入關中平原。蜀地與川西高原及甘肅的通道，主要有西山路、和川路和靈關路。其中西山路從成都經灌縣，沿岷江河谷過茂汶抵松潘，然後分為兩路，一路與長安和西域之間的大路會合，另一路穿柴達木盆地達西域。這是重要的商路，吐蕃、西域的藥材由此路販運入川，而蜀中的茶葉、紡織品等經此路輸入西北地區。[1]在川南，蜀滇之間的交通路線也很多，形成較為方便的出行通道。

### ❼·瓷器發展的成熟階段

隋唐五代時代四川的瓷窯分佈很普遍，川南、川西皆有。著名的有成都青羊宮窯、華陽琉璃廠窯、大邑窯、邛崍什邡窯、彭縣窯、新津石廠灣窯與中江胖子店窯。這一時期的瓷器以青白瓷為特色，瓷窯多燒製青瓷與白瓷，兼燒青釉加彩的器物。其中尤以什邡堂邛窯最為有名。它初燒於隋，盛於唐而衰於宋。隋唐五代時期的飲食瓷器有以下特點：

首先，造型有了進一步發展。初唐時，碗、盤、杯等由隋代的小平足改為圓圈足。至中晚期改為大平足，而後為玉璧底，還新創了一種高足杯。壺、罐的耳繫

◄圖5-1 唐代邛窯各式點彩陶壺（周爾泰提供）

---

1　陳世松：《四川簡史》，四川省社會科學院出版社，1986年，第108-110頁。

◀圖5-2　唐代管狀流執壺（周爾泰提供）

由圓環耳或橋形耳改為複式系。壺的流（壺嘴）有八棱短流、管狀短流兩種，壺身略呈圓柱形，盤的形式已有花瓣形。邛崍縣什邡堂窯址生產的生活用具，有造型奇巧、形象生動的鵝杯、鴛鴦杯、鸚鵡杯等各式飲杯，釉色豐富多彩，以單彩、雙彩、三彩著稱，與北方「唐三彩」所不同者，是以燒造日用生活用器的高溫釉為主，釉呈黃、綠、褐色，釉面平整、彩繪水不脫落，故稱「邛窯三彩」。

其二是對飲食器具的質地進行了改進。如青羊宮窯以燒造青瓷為主，兼燒陶器。其特點是胎骨輕薄，擅長製作細小的杯、碟、洗等器物，大宗產品為長頸盤口壺、高腳盤，以及缽、罐等，紋飾主要有弦紋、朵花紋、單葉紋、蓮瓣紋和聯珠紋。

其三是講究飲食器具的色彩。如邛窯三彩為釉下彩，有深淺、濃淡不同的青、黃、綠、藍、褐、白、灰、紫等20餘種顏色。青羊宮隋唐瓷窯的裝飾工藝，除刻畫、模印、堆塑工藝外，還出現紫、黃、綠三彩繪的新工藝，釉色有豆青、青灰、米黃、薑黃、醬黃、褐青等。[1]

其四是飲食器具的工藝水平明顯提高。如大邑所產白瓷，色白胎薄，既堅且

---

1　陳麗瓊：《試談四川古代瓷器的發展及工藝》，《史學論文集》，四川人民出版社，1982年，第216頁。

輕，敲之有美玉之音，可與河北邢窯的白瓷媲美。杜甫作《於韋處乞大邑瓷碗》詩讚美：「大邑燒瓷輕且堅，扣如哀玉錦城傳。君家白碗勝霜雪，急送茅齋也可憐。」

「身未入席心已醉。」飲食器具的發展，從古樸到精緻，從實用到實用與審美巧妙結合，表明飲食不僅能滿足人們的口腹之慾，而且能昇華為一種精神享受。「美食配美器」順理成章地成為飲食文化的一句名言。餐具的美與食物的美相得益彰，增添了人們對美的欣賞與追求。

❽·少數民族的生產能力大幅提升

在隋以前，四川盆地中部的丘陵地區與盆地東部的嶺谷區，生活著生產力水平落後的，以僚人為主的本地民族。一些地區還過著刀耕火種和以漁獵為主的生活。進入唐代以後一些地方進步很快。如遂州在唐初還是「人多好獵採，捕蟲魚」，到中唐以後則「號為沃野，皆有厚賦」。唐前期還是「好鳥不妄飛，野人半巢居」的利州，[1]至德宗貞元年，則出現「耕夫隴上謠，負者途中歌。處處川復原，重重山與河。人煙遍餘田，時稼無閒坡」的情景。[2]

隨著僚人等民族逐漸漢化，漢族人口不斷徙入丘陵山區，使蜀地的丘陵地區得到進一步開發。入隋之後，在岷江上游和涪江上游半農半牧地區的農業生產逐漸發展，《隋書·地理志》「連雜氏羌，人尤勁悍，性多質直。皆務於農事，工習獵射。」至唐代，經濟作物面積增大，如悉州土貢有「柑」，說明柑橘已得到較廣泛的種植。在少數民族地區，因畜牧、狩獵還是占重要地位，因此土貢之物大都還是犛牛尾、牛酪、犀、羚羊角等物。五代北周時期，分佈今甘肅南部和川高原北部的党項羌，逐漸南下深入岷江上游地區。党項羌諸部亦以畜牧為主，《舊唐書·西戎·党項羌傳》：「畜犛牛、馬、驢、羊，以供其食。不知稼穡，土無五穀。」位於党項與附國之間的諸羌部落，風俗略同於党項，其中有一支定居川西北地區，演變為今日的羌族。西南部的邛部川蠻亦稱「大路蠻」。其首領招徠漢人種地，收取地租，稱為「蕃

---

1　杜甫：《五盤》，《全唐詩》卷二一八，中華書局，2008年。
2　歐陽詹：《益昌行》，《全唐詩》卷三四九，中華書局，2008年。

租」。大渡河以南之十分之七八的蕃田是由漢人租種，封建經濟逐步發展。

## 二、飲食文化空前繁榮

隋唐五代四川處於相對安定的時期，成都也成為全國知名的大城市。穩定的社會生活與繁榮的地方經濟，給四川飲食文化的發展以有力支撐，造就了四川飲食文化的空前繁榮。

### ❶·典籍詩集中的飲食文化

隋唐五代時期，是川菜進入蓬勃發展時期，有關典籍漸有記載。如唐段成式所撰《酉陽雜俎》，書中的《廣動植》各篇對四川物產記載較多。書中還記述了當時民間風土習俗，其中「酒食」篇記載了20條，所記菜點有「湯中牢丸」「蜀檬炙」等127種之多。又如《藝文類聚》是唐代編纂的類書，其中記錄了大量動植物類的飲食資料。這些典籍，為我們研究這一時期四川地區的烹飪技術水平和烹飪原料，以及川菜的形成提供了重要線索。[1]

當時四川的飲食備受歡迎，詩人讚譽頗多。蜀地的蔬菜、水果受到世人的關注，在詩文中給予熱情的讚美。如杜甫在《園官送菜》中說，亂世荒蕪，好菜無法生長，園中只剩苦苣和馬齒莧：「苦苣刺如針，馬齒葉亦繁。青青嘉蔬色，埋沒在中園。」蓴菜也是受人們歡迎的蔬菜。杜甫《贈王二十四侍御四十韻》，描述了他寓居成都時烹蓴菜待友的情景：「網聚粘圓鯽，絲繁煮細蓴。」《蜀中廣記》引《益州記》載：「錦竹東武山有江池，出白蓴。冬夏帶絲，肥美為一州之最。」杜甫《野人送朱櫻》，描寫了蜀中櫻桃紅潤之美：「西蜀櫻桃也自紅，野人相贈滿筠籠。數回細寫愁仍破，萬顆勻圓訝許同。」又於《解悶十二首》回憶居瀘州、宜賓時採食鮮荔枝時的情景：「京中舊見無顏色，紅顆酸甜只自知」。

---

1　杜莉：《川菜文化概論》，四川大學出版社，2003年，第138-139頁。

文人們對四川的風味飲食也多有描摹，甚或親手烹製。如李白幼年隨父居綿州昌隆（今四川江油縣），25歲時離蜀。李白愛吃當地的燜蒸鴨子。天寶初他入京供奉翰林，乃將燜蒸鴨子用百年陳釀花彫、枸杞、三七等烹蒸後獻給玄宗，玄宗大悅，命名此菜為「太白鴨」。唐代烹飪中廣為使用的一種調料是豆豉。川人常以佐飯，如《太平廣記》卷三九引《原化記》記載了崔真請一老人就餐的故事，老人云：「大麥受四時氣，穀之善者也。能沃以豉汁，則彌佳。」巴蜀人用豆豉調拌牛肉，號稱地域名吃。這在《雲仙雜記‧甲乙膏》一書中即做了記載：「蜀人二月，好以豉雜黃牛肉，為甲乙膏，非尊親厚知，不得而預。」這種特製的烹飪美味，只有受尊崇的老人和非常親密的親友才能享用。關於芋，也衍生出了民間文化習俗並見於記載。蜀人先以芋為糧食，以後又充為菜蔬。最妙的是將芋蒸煮熟後搗成芋泥，加入麵粉捏塑成郎君狀，各家在正月十五進行比賽，看誰製作巧妙。以芋泥和麵造型芋郎君的習俗，在唐宋時的成都、洛陽最為流行。宋代趙必瓊《薄廳壁燈》有詞記曰：「蠒貼爭光，芋郎爭巧，細說成都舊話」。

唐代重麵食，巴蜀地區較為有名的麵食有麵條、麵餅等。麵條，古稱湯餅、索餅、水引餅等，此時最著名的是水煮涼麵「冷淘」。杜甫在四川居住時寫過《槐葉冷淘》一詩，詳細地描寫其製法與色味之美：「青青高槐葉，採掇付中廚。新麵來近市，汁滓宛相俱。入鼎資過熟，加餐愁欲無。碧鮮俱照箸，香飯兼苞蘆。經齒冷於雪，勸人投比珠。」可見當時吃冷淘常配以菜蔬。這種類似手工涼麵的冷淘，唐代以後有所發展，宋時有甘菊冷淘、水花冷淘等製法。至今四川仍保留以植物汁製麵條的方法，如菠菜麵、番茄麵、胡蘿蔔麵等。《酉陽雜俎》中多次提到長安城裡有「畢羅肆」「畢羅店」，畢羅是一種包餡麵食，北人呼為「波波」，南人稱為「磨磨」，現在四川民族地區藏族都叫麵餅為「饃饃」。《資暇集》卷下有記曰：「畢羅者，蕃中畢氏、羅氏好食此味，今字從食，非也。」可知畢羅起源於周邊少數民族，是一種包餡麵食。[1]直到清同治期間，四川藏區《章谷屯志略》中還稱「麥麵、

1　王賽時：《唐代飲食》，齊魯書社，2003年，第16-17頁。

蕎麵等物作畢羅，中餡以齏（jī），入灰火中炙令熟。」即是這種麵食的延續。

❷．宴席興盛，酒肆昌隆

入隋後，巴蜀地區經濟發展，社會物質生活富庶，《隋書‧地理志》：「漢中之人……性嗜口腹，多事田漁，雖蓬室柴門，食必兼肉……每至五月十五日，必以酒食相饋，賓旅聚會，有甚於三元。」富裕人家則爭相烹飪名菜餚饌。孫光憲在《北夢瑣言》中記：「巴、巫間民，多積黃金，每有聚會，即於席上羅列三品，以誇尚之。」「三品席」是當時的川菜高檔席，以其誇耀富足為一種時尚。《隋書‧地理志》還說：蜀人「多溺於逸樂，少從宦之士，或至耆年白首，不離鄉邑。」「女勤作業，而士多自閒，聚會宴飲，尤足意錢之戲」。

唐代酒肆之多，位於各飲食行業之首。巴蜀酒肆最為集中之地是成都。據說，當時唐人入川，總要品嘗一下成都酒家的風味。《北夢瑣言》卷三記載：「蜀之士子，莫不酤酒，慕相如滌器之風也。陳會郎中，家以當壚為業，為不掃街，官吏毆之。」《太平廣記》卷八五引《野人閒話》說，有好酒者「在成都酒肆中，以手持二竹節相擊，鏗然鳴響，有聲可聽，以唱歌應和，乞丐於人，宛然詞旨皆合道意。得錢多飲酒，人莫識之，如此則十餘年矣」。《全唐詩》卷八二引張籍《成都曲》有云：「錦江近西煙水綠，新雨山頭荔枝熟。萬里橋邊多酒家，遊人愛向誰家宿。」

五代時期，飲食行業出現連鎖店形式。前蜀時由於飲食業的發達，一個專賣燒餅的小商販竟然成為一方富豪，而且在經營上獨創異舉。孫光憲的《北夢瑣言》記載：趙雄武者號「趙大餅」，因善於經營而為富豪，名聲傳揚蜀中各郡，其店號也開到了各諸郡。這可能是我國最早的關於連鎖店經營的記載。

❸．游宴之風興起

盛唐、前後蜀時期的四川，宴飲的名目和形式越來越多，凡婚喪嫁娶、節令歲時，無不有宴。其中尤為興盛、獨具一格者便是游宴和船宴。游宴，是指人們在游賞自然景觀或人文景觀時所舉行的宴飲活動，是野宴活動的延伸，是游與食相結合、相併重的飲食形式。而船宴是在遊船上舉辦的宴會，也是游宴的典型形式之

一。後蜀游宴和船宴的盛行，是唐五代時期飲食文化發展的高峰。

唐時蜀地船宴頗具規模。《太平廣記・崔圓》載：「天寶末，崔圓在益州，暮春上巳，與賓客將校數十百人具舟楫游於江，都人縱觀如堵……初宴作樂，賓從蕭如。忽聞下流數十里，絲竹競奏，笑語喧然，風水薄送如咫尺。須臾漸進，樓船百艘，塞江而至，皆以錦繡為帆，金玉飾舟，旌纛蓋傘……中有朱紫十數人，綺羅伎女凡百許，飲酒奏樂方酣。」崔圓為劍南節度使，他在成都見到的船宴，近百艘船塞江而至，滿目彩帆、金玉、樂舞、美女與佳餚，游者在船上欣賞沿途景色，同時飲酒歡宴，十分奢華。

五代時全國戰亂頻繁，但蜀國統治者偏安一隅，沉湎於游宴之樂。《資治通鑑》載，前蜀後主王衍「奢縱無度，日與太后、太妃游宴於貴臣之家，及游近郡名山，飲酒賦詩，所費不可勝紀。」後蜀時期，景煥《野人閒話》：「每春三月，夏四月，有游花院者，游錦浦者，歌樂掀天，珠翠填咽。貴門公子，華軒彩舫游百花潭，窮極奢麗。」後蜀主孟昶在《蜀檮杌》卷下記述了游浣花溪時的情景：「是時蜀中百姓富庶，夾江皆創亭榭游賞之處。都人士女，傾城遊玩……昶御龍舟，觀水嬉，上下十里，人望之若神仙之境。」孟昶觀看水上嬉戲時常設宴，其妃花蕊夫人所撰的百首《宮詞》中記船宴活動的有八首，如「海棠花發盛春天，游賞無時列御筵。繞岸結成紅錦帳，暖枝低拂畫樓船」；「預進活魚供口料，滿筐跳躍白銀花」；「酒庫新修近水傍，撥醅初熟五云漿」；「春日龍池小宴開，岸邊亭子號流杯。沉檀刻作神仙女，對捧金尊水上來」；「廚船進食簌時新，侍宴無非列近臣。日午殿頭宣索鱠，隔花催喚打魚人」等。從上述描述可看出，孟昶在宮中御池舉辦船宴，有專廚作饌肴侍候，用料是新捕的鮮活魚類。這樣的奢侈遊樂風氣，與當時全國大部分地區戰亂與殘破的情景，形成了極其強烈的反差。

除皇室貴冑外，普通百姓也流行遊樂。游宴的高峰出現在節日和集市上，如上元節、踏青節、浣花節、蠶市、藥市等。其中，上元節行樂是隋煬帝所倡，成都近郊的郫縣，每年上元辦燈會，熱鬧非凡；陵州在上元節時，鄉民扶老攜幼進城遊樂，一派興旺氣象。每年春季，蜀中許多州縣要辦蠶市、藥市，即縱民交易

和遊樂的集會。聚會與遊樂過程中，飲食是必不可少的，這屬於飲食文化的組成部分。

唐五代蜀中的遊樂之風盛行，與這一時期蜀中相對穩定的社會環境，發達的農業、繁榮的商業和手工業是分不開的。正是由於四川地區特殊的自然和社會條件，造成社會財富的積累和轉化不能順利進行，從而使這些財富大量地通過奢侈性遊樂進行消費。這種消費，往往在時間上和數量上相當集中，促進了城市的繁榮和飲食文化的發展。張泳《悼蜀詩》描述五代宋初的成都時說：「虹橋吐飛泉，煙柳閉朱閣。燭影逐星沉，歌聲和月落。鬥雞破百萬，呼聲縱大噱。游女白玉　，驕馬黃金絡。酒肆夜不扃，花事春漸作。」[1]

### ❹·食療養生論著豐碩

我國傳統醫學認為，許多食物既可充飢果腹，又可治療疾病，千百年來形成的「醫食同源」的思想，是傳統食療和營養治療的重要理論基礎。中國民間有一種說法：「藥補不如食補，食療勝似醫療。」無論古今，食療在中醫藥界和民間都很盛行，成為中國飲食文化中的一朵奇葩。在四川民間，有許多醫食合一，醫廚相通的傳統運用於百姓的日常生活中，形成以食代醫的食療、藥膳養生民俗。

有關食療，早在戰國末期成書的《黃帝內經》就提出，「無積者求其截，虛則補之，藥以祛之，食以隨之」，「穀肉果菜，食養盡之」的至理名言，提倡「毒藥攻邪，五穀為養，五果為助，五畜為益，五菜為充，氣味合而服之，以補益精氣」的膳食配製原則。唐以後，孫思邈所著《千金要方》中有《食療篇》專論，對154種食物藥理進行了分析，精闢地闡述了食醫食療和疾醫的關係。四川醫家對食療方面的論著也很多，如鹽亭唐代名醫嚴龜撰有《食法》十卷，是我國較早的食療專著。成都醫博士唐代名醫咎殷所著《食醫心鑑》，成書於唐大中七年（西元853年），主要介紹以具有療效的食物為主組成的藥方。其食療方法有羹、煎、粥、餛飩、餅、

---

1　謝元魯：《論唐五代宋蜀中的奢侈之風》，《前後蜀歷史與文化學術討論會論文集》，巴蜀書社，1994年，第48-56頁。

茶、酒等，如其中有「麵四大兩，雞子清四枚，右以雞子清溲麵作索餅，熟煮於豉汁中，空心食之」，可「治脾胃氣弱、見食嘔吐、瘦薄無力」。同書中還記有羊肉索餅、黃雌雞索餅、薑汁索餅、榆白皮索餅等，各有其功效；該書還記載了痢疾患者用蜂蜜拌馬齒莧做食品，可減少疾症等等。一些食療方在臨床上應用較為廣泛。本書是一部比較重要、系統、完備的食療著作，對後世研究食療法及營養學有一定參考價值。此外，五代劍州醫林高手陳士良著有《食性本草》十卷，是一部合本草、醫方編撰而成的食療專著。

藥膳是一種特殊食品，它由藥物、食物和調料組成。藥既可以入食，食又可以為藥，食借藥力，藥助食物，形成了藥膳。藥膳美味可口、健身養命，深受民眾喜愛。在四川，使用日常蔬菜調料、藥膳防病治病幾乎是家喻戶曉。如四川民間的蟲草燉鴨、天麻蒸雞既是佳餚，亦是強身補品。用芡實、紅棗、花生加入適量紅糖合成大補湯，具有易消化、營養高、調補脾胃、益氣養血的作用，對體虛、貧血、氣短者，以及脾胃虛弱的產婦有良好療效。此外，薏苡仁粥（飯）具有清熱除濕、補益脾腎的作用，對脾虛腹瀉、風濕痺痛、水腫等症有顯著功效。

食療養生為何歷經數千年而盈盈不衰，是有其深厚的生態、歷史、人文、文化因素的，現簡要歸納為以下幾點：

第一，中國有世界上獨一無二的中醫藥學，食療是以中醫學理論為指導，運用飲食治療疾病的方法，且是除藥物治療之外的、一種極為有效的輔助方法。從我國現存最早的一部醫學理論和實踐經驗相結合的醫書《黃帝內經》開始，中醫就十分注重飲食對治療的影響。後經歷代名醫在理論和實踐中不斷完善。如扁鵲、張仲景、華佗、葛洪、陶弘景、孫思邈等重視食療養生的醫學家，使食療有一脈相承的理論與驗方，並不斷得到發展。因其有很強的應用性，故在醫藥界和民間得到普遍認同與使用，並在此基礎上建立了中醫食療理論。

第二，有得天獨厚的生態條件。中國地大物博，植物和動物門類非常多，在成書於兩千五百多年前的我國現存最早的一部詩歌總集——《詩經》中，提到的可以入藥的草木鳥獸魚蟲的名稱就有260多種。其中，木本植物54種，草本植物100種，

鳥類38種，獸類27種，昆蟲和魚類41種。據此，三國吳陸璣還寫過一本專著《毛詩草木鳥獸蟲魚疏》，以考證研究詩經為保存祖國醫藥學寶貴遺產所作出的貢獻。[1]在中醫的研究和民間的生活實踐中，人們將這些飲食原料既用於飲食，也用於醫藥，講究食物的性味和不同食法，達到保健強身、防病治病、延年益壽的目的。

第三，上下階層有飲食養生、追求健康長壽的人本傳統。在我國古代，帝王歷來追求健康長壽，非常重視飲食養生。據《周禮・天官》載，早在西元前五世紀，我國已有「食醫」的記載，據說食醫專門掌管食療之事，安排帝王的一日三餐和四時飲食。注重以食養生、健康長壽的思想上呼下應，飲食養生得到倡導。飲食養生是基於對人體生命的高度重視和對延展生命美好願望的強烈追求，它延伸於民間，百姓把長壽列為五福之先。尤其在缺醫少藥的年代，醫食同源成為中國養生法寶。

第四，根植於中國古代哲學思辨的文化傳統。中國食療養生，是中國傳統文化的重要組成部分，是一個極其博大精深的科學與思想體系。中國古代哲學講究「天人、陰陽、五行」觀念，注重天人協調、天人合一，使人的生命自覺地順應大自然的變化規律，是中國食療養生的又一重要思想。人作為宇宙的一員，與大自然的關係極為密切。日月運行、四季循環、寒暑更替、燥濕變化等，所有這些，無一不是對人體生命活動產生或隱或現、或微或著的影響，極符辯證法。食療養生強調「和於陰陽、調於四時」，「順四時而適寒溫」，要順應自然界的陰陽變化主動調攝，保護生機，以達健康長壽的目的。

作為中華民族文化的一部分，中國醫食同源、食療養生的飲食文化思想，深深根植於中國傳統哲學和傳統醫學的沃土中，歷經數千年而盈盈不衰，形成了枝繁葉茂、獨具特色的理論體系。

❺·精美的巴蜀糕點

四川糕點歷史悠久，源遠流長。晉代左思《蜀都賦》云：「異物崛詭，奇於八

---

1　時榮海、鄭曦：《中老年養生詩話》，中國輕工業出版社，2009年，第11頁。

方，布有橦華，麵有桃榔。」所述「麵桃榔」即桃榔粉製作的點心。入隋以後，四川的糕點品種漸多。隋開皇年間峨眉縣有了專門生產「峨眉糕」的作坊。唐代蔗糖生產的出現，進一步促進了糕點業的發展。安史之亂時，唐玄宗逃至成都，當地官吏供奉各式點心，其中一種稱「富油餅」，糖重油多，色香味形俱佳，唐玄宗喜食，後來稱為「明皇餅」。蜀地還有香甜可口的「蜜餅」，傳說是唐元和年間白居易任忠州（現忠縣）刺史時創製，又名「香山蜜餅」。忠州還有一種「胡麻餅」的芝麻餅，白居易不僅喜食，還以之餽贈萬州刺史楊歸厚，並題詩一首《寄胡餅與楊萬州》：「胡麻餅樣學京都，面脆油香新出爐；寄與飢饞楊大使，嘗看得似輔興無？」前蜀王建時期，宮廷內有一種點心叫「紅棱餅」，是例行賞賜臣下的物品。這種餅延續到現在，就是今重慶地方名產「紅棱酥」。屬酥皮包餡類，有色彩、有形象，口味頗好。這一時期，還形成有巴蜀特色的風味食物「芙蓉酥」，以糯米為原料，香酥可口。傳說後蜀孟昶在成都遍植芙蓉，芙蓉花紅白相間，燦若錦繡，成都因此叫「芙蓉城」，又因糕點出於此城，故名。除糕點外，以芙蓉命名的食品還有芙蓉餅、芙蓉雞片、芙蓉鍋蒸與芙蓉肉片等。在現今川式糕點中，「芙蓉糕」仍是著名的品種。

**❻·蒙頂茶獨占鰲頭，茶文化醇厚綿長**

唐代以後，飲茶習俗逐漸普及，茶葉成為日常生活中必不可少的消費品，因而茶的消費量急邃增加，人們更加注重茶的質量與品位，其中最負盛名的是雅州名山的蒙頂茶。

唐代的四川，蒙頂茶獨占鰲頭。蒙頂茶得益於獨特的生態環境。蒙山位於邛崍山脈，海拔1500多米，逶迤的五峰林木蔥鬱。山上氣候瞬息萬變，終年煙雨濛濛，冬無嚴寒，夏無酷暑，土壤酸性，年平均氣溫約13℃，尤宜茶樹生長。唐施肩吾詠「蜀茗」，「越碗初盛蜀茗新，薄煙輕處攪來勻。山僧問我將何比，欲道瓊漿卻畏嗔」的詩句，可見四川茶葉品質之高檔。自唐玄宗天寶元年被列為貢品，作為天子祭祀天地祖宗的專用品一直沿襲到清代。曾被人品評說：「蒙茸香葉如輕羅，自唐

進貢入天府」，這在中國茶葉史上是罕見的。貢茶有兩種：一種是「正貢」，專指七株種在皇茶園中的「仙茶」；另一種是「陪貢」，又稱「凡種」，指除仙茶之外的五峰頂上之茶。蒙頂山貢茶的採製十分講究。每年春季採貢茶之前，當地縣官都要身穿朝服，率僚屬與全縣僧眾上山，焚香朝拜仙茶。儀式後選12位僧人入茶園採摘，每芽只取一葉，共採365葉，由寺僧中善製茶者在新鍋中翻炒，用炭火焙乾，貯入銀盒進貢，以供皇帝祭祀之用，此茶稱「正貢」；稍後採製者供皇室一般成員享用。在採摘和焙製過程中，眾僧圍繞誦經，以示貢茶珍貴。正貢的12僧人，改採的365葉，象徵12個月及365天，暗喻歲歲平安、年年豐收。四川地區在唐代作為「貢茶」送京的，還有「龍珠茶」「雞鳴茶」等。

蒙頂山茶有香氣持久、茶味醇厚及湯色明亮的特點，唐代李肇《國史補》卷下有「風俗貴茶，茶之名品甚眾，劍南有蒙頂石花，或小方，或散芽，號為第一」的記載。蒙頂茶甚至被誇張到神化的地步。毛文錫《茶譜》記載民間傳說：「蒙之中頂茶，嘗以春分之先後，多構人力，俟雷鳴之時，並手採摘，三日而止。若獲一兩，以本處水煎服，即能祛宿疾；二兩，當眼前無疾；三兩，固以換骨；四兩，即為地仙矣。」人們把蒙頂茶當作除病祛疾、延年益壽、返老還童、羽化成仙的靈丹妙藥，雖為過譽之評，卻充分表達了人們對蒙頂茶的喜愛以及對茶飲於人體健康大有裨益的認識。蒙頂山出產的研膏茶、壓膏露芽、不壓膏露芽均為名茶。[1] 蒙頂茶在唐代盛極一時，《國史補》將它列為貢茶首品。

蒙頂茶為歷代文人所謳歌。廣為流傳的詩句是白居易的《琴茶詩》吟：「琴裡知聞唯淥水，茶中故舊是蒙山。」《嘉靖青州府志》引《國朝少保兼都御史黎陽王越雲芝茶詩》，「若教陸羽持公論，應是人間第一茶」。另有北宋文同《謝人寄蒙頂新茶》載：「蜀土茶稱盛，蒙山味獨珍」等詞句，都對蒙山茶交口讚頌。

---

1　陳世松、賈大泉：《四川通史・五代兩宋》，四川人民出版社，2010年，第144頁。

唐代是我國政治、經濟、文化繁榮鼎盛時期，糧食和其他農業生產進一步發展，為釀酒業的發展創造了優越條件，造酒技術在盛世的競爭中長足進步，蜀地的釀酒業已名列全國前茅。

釀酒業也以成都最為發達，其地生產的春酒被列為貢品。唐李肇《國史補》中將「劍南之燒春」著錄在全國名酒之列。《新唐書‧德宗本紀》載：「大曆十四年五月辛酉，代宗崩。……劍南貢生春酒。」可見劍南春酒在唐代已知名，而且流傳至今盛名不減，故「唐時宮廷酒，盛世劍南春」成為今天劍南春酒的廣告詞。四川是名酒的故鄉，酒，更是文人墨客的嗜好。文人們把酒吟詩，寫就了唐代醇厚的酒文化。在文人筆下，酒是「思」的信使，是文的伴侶，是詩的源泉，豐富多彩的賦酒詩詞給後人留下了古代酒文化的濃重印跡。巴蜀酒的美妙，酒肆的繁盛，酒器的華麗，一一收入文人的詩詞中，是極為豐富的酒文化遺產。

李白和杜甫先後遊歷蜀中，記下了蜀中各地的名酒，如劍南燒春、郫筒、射洪春酒、雲安麴米春、巫峽酒、青城乳酒、嘉州酒、鵝兒黃、重碧酒等，此外還有竹葉青、臨邛酒、綠蟻酒。開元初年，年輕的李白在蜀中漫遊時，先後到過綿州（綿竹）、成都、峨眉等地，其《月下獨酌》詠：「天若不愛酒，酒星不在天。地若不愛酒，地應無酒泉。天地既愛酒，愛酒不愧天……但得酒中趣，勿為醒者傳。」為遊覽唐初名道士王玄覽的故居，李白到了綿竹縣。當時他並不富裕，但為了痛飲劍南燒春，乃脫下貂皮衣換酒，留下了「士解金貂，價重洛陽」的佳話。

杜甫也為川酒寫下不少詩篇。唐乾元二年（西元759年）杜甫棄官入蜀，以後遊歷了綿竹、梓州、漢州、戎州等地。每到一地，幾乎都寫下了對當地酒的頌歌。據《全唐詩》記載，他在《將赴成都草堂途中有作，先寄嚴鄭公五首》中吟，「魚知丙穴由來美，酒憶郫筒不用酤」；在射洪時作《野望》詩中說，「射洪春酒寒仍綠」；在夔府時作《撥悶》云，「聞道雲安麴米春，才傾一盞即醺人」；其《送十五弟侍御使蜀》曰：「數杯巫峽酒，百丈內江船。」杜甫誇蜀酒的特點在於「濃」或「重」，《戲題寄上漢中王三首》之「蜀酒濃無敵，江魚美可求」，成為對蜀酒讚歎的名句。

▶圖5-3　劍南春酒坊遺址發掘全景
　　　　（「四川文物編輯部」提供）

《謝嚴中丞送青城山道士乳酒一瓶》云：「山瓶乳酒下青雲，氣味濃香幸見分。」游至嘉州，復撰《狂歌，贈四兄》云：「今年思我來嘉州，嘉州酒重花繞樓。」他還誇漢州的酒是「鵝兒黃似酒，對酒愛新鵝」。至五糧液的故鄉宜賓，古稱「戎州」。杜甫曾對戎州的美酒寫下了《宴戎州楊使君東樓》「重碧拈春酒，輕紅擘荔枝」的詩句，其中，「重碧」在指深綠色，「春酒」是唐時戎州的官釀酒，色呈深碧，味醇爽口，冬季釀製，用黃泥封存，來年春天開封取飲，故得名春酒。杜甫將重碧酒與當時貢品荔枝相提並論，可見對重碧酒的高度評價，因此使重碧酒名聲大噪。之後，人們才把春酒稱為重碧酒，後改名「春碧酒」。蘇東坡對春碧酒也十分讚賞，詩云：「東樓誰記傾春碧。」可見春碧是當時戎州的名酒並延續至宋。也有一說重碧酒是今五糧液前身。

　　約在白居易時代四川出現了燒酒。白居易《荔枝樓對酒》：「荔枝新熟雞冠色，燒酒初開琥珀香。」蜀人雍陶《到蜀後記途中經歷》詩窺見一斑：「自到成都燒酒熟，不思身更入長安。」裝燒酒的酒甕名「燒罌」，賈島有《送雍陶及第歸成都寧親》詩：「製衣新濯錦，開醞舊燒罌。」約從白居易時代起，燒酒、燒春、燒香之名

逐漸以「燒酒」為名趨於定型。[1]以後「劍南燒春」成為唐人對蜀酒的泛稱。「劍南」指劍門關之南，是唐代「劍南道」的簡稱。五代前蜀時，牛嶠《女冠子》吟，「錦江煙水，卓女燒春濃美」，也說明唐代的川酒特點是濃香，並成為川酒的特色。

從詩詞的內容還可看出，蜀酒已成為宮廷用酒。前蜀相韋莊在《河傳》中用「春晚，風暖，錦城花滿……翠娥爭勸臨邛酒，纖纖手，拂面垂絲柳」的詩句，描繪了臨邛酒作為前蜀宮廷宴飲用酒的生動場面。飲酒普及，酒肆自然增多，同樣反映在詩人的詩作中。杜甫《琴台詩》云：「酒肆人間世，琴台日暮雲。」張籍《成都曲》也有「萬里橋邊多酒家」的詩句，讓人想見當時酒肆如市、繁華昌盛的景象。

### ❽ · 水果保鮮技術的發展

巴蜀地區盛產水果，水果保鮮達到了很高的水平。據研究，這一時期蜀地有以下保鮮水果的方法：一是儲藏法。如廣柑保鮮，採用下窖存儲法；梨子保鮮，則將梨置於綠豆壇；儲藏板栗則是藏於乾河沙中。且禁飲過酒的人接近水果，以免加速發酵。二是以蠟封蒂法。此為民間所創。在實踐中，人們發現果蒂是細菌最易侵入而發生腐爛之處，於是用蠟封蒂，以防止細菌從果實最薄弱的一環侵入，從而進行預防性保鮮。《隋書》稱：隋文帝喜食柑橘，幾乎都是巴蜀土貢。巴蜀官吏為討好皇帝，便在採摘時用蠟封住蒂口防腐保鮮。三是用紙或布包裹柑橘。《大唐新語》卷十三記述了一段因此而發生的笑話：「益州每歲進柑子，皆以紙裹之。他時長吏嫌紙不敬，代以綢布。既而恐柑子為布所損，每懷憂懼。俄有御史甘子布使於蜀，驛使馳白長吏：『有御史甘子布至。』長吏以為推布裹柑子事，懼曰：『果為所推。』及子布到驛，長吏但敘以布裹柑子為敬。子布初不知之，久而方悟，聞者莫不大笑。」這一創造過程，也是由實驗到肯定的過程。這一保鮮法，今天仍在使用。如出口的蘋果，不僅上蠟，而且用紙包裹。四是沙埋、瓶貯方法。蠟封和紙布包裹效果好，但費時費工，不方便也不經濟。為了簡便省時，於是創造了沙掩、錫瓶儲存

---

1　龍晦：《蜀酒與燒酒》，《中華文化論壇》，2001年第2期。

法。《物理小識》卷六說：「藏柑以盆盛，用乾沙掩之」，「收湘橘用煮湯錫瓶收之，經年不壞。」有學者認為，《物理小識》所述的保鮮法，是從四川的保鮮法借鑑、演變而來。[1]五是藥物保鮮。周密《齊東野語》卷十七說：「青、果色也，蓋藏果者，必以銅綠故耳。」銅綠為鹼式碳酸銅，《本草綱目》稱它能殺蟲，治癬。癬是真菌性疾病，能治癬就說明它有殺菌作用，故用於水果殺菌保鮮。由於周氏語焉不詳，其使用方法未流傳下來。

# 第二節　雲貴桂地區的經濟大發展

　　隋唐五代時期的雲貴桂地區是多元飲食文化發展的一段時期。雲貴桂地區加強了與中原地區的聯繫，傳入了中原先進的生產方式和政治制度，促進了各民族社會經濟的發展，在農業、手工業、商業、交通、文化等方面都有較大的進步。

## 一、社會經濟大發展

### ❶·唐文化影響下的南詔

　　雲貴地區在經兩晉南北朝長時期的動盪中，與內地失去了正常的聯繫，直至隋朝統一全國後，在雲南設南寧州總管府（駐今曲靖），於今滇東北、滇中置恭州（治今昭通）、協州（治今彝良）、昆州（治今昆明），中原王朝才恢復了對這一地區的統治。西元六一八年唐朝建立，於同年接管這一地區，以今滇東北、川西南為根據地，逐漸擴展勢力，形成以若干都督府統轄羈縻府州分片管理的格局，加強了與內地的聯繫。至七世紀末期，洱海地區的烏蠻部落南詔借抵禦吐蕃之機不斷壯大，逐

---

1　馮漢鏞：《四川科技史》，四川大學出版社，**1995**年，第**163-165**頁。

漸形成了與唐王朝對抗的實力。西元七五〇年，南詔主閣羅鳳派兵攻下姚州都督府治地姚州城（今雲南姚安），與唐朝的矛盾公開化。後趁安史之亂，閣羅鳳與吐蕃結盟，南詔遂發展為一個強大的地方政權，統治雲南及附近地區達254年之久。

南詔勢力極盛之時，統治範圍包括今雲南全省、貴州西部、四川西南部與中南半島北部。在南詔統治時期，雲南尤其是洱海與滇池兩地的社會經濟有了很大的發展。期間從唐朝轄地獲得大量的人口與財物，受到唐朝經濟、文化的深刻影響。被俘留在南詔的漢族士人及其後代，仍長期保留包括飲食習俗在內的漢族習俗，南詔與大理國的上層社會，亦受到了漢文化的較大影響。於漢晉時期民族融合而形成的白蠻，以及在南詔時期大量遷入的漢人，逐漸融合成為在今雲貴地區起主導作用的民族，促進了當地經濟發展水平的提高。

這一時期，水利建設的發展促進了農業生產的進步。據《南詔德化碑》：唐初洱海地區已從雪山引泉水澆灌農田，建陂池澆溉果木與菜圃，這一地區號稱「家饒五畝之桑，國貯九年之廩」。南詔王勸豐佑，修建自磨用江至鶴拓的橫渠道大型水利工程，灌溉東皋及城陽的田地；又於點蒼山建蓄水池「高河」，導山泉下瀉為川，灌田數萬畝，「民得耕種之利。」使洱海、滇池地區的農業實現了精耕細作。據《蠻書·雲南管內物產》：「從曲靖州已（通「以」）南，滇池已西，土俗唯業水田，種麻、豆、黍、稷，不過町疃。水田每年一熟，從八月獲稻至十月十二月之交，便

於稻田種大麥，三月四月即熟。收大麥後，還種粳稻。小麥即於岡陵種之，十二月下旬已抽節如三月，小麥與大麥同時收刈。」水稻每年一熟，收割後輪種大麥與蠶豆，並於山陵種小麥。這種麥、蠶豆與水稻輪種的方法延續至今。現今仍稱種水稻為「大春」，收穫後間種麥、蠶豆為「小春」。農業地區不僅採用牛耕，還普遍推廣二牛三夫犁田法。其法是使用長丈餘之三尺犁，兩牛相距七八尺，一農人走前牽牛，一農持按犁轅，另一人在後掌犁。因牽牛、扶轅與掌握犁田深度均有專人，故而既提高犁田的質量，又可深耕。在雲南的劍川、洱源等地，至今還在使用這種傳統的耕作方法。

除糧食作物以外，農業地區還種植各種蔬菜、水果，池塘中餵養各種魚類，植種菱、芡等水生作物。《蠻書・六賧》說：「蒙舍川（今雲南魏山，南詔發源地）肥沃宜稻禾，又有大池，周回數十里，多有魚及菱芡等物。」《通典・松外諸蠻》中記：「自夜郎滇池以西，皆云莊蹻（jú）之餘種也。其土有稻、麥、粟、豆，種獲亦與中夏同，而以十二月為歲首。菜則蔥、韭、蒜、菁，果則桃、梅、李、柰。」這些地區溝渠縱橫，農田成片，蔬果茂盛，農舍點綴其間，宛若江南地區的水鄉。《新唐書・南詔傳》亦云，居洱海、滇池之間的白水蠻，富足的程度甚至接近四川盆地。

南詔治下的畜牧業發展也很快。《蠻書・名類》說天寶戰爭以前，東北至曲靖州、西南至宣城的地區，「邑落相望，牛馬被野」。飼養的畜禽有牛、羊、馬、豬、犬、騾、驢與兔，以及雞、鵝、鴨、鴿等。各地放牧大牲畜，都根據氣候的變化選擇放牧地點，夏處高山，冬入深谷，這一點與北方游牧民族依水草遷徙有所不同。這一時期，在今滇西、滇中等地還大量飼養沙牛，沙牛在水草肥美之地生犢甚勤，天寶中一家便有沙牛數十頭。通海以南多野水牛，「或一千二千為群」。《蠻書・雲南管內物產》中記：「馬，山越賧川東面一帶，……有泉地美草，宜馬。初生如羊羔，一年後，紐莎為攏頭縻繫之。三年內飼以米清粥汁，四五年稍大，六七年方成就。尾高，尤善馳驟，日行數百里。本種多驄，故代稱越賧驄（cōng），近年以白為良。滕充及申賧亦出馬，次賧、滇池尤佳。東爨烏蠻中亦有馬，比於越賧皆少。

一切野放，不置槽櫪。唯陽苴咩及大釐、登川各有槽櫪，餵馬數百匹。」「越賧」，即今天騰沖龍江流域，南詔時期，這裡有藤越國，是南詔的屬國。

❷ · 東部和西部發展不均衡的廣西地區

唐咸通三年（西元862年），分嶺南為嶺南東道（治今廣州）和嶺南西道（治今南寧）。此即劃分廣東與廣西兩地的由來。唐朝在嶺南西道下設桂、容、邕三管，管下設州縣。其中屬東部的桂、容兩管與全國其他州縣一致，但對西部的邕管則設羈縻州縣，實行「以夷治夷」，土流並治的羈縻統治政策[1]。而東部地區推行與全國一致的均田制和租庸調製，其經濟發展基本與中原同步。如此，由於唐朝政策的關係，致使廣西地區東部和西部發展不平衡。

在經濟發展上，羈縻府州不申報戶口，並實行輕徭薄賦，反映出這一地區農業生產的水平還較落後。據《舊唐書‧穆宗紀》：元和十五年（西元820年），朝廷頒令邕管、安南等97州，不須申報戶口賬目。另據《舊唐書‧食貨上》：唐在嶺南徵收的稅賦，較內地要輕得多；而本地民族輸納者僅為編戶的一半，可謂徵收甚輕。而東部地區的發展較快。

唐政府在廣西地區發展屯田，興修水利，促進了農業的發展。為解決駐軍的口糧，唐朝組織軍士在廣西地區實行屯田，一些地方官吏也以發展農桑為要務。有關記載如：《舊唐書‧王晙傳》，景龍末年（西元707年），桂州（治今廣西桂林）都督王晙築堰閘江水，開屯田數千頃，「百姓賴之」。《新唐書‧韋丹傳》載，容州（治今廣西北流）刺史韋丹，教民耕織，興辦學校，還置辦屯田24處。據宅中出土刻於唐高宗永淳元年（西元682年）的《澄州無虞縣六合堅固大宅頌》碑文：「黎庶甚眾，糧粒豐儲，縱有十載無收，從人無菜色。」刻於武周萬歲通天二年（西元697年）上林縣的《智城洞碑》說：「前臨沃壤，鳳粟與蟬稻芬敷。」農業生產的發展，使唐初實行輕徭薄賦的廣西地區也開始徵收夏秋稅。據《舊唐書‧懿宗紀》載：在桂州、

---

1 羈縻政策：即封建中央王朝為籠絡少數民族的一種地方統治政策。包括用軍事和政治的壓力加以控制，以及以經濟和物質利益給以撫慰的政策。

邕州和容州的一些地區，唐朝曾徵收了夏秋稅。

這一時期，廣西地區的農業生產技術也有所進步，培育出一些優良品種的稻米，因所產稻米質量較好，朝廷規定可以大米充抵所納戶稅。農副業都得到極大發展。韓愈《柳州羅池廟碑》中記：「樂生與民，宅有新屋，涉及新船，池園修潔，豬牛雞犬藩息。」另據《嶺表錄異》卷上，新瀧等州的百姓，在山田蓄水種稻，同時放養鯇魚，魚排糞可作為肥料，一二年間魚長大食草根幾盡，「既為熟田，又收魚利」。人們已知利用生物食物鏈以及生物的共生關係開展多種經營，這在當時是十分先進的。除水稻外，亦有麥食，黍、粟已很普遍。

人工種植菜蔬的品種進一步擴大，數量也有所增加。如木耳、香菇、筍、山薑等「菌筍」特產，在前朝，因稀少而作為貢品，在這一時期已大量人工種植。荔枝、龍眼、柑、蔗等水果的種植面積更大。如孟詵《食療本草》中記載了廣西此時的甘蔗已有「荻蔗」和「崑崙蔗」之分，並記「竹蔗以蜀及嶺南為主」。

此外，廣西地區的家禽畜飼養也有發展。這一時期，牛得到廣泛飼養，並有食牛之俗。唐劉恂《嶺表錄異》載：「容南土風，好食水牛。」養魚業大增，魚類豐富異常，《嶺表錄異》中記有鯉、鱸、鱅、鯇草、鯰等魚十幾種。

唐代廣西地區也是全國聞名的產茶地。據《新唐書·食貨四》記載，穆宗時增天下茶稅，茶稅成為唐朝國庫的重要來源。江淮、浙東西、嶺南（包括嶺南西道）、福建、荊襄等地為重要的茶葉產地，鹽鐵使王播親自掌握徵收茶稅。五代時植茶業有更大發展。據《舊五代史·馬殷傳》記載，楚王馬殷對民間的茶葉「抑而買之」，除每年貢奉朝廷數萬斤外，其餘茶葉轉賣中原等地，牟利「歲以百萬計」。


## 二、崇尚生猛野味及海鮮的飲食習俗

❶·極具地方特色的南詔飲食習俗

今天我們能較多得知南詔的社會生活及飲食方面的情形，很大程度上是得益於

《蠻書》。《蠻書》的作者樊綽，是唐懿宗咸通年間任唐朝安南（治今越南河內）都護府的官吏。樊綽為瞭解南詔，遂留意收集有關南詔歷史和現狀的材料，所著《蠻書》內容詳細而真實，備受世人珍視。其書計十卷，其中的六詔、名類、雲南城鎮、雲南管內物產、蠻夷風俗等卷，詳細記載了南詔各民族的生活習俗，是研究雲貴桂地區風土人情的可貴資料。

據《蠻書》載，南詔腹地通常以稻米、黍、稷、大麥、小麥和豆類為主食。居民將稻米、黍、稷等穀物脫粒後，裝入木製甑子蒸熟。木製甑子上覆以稻草編成的鍋蓋，以免蒸飯時甑子漏氣，此即「雲南十八怪」之「草帽當鍋蓋」的由來。木製甑子蒸出的米飯，顆粒分明，鬆軟飽滿，供即食或數日食用，無不相宜。大麥、小麥或磨粉製餅，或供釀酒之用。豆類可供主食，新摘時亦是重要的時鮮蔬菜。雲南人喜歡將去殼的新鮮蠶豆或豌豆，與火腿或老臘肉拌以蒸熟的米飯，熱油快炒起鍋，稱之為「豆燜飯」，其味美不可言，這一烹飪方法已有上千年的歷史。

南詔人普遍畜養牲畜家禽，可供選擇食用的肉類甚多。據《蠻書·雲南管內物產》曰：「象，開南、巴南多有之，或捉得，人家多養之，以代耕田也。豬、羊、貓、犬、騾、驢、豹、兔、鵝、鴨，諸山及人家悉有之。」南詔時培育出了畜禽的一些優良品種，如「大雞」，「永昌、雲南出，重十餘斤，嘴距勁利」，既能驅之為獵鳥，也是重要的肉用家禽，可惜以後失傳。南詔飼養淡水魚類相當普遍。滇池魚類味美，如蒙舍池塘飼養的鯽魚，大者重達五斤。「西洱海及昆池之南接滇池」，雖冬月，「魚、雁、鴨、豐雞、水扎鳥，遍於野中水際。」南詔還成功馴養象、鹿等野生動物，養象以耕田，有些地區或食象肉；養鹿多為食用。令人詫異的是養「豹」以供食用，而且「諸山及人家悉有之」。推測可能是果子狸一類的野生動物，籠養以供不時之需。南詔還大量獵取犀牛與虎，犀角可制酒具亦可入藥，犀皮是製甲的優質原料；南詔獵虎主要是為取其皮以製衣披，南詔官制規定：各級官吏、將領須穿虎皮衣披；所穿衣披色彩鮮明與否，依級別高下而異。既然大量獵取犀牛與虎，推測其肉亦可烹飪上桌。

烹飪技術亦有提高，擅長以各種畜類、禽類、魚類、蔬菜以及野生動植物為

原料製作菜餚，並有南詔御用廚師。如南詔王異牟尋接待唐朝使者袁滋一行，宴席上有「割牲」（烤小豬）肴品一道，並以奔馬頭紋飾之銀質盤二件盛之，以小刀割以佐酒。異牟尋說此銀盤為唐朝先前所賜，可知「割牲」為宴席上的珍貴菜餚。

南詔人有食生肉的習俗，「不待烹熟，皆半生而吃之」。據《蠻書·蠻夷風俗》：凡豬牛雞魚皆生食之，「和以蒜泥而食」。食畜禽肉或略烹煮，待水沸即食。白蠻食鵝肉之法如下：取生鵝宰後按方寸切之，和以生黃瓜及椒鹽啖之，稱為「鵝闕」，以之為上味。迄今大理等地還喜食以剁細肉類加香料製成的「剁生」。一些少數民族也曾流行食用生肉，如侗族喜食生的醃牛肉與醃鳥肉；布依族喜食拌以生豬血的炒雜碎；至於食用生的魚蝦等海鮮，在不少地區則屬常見。南詔還流行製作肉脯及肉乾。據《蠻書·南蠻條教》：南詔每出兵作戰，皆允許軍士各攜糧米一斗五升，「各攜魚脯」。

南詔人有自己的歲時節令食俗及宴飲食俗，據《蠻書·蠻夷風俗》載，每年十一月一日，白蠻、烏蠻必盛會宴客，「造酒醴，殺牛羊，親族鄰里，更相宴樂。」是日戶外列設桃茢（liè），如同新年賀歲。至於其他節日，則與漢族地區略同，「唯不知有寒食清明耳。」白蠻、烏蠻宴會之時，凡飲酒開始，赴宴者即起，至前席奉觴勸酒。未能飲者乃至前席，相互扼腕推辭，或挽或推，情禮之中以此為重。另據《新唐書·南詔上》：白蠻青年喜吹四管葫蘆笙。舉行宴會時，若巡酒至客前，吹奏者以葫蘆笙推盞勸客以飲。南詔王族用金銀為飲食器皿，其餘官將、百姓則用竹器。貴族飲食，慣用箸但無匙；至於尋常百姓，則以手取食而已。

南詔人好飲茶，《蠻書》中詳細敘述了南詔王族及南詔各民族的飲茶習俗。南詔王族喜飲茶，所飲之茶產自銀生城（在今雲南景東）地界諸山。至今這裡仍為大葉種優質茶的重要產地。可見這一地區的大葉種優質茶在當時已享有盛譽。但那時尚無茶的炒製方法，飲時將茶葉與椒、薑、桂一起烹煮。據《茶經·六之飲》：唐代流行「用蔥、薑、棗、橘皮、茱萸、薄荷之物煮之百沸，或揚令滑，或煮去沫」的飲用方法，與南詔王族的飲茶方法大致相同，南詔人的這種飲茶方法應由唐朝傳

入。其中的椒、薑、桂等香料，均有暖胃、益中的作用，可能與所飲的大葉種茶性質稍顯苦澀，因此摻入香料以矯正有關。

南詔人釀酒十分普遍。時人還認為若以稻米為麴釀酒，酒味必致酸敗，其實是時人釀造還不甚得法。除糧食酒與果酒外，南詔諸族已經學會製作藥酒。如麗水山谷出產一種有藥效作用的植物叫「濩歌諾木」，枝「大者如臂，小者如三指，割之色如黃蘗。土人及賧蠻皆寸截之。丈夫婦女久患腰腳者，浸酒服之，立見效驗。」

此外，南詔人還嗜好各種水果。《蠻書‧雲南管內物產》提到永昌、麗水、長傍、金山等地有荔枝、檳榔、椰子等果品，都是當時的名產。麗水城出波羅蜜果，「南蠻以此果為珍好」。唐五代時，段成式《酉陽雜俎》稱：「南詔石榴子大，皮薄如藤紙，味絕於洛中。」「甜者謂之天漿，能已乳石毒。」可見石榴在雲南已廣泛種植，並遠近聞名。

唐代，雲貴桂地區還住有一些其他少數民族，如今貴州東南丘陵地帶居住的「東謝蠻」，其經濟狀況雖不及發達地區，但在唐代，其社會經濟狀況仍有所進步，據《舊唐書‧西南蠻傳》載，東謝蠻仍保留畬田的習慣，雖植種五穀，但牛耕還不普遍；以飼養牛、馬、羊等大牲畜為主的畜牧業比較發達。飲食方面的情形是：汲清流供飲，「婚姻之禮，以牛酒為聘」。還有一些民族，仍以狩獵、採集為獲取食物的重要來源。據《蠻書‧名類》載，滇西南的「撲子蠻」善用泊箕竹弓，深林間射飛鼠發無不中；食無盛器，以芭蕉葉盛之。「尋傳蠻」射豪豬生食其肉，取其兩牙雙插頭頂兩旁為飾。居尋傳城以西地區的「裸形蠻」，「其山上肥沃，種瓜瓠長丈餘，冬瓜亦然，皆三尺圍。又多薏苡，無農桑，收此充糧」。

❷‧以野味海鮮為主的廣西地區飲食習俗

嶺南（包括嶺南東道和嶺南西道）氣候炎熱，草木蔬菜可經冬不衰。如所種茄子，二三年間漸長枝幹，乃成為茄子樹。每年夏秋季茄子成熟，須搭梯摘之。三年之後，茄子樹漸老，結子漸稀，乃伐去茄子樹另種新苗。還有一些野菜野果亦可食用。如山

橘子，大者熟如土瓜，次者如彈子丸。果實金色，味頗酸。嶺南人帶枝葉藏之，攪入油醋，味遂轉甜美。又如山薑，根不堪食，而於葉間吐花穗如麥穗，粒嫩紅色。嶺南人取其花莖葉嫩者，以鹽醃製，藏入甜酒糟。經一冬顏色如琥珀，香辛甜美，可用為菜餚的膾料。若以鹽醃藏，曬乾煎湯，能治冷氣之疾。

　　嶺南地區最具特色的飲食，仍數以野味與海鮮為主的地方菜餚。據《嶺表錄異》卷上，當地多野象。若捕得像，爭食象鼻，謂象鼻肥脆可口，尤其適宜作烤肉。另據《嶺表錄異》卷中，嶺南蟻類極多，當地人以席袋貯蟻，連其子窠售於市。蟻窠如薄棉絮囊，連帶枝葉，蟻在其中，遂連窠賣之。溪洞之間，當地民族多收蟻卵，淘洗令淨，遂鹵以為醬。蟻卵醬的味道酷似肉醬，俗甚重之，非官客親友，不可獲贈。

　　對諸魚、蚌蛤類海鮮，嶺南西部也有多種烹飪的方法。據《嶺表錄異》卷中，梧州戎城縣江水口出產的嘉魚，十分肥美，眾魚莫可與之相比。若進行炙烤，須以芭蕉葉隔火，以免魚脂滴下致火滅。黃臘魚，即江湖中的橫魚，頭嘴長而鱗皆金色，亦可煎或曬為魚乾。竹魚，產自江溪間，形如鱧魚，大而少骨，青黑色。鱗下間有紅點，烹之以為羹，肥而美。烏賊魚，海邊人往往獲其大者，巨大如蒲扇，烤熟佐以薑醋食之，味極脆美。或入鹽渾醃為魚乾，槌平如肉脯，味道亦美。石頭魚，狀如鯆魚，腦中有如蕎麥大小之二石子，瑩白如玉。有好奇者，多購其魚之小者，貯於竹器，任其壞爛，淘之取其魚腦石子，以為飲酒中所用籌碼，頗為脫俗。

　　蚶子頭，因其殼上有棱如瓦楞，又稱「瓦屋子」，殼中有肉，紫色而滿腹，多燒以下酒，俗稱為「天臠炙」。水蟹，螯殼內皆鹹水，自有其味。嶺南人取之，淡煮後吸其鹹汁下酒。黃膏蟹，蟹殼內有肉膏如黃酥，調之以五味，於殼內拌之，食亦有味。赤蟹，殼內有黃赤膏，如雞鴨蛋黃，肉白，於其殼中拌和黃赤膏，淋以五味，攪以細麵，珍美可食。牡蠣，每逢漲潮，諸蚝皆開房殼，見人即合之。海邊人以斧起開殼，燒以烈火，蚝即啟房殼。挑取其肉，貯以小竹筐，赴墟市以之換酒。肉大者可醃待炙烤，肉小者可炒食。牡蠣肉頗有滋味，據說食之能補腸胃。水母，其性暖，可治河魚之疾，但甚腥，須以草木灰點生油，再三洗之，則瑩淨如水晶紫

玉。烹飪之法：煮以椒桂，或取荳蔻、生薑縷切而攪食；或以五辣肉醋，或以蝦醋如鱠，食之最為適宜。

這一時期飲酒之風非常盛行。廣西地區釀酒流行摻以諸種藥材，釀造方法亦有獨到之處。《嶺表錄異》卷上言其方法甚詳：「淘淨粳米曬乾，加入諸藥，和米搗熟。加熱水團之，使之形如麵餅。以手指刺入米團中心作一竅，布放竹蓆上，以枸杞葉包裹之，一如造酒麴之法。既而以藤篾貫串，懸於灶火之上。嶺南氣候炎熱，春冬季節七日應熟，秋夏季節五日可熟。既熟，貯以瓦甕，燃牛糞微熱之，即成供食。」

廣西人的節令時俗很有特色。據《嶺表錄異》卷上：嶺南地區普遍重視的節日，先後為臘一、伏二、冬三、年四。屆時主人大辦宴席，宴請左近鄰居與各地親友。而一些具有地方性特點的食法，則為諸族所嗜好。如容南一帶好食水牛肉，食客均贊其脆美。烹飪之法，或煮或炙，盡食一牛。眾人食水牛肉既飽，即以鹽酪薑桂調「齏」而啜。「齏」為水牛腸胃中近乎消化的草料，又稱「聖齏」。據說如此食法使人腹不脹，據稱有清熱解毒的功效，俗語：「羊吃百草，百病除了。」又如：交趾（北面部分屬於今廣西地區）之人，重視稱為「不乃」的羹湯。其羹以羊、鹿、雞、豬肉及骨同置一鍋煮之，令其湯極肥極濃；再撈去餘肉，加入蔥薑，調之以五味，貯之以盆器，食時置盤中上桌。羹中必有一枚可盛一升濃湯的銀杓。主人先滿斟一杓，仰首緩緩飲盡，再傳杓以客人，輪流如此食之。食畢其羹，方才端上諸饌，宴會正式開始。交趾人謂這一食法為「不乃會」，意思是食「不乃」羹湯的聚會。

這一時期廣西人的主食以稻米飯粥為主，兼吃麥糧、雜糧和薯糧等，《嶺表錄異》中亦有以檳榔粉製成餅食的記載。飲食加工的器皿亦多有講究。加工稻米通行的方法為踏木杵以舂之。據《嶺表錄異》卷上：「嶺南各地皆設有舂堂，當地人刳圓木為槽，一槽兩邊約立十杵；男女間次而立，足踏其杵以舂稻穀，既舂不時敲磕槽沿，以求稻穀覆轉均勻；舂時槽聲若鼓，聲聞數里。」嶺南陶家還大量加工製作宜於用作燉煮之器的「土鍋鑊」，以供日常烹飪或煮藥所需。製造的方法是：燒熱

未加工的土鍋鑊，內部塗之以油，其潔淨逾於鐵器，尤宜煮藥。一器僅值十錢，乃濟貧之物，愛護者可用多日。若燃以烈焰，導致湯乾鑊涸，則土鍋鑊隨即破裂。

# 第三節　吐蕃王朝的興旺

## 一、吐蕃王朝建立後的諸業興旺

西元七世紀，藏族的傑出領袖松贊干布統一了西藏高原，建立了強大的吐蕃王朝。它是西藏歷史上的第一個王朝，國力最強時，北至吐谷渾，控制了「絲綢之路」；南至泥婆羅（今尼泊爾）、天竺恆河以北；東鄰唐朝。社會經濟得到較大發展。

### ❶·繁榮的吐蕃農業

受高原寒冷氣候的影響，吐蕃時期的農產品主要有小麥、青稞、蕎麥和芸豆等高寒農作物。《舊唐書·吐蕃傳》記「其地氣候大寒，不生秔稻，有青稞麥、鶯（yíng）豆、小麥、喬麥。」但是，吐蕃統治區內也有稻子種植，工布地區（包括今工布江達縣、林芝縣和米林縣）氣候濕潤，已種植稻米。《冊府無龜·外臣部·土風二》記，吐蕃屬國之一的悉立即是種稻地區之一，「其穀宜秔稻、麥、豆，饒甘蔗諸果。」生產工具也有進步，吐蕃時已有斧頭、鐮刀、牛軛、犁、手斧、鋸等工具，他們擴大耕地是採用畜力耕作，犏牛是主要耕畜，耕作方式為耦耕（雙牛耕地）。耕畜的運用，促進了農業發展。此外，吐蕃還積極興修水利，治田灌溉，採用蓄水灌溉和引河水灌溉，又在谷口處墾田引水澆地，使河谷地帶人口增多，逐漸發展為村鎮。吐蕃時期，西藏的農業呈現出繁榮的景象。特別是在文成公主入藏後，十分注意吐蕃農業生產的發展。她專門帶去了吐蕃沒有的蔓菁種子，並幫助當地人建造水磨。她帶去的書中有「六十種講說工藝技巧的書籍」，記有「各種食品、飲料配製法」，其中還有造酒的技術，這對西藏地區農業的發展和豐富藏民的生活

有深遠的影響。

**❷・畜牧業發達**

據《舊唐書・吐蕃傳》記載，吐蕃人「其畜多犛牛豬犬羊馬」，敦煌古藏文史料還記有母犛牛、山羊、犏牛、驢和駝等。關於放牧方式，《新唐書・吐蕃傳》稱「其畜牧，逐水草無常所」，與游牧經濟相符，但並不單一為「逐水草而牧」，而是分季節有一定的固定放牧地點，各部落有劃分的草場範圍，進而根據不同的生態環境放牧不同的牲畜，如在草原上放牧綿羊，在森林中放牧山羊，在沼澤地放牧馬匹，在田野裡放牧犏牛，在岩洞裡放牧豬。畜產品有皮革、毛類、犛牛尾及酥油、肉乳等，除自用外還與鄰族交換。狩獵也是吐蕃人重要的輔助經濟，吐蕃文書中有獵鹿圍牛、出獵野獸和捕鳥的記載。

**❸・手工業進步**

這一時期，吐蕃人的手工業有了很大進步，如製陶業即是。他們從漢地引進了相關的製陶技術，至西元七世紀時，製陶業已達到了一定的規模，製陶種類主要有刻畫紋的碗和小花瓶，釉色豐富，有藍、紫、綠、黃等種類，藏民把這種釉陶稱為「唐碗」，反映了中原唐王朝對吐蕃的文化影響。

**❹・鹽的發現及鹽糧的交換**

西藏地區，早在西元前二十世紀，苯教的《苯醫四部》中就記有關於食鹽方面的內容。《智者喜宴》中還記述了藏北牧民發現了鹽的過程：贊普朗日松贊時期，贊普的兩個巨人侍從在藏北草原獵殺野犛牛後，肉放在馬背上，在運送途中肉掉進了藏北的「扎松挺瑪湖」，撈出後發現肉上有鹽的味道，方知此湖是產鹽湖泊。從此便開始了從藏北運鹽，藏北牧民也便開始了用鹽與西藏農區交換糧食等物的貿易。因為在西藏北部傳統的安多牧區（青海、甘肅南部和四川西北一帶藏族地區的統稱）氣候高寒不能種植糧食，食品絕大部分來自家畜，如牛羊肉、奶及奶製品，缺少重要的糧食類食品糌粑。於是牧民就把多餘的畜產品和從鹽湖馱回的鹽，以馱牛和馱羊作為運輸工

具，長途跋涉，到拉薩的堆龍德慶、山南、日喀則等農區換取糌粑，起到農牧產品互補與調劑的作用。這種古老的鹽糧交換方法，一直延續至二十世紀八〇年代。

**❺·茶馬貿易**

據藏族史料記載，西藏高原盛行飲茶之風始於松贊乾布時期與唐朝之間的茶馬貿易。松贊干布統一西藏，迎娶了唐朝文成公主後，西藏的商業貿易遂興盛起來，茶馬貿易成為吐蕃與唐朝的主要貿易。唐高宗時的「縑馬交易」和唐玄宗時的赤嶺（今青海湖東面的日月山）「互市換馬」開啟了唐朝與吐蕃茶馬市場之端，吐蕃人用良馬和唐朝換茶。對此，唐朝專門成立了「茶馬司」，負責與吐蕃之間的茶馬貿易。西元七四三年，唐蕃會盟，立碑於赤嶺，確定了「茶馬互市」。為了交換茶葉，吐蕃也派專人經營藏漢茶葉貿易，被稱為「漢地五商茶」。

**❻·酒的釀造**

在吐蕃王朝時期，藏族飲用的酒的種類較多。在敦煌出土的寫於西元九至十世紀的《苯教殯葬儀軌書》中記載著，當時人們所飲用的酒類飲料有小麥酒、葡萄酒、米酒、青稞酒、蜜酒等五種。其中提到工布地區小王向吐蕃贊普奉獻的「釀酒糧食」為「青稞、大米任何一種均可」，而小麥是藏族主要糧食之一，量雖不如青稞大，但也宜採用內地傳入的麥酒釀製法生產，故吐蕃時是有小麥酒的。但當吐蕃於西元九世紀崩潰後，已不能從河隴和川滇等地獲取稻米。米酒的釀造便難以為繼。同樣的原因，西藏產葡萄之地不多，葡萄酒自吐蕃失去對西域的統治後，來源亦日趨減少，產量十分有限，只能供上層享用。這樣，以青稞釀酒，便自然而然地成為藏族人民普遍採用的製酒方式。青稞酒亦成為藏族酒的主要飲料。

吐蕃王朝於西元九世紀後半葉崩潰，奴隸制開始解體。此後進入漫長的分裂時期，直至西元十三世紀。

## 二、飲食文化漸臻成熟

入唐以後，吐蕃人的飲食生活已較為豐富，茶、酒文化亦多姿多彩，還出現了有關飲食養生的重要文獻著作。至此，吐蕃人的飲食文化漸於成熟。

**❶·吐蕃人的日常飲食**

吐蕃時期，西藏高原藏民的飲食生活已比較豐富，許多食品成為現今藏族特色食品的源頭，如糌粑、酥油茶、牛羊肉、青稞酒等，構成了藏民族飲食文化的主要特點。

這一時期，青稞和小麥是吐蕃人的主要糧食作物，也有蔬菜和水果。吐蕃人最具代表性的主食是糌粑和各種餅類食品。據吐蕃簡牘記載：（每組）「油炸薄餅和果子各十五個，餅和發麵餅各二十五份，杏乾和葡萄乾各三捧，切瑪（用酥油、奶渣、酸奶揉成的糌粑）各三兩，酸奶一勺，上好糌粑五升半。」「青年及同行二十人，平均每人食品……（四個）圓餅、發麵餅、青菜、醃菜、碗。」[1]《王統世系明鑒》亦記有：「彩虹般的各種色彩的帳房，在空中像寶蓋般罩住贊普御座，擺上了甘蔗、葡萄等糖果，端來了芳香撲鼻的百味珍肴。」[2]近代史學家根敦群培在所著《白史》中說，吐蕃早期的飲食方法是將青稞麥搗碎摻牛奶和成麵，捏出碗的形狀，在其中倒進牛奶、奶酪、肉羹，進餐時先喝牛奶，再連容器帶羹酪一起吃掉，以手捧酒以飲，後來才有了木碗。故前述吐蕃簡牘上在記載主食及蔬菜的同時，還專記了「碗」，這是作為主食之一的碗狀糌粑碗，而非其後意義上的木碗。這種食法直到現今在西藏東部林芝山區仍然存在。從中也可得知，吐蕃人已能熟練掌握發酵技術，用來製作發麵餅、酸奶；也會製作乾果和醃菜；有常食用青菜和水果的飲食習慣，如杏、葡萄、甘蔗等。

到了吐蕃晚期，日常飲食又有了新的內容。據《賢者喜宴》載，吐蕃王熱巴巾

---

1　王堯、陳踐：《吐蕃簡牘綜錄》，文物出版社，**1985**年。

2　才讓：《吐蕃史稿》，甘肅人民出版社，**2007**年，第**264**頁。

贊普在位（西元815-836年）時已有了葡萄酒，並創造了加鹽的酥油茶。食品內容也大為增加，多種漢地食品如豆腐、粉絲、白菜、韭菜、芫荽、蘿蔔、水醃菜、醬油、醋、扁食（餃子）、饅頭（包子）等也已傳入吐蕃。其飲食文化的進步顯然是吐蕃奉行進取開放政策，博采眾長的結果。

吐蕃人喜肉食，尤重吃牛肉。除畜牧飼養的犛牛、羊、豬肉外，還吃野生動物的肉以及魚肉。以肉食為主的飲食結構具有營養好、含熱量高的特點，是青藏高原寒冷氣候所需的最佳食品。

### ❷·吐蕃酒俗

藏族釀造酒的歷史十分悠久。松贊乾布時期就獲得了唐朝的釀酒技術。吐蕃人早期釀製青稞酒是先將青稞（大麥的一種）發芽，經糖化後加入酵母菌（糵），使其酒化而成酒的。史詩《格薩爾王傳》對珠牡釀造青稞酒有生動的描繪：「做酒的青稞好像野鳥成群飛」，「煮酒的蒸氣好似香菇蓬起」，「撒上一塊麴，好像紫雕騰空飛」。待酒漿盈盈取飲時，初次兌水出的酒叫頭酒，再兌水就依序叫二道、三道……這一時期，除青稞酒外，還有米酒、葡萄酒、蜜酒和小麥啤酒。

吐蕃人喜飲酒。在《王統世系明鑒》中記載了吐蕃佞佛普熱巴金「飲米酒酣睡」（《智者喜宴》中記載為「飲葡萄酒」），被臣下扼殺的事。可知在吐蕃王室和貴族中，當時比較盛行飲米酒。這一習尚，很可能是受唐之影響。《舊唐書·吐蕃傳》中說吐蕃人「接手飲酒」並以酒待客。為防酗酒誤事，松贊乾布在制定的法律中提到飲酒要節制，並認識到多飲會給身體帶來危害。《敦煌本吐蕃醫學選編》中記載了過度飲酒帶來身體不適的狀況：「男女相會飲酒過度，頭一天飲酒，第二天酒力發作後，不進任何稀食物，繼續飲酒，此時肝膽分離，酒入肝膽之內，必然發病」。並載有治療方法。

吐蕃人還有用酒祭祀以取悅神靈的習俗。吐蕃早在西元六七○年就占有西域的龜茲、于闐、焉耆、疏勒四鎮，並與波斯、大食、印度、尼泊爾等有交往，吐蕃的葡萄酒當從西域輸入。葡萄酒色紅，而吐蕃人尚紅，故葡萄酒在祭祀與宴飲中一度

較盛行。《吐蕃簡牘綜錄》中記有「獻降神酒」,「一小滿罐祭神之酒」,「猴年,祭神之酒及雇白馬費用運至……」等內容;而且,苯教巫師也喜酒,每日飯前要飲酒,「苯教徒七人及苯教主二人,共九人,分坐兩排,伙食相同,吃晚飯前,每人一天供應十滿瓢『頭遍酒』,共計酒三『土』。」雇工也不例外,只是酒的程度略差。同牘載「二十七名(苯教徒)每人平均五瓢酒。『二遍酒』四瓢半,一百二十個雇工每人三滿瓢酒……」這種大量飲用的酒,可能是低度的青稞酒。低度青稞酒有解渴、提神的效果,即作為祭祀須用的飲料。

吐蕃時代還有酒歌流傳至今。《格薩爾王傳》記述了珠牡送格薩爾出征或迎接將領們凱旋時,為他們獻茶敬酒並邊舞邊唱酒歌,書中降魔部分的《酒贊》流傳至今:

> 我手端的這碗酒,說起歷史有來頭。碧玉藍天九霄中,青色玉龍震天吼。
> 電光閃閃紅光耀,絲絲細雨甘露流。以此潔淨甘露精,大地人間釀美酒。
> 要釀美酒先種糧,五寶大地金盤敞。大地金盆五穀長,秋天開鐮割莊稼。
> 犏牛並排來打場,拉起碌碡咕嚕嚕。白楊木鍁把穀揚,風吹糠秕飄四方。
> 揚好裝進四方庫,滿庫滿倉青稞糧。
> 青稞煮酒滿心喜,花花漢灶先搭起。吉祥旋的好銅鍋,潔白毛布擦鍋裡。
> 倒上清水煮青稞,灶膛紅火燒得急。煮好青稞攤白氈,拌上精華好酒麴。
> 要釀年酒需一年,年酒名叫甘露甜。釀一月的是月酒,月酒名叫甘露寒。
> ……
> 這酒向上供天神,能保盔甲堅如城。這酒向右供年神,右手射箭力無窮。
> 這酒向左供龍神,能保左手拉硬弓。……[1]

這首詩充分展現了酒的魅力與藏族人民的豪放之情。一些古代酒歌在流傳過程

---

1　中央民族學院編寫組:《藏族文學史》,四川民族出版社,1985年,第137-138頁。

中，加入即興編唱的內容，而匯聚成極富民族特色的藏族系列酒歌。

**❸‧吐蕃茶俗**

　　茶葉、糌粑、酥油和牛羊肉，被稱為西藏飲食的「四寶」。茶是藏人日常生活中不可缺少的。藏族諺語：「一日無茶則滯，三日無茶則痛」，由此形成藏族多姿多彩的茶文化。

　　大多數學者認為，茶葉於唐代傳入吐蕃時期的西藏。[1]它最初是作為一種具有保健和治療作用的漢藥而受到歡迎的。漢文史籍關於西藏有茶的記載，最早可能是唐朝李肇的《唐國史補》。王忠《新唐書吐蕃傳箋證》引用了以下內容：西元四、五世紀吐蕃強大，出兵掠奪四鄰，軍隊攻到中原邊州，雖奪得大量茶葉卻不知用途。成書於西元一四三四年的達倉宗巴‧班覺桑布著《漢藏史集》說茶是在松贊乾布的曾孫都松芒波傑在位時（西元676-704年）傳入吐蕃的，相傳茶葉治好了他的病，之後茶葉也僅作為保健藥物而受贊普喜愛。西元七八一年，唐德宗派遣常魯公出使吐蕃，魯公烹茶於帳中。贊普不知為何物，魯公告訴他此為滌煩療渴之茶。贊普說我亦有此物，遂讓下人拿出，並一一指明產自壽州、舒州、顧渚、蘄門、昌明等地。由此可知，吐蕃王宮裡已有長江中下游的各種名茶，卻又不曉得唐之烹茶方法，說明當時茶還是被當作珍貴的保健藥而被王室收藏，並未成為廣大藏族人生活中的飲料，只供王室和貴族享用，藏族人民生活中也並無飲茶之習。

　　飲茶之俗傳至西藏普通百姓，大概是隨著唐蕃之間的友好往來而實現的。有的漢僧到藏區傳法，有的則經吐蕃去印度求法，使飲茶習俗傳入吐蕃。據《漢藏史集》記載：「對於飲茶最為精通的是漢地和尚，此後噶米王（赤松德贊，西元742-797年在位）向和尚學會了烹茶，米扎貢布（西元797-798年在位）又向噶米王學會了烹茶，以後便依次傳了下來。」但更多的是流傳在王宮貴族間和寺廟。吐蕃最後一位贊普朗達瑪在位時實行滅佛，寺廟被毀，僧人們各自逃生融入民間，也將他們的飲

---

1　藏族簡史編寫組：《藏族簡史》，西藏人民出版社，1986年，第80-81頁。

茶之習傳入民間。由於物質生活水平相當低下並受佛教思想的影響，吐蕃百姓的物慾受到相當大的抑制。在這樣的氛圍中，茶除了能滿足他們生理上的需要外，還能給他們帶來心理上的享受，填補了生活中的一些缺憾。因而，飲茶就在功利需要的基礎上衍生了認識需要、審美價值。飲茶作為一種文化就這樣在藏族中產生並發展起來。[1]

茶葉以其止渴、消食、少睡、去膩等功能，正好適應了藏族人民生活的需求，因而深受喜愛。晚唐唐蕃關係進入了較穩定的和平友好階段，唐朝的絲織品和茶葉與吐蕃的馬牛進行交換，民間貿易在隴、蜀、洮、岷等地活躍起來。安史之亂以後，唐蕃間在河西及青海日月山一帶進行茶馬互市，茶葉也大量運往藏區。

《漢藏史集》中還記載，吐蕃藏王都松芒波傑不但從漢地引進茶葉，還引進了茶碗。他派使者至中原覲見皇帝，請求賜給瓷碗。唐文宗皇帝不僅滿足了他的願望，還派出最好的工匠到西藏幫助生產瓷碗。漢族工匠根據都松芒波傑的提議，用藏地原料做了六種碗，並分上中下三等，前三種名貴碗分別起名為「夏布策」「南策」「襄策」；另三種普通碗分別起名為「特策」「額策」「朵策」。瓷茶碗有三種圖案：一種是鳥銜茶葉，因為第一枝茶是鳥兒銜來的；另一種是魚和海子，因為魚兒曾把取茶的大臣馱過江河；第三種圖案是金鹿和高山，也許與金鹿背負茶樹過山的傳說有關。這些瓷碗都供藏族上層或富有人家使用。

❹ · 《四部醫典》中的飲食養生思想

《四部醫典》為西元八世紀末藏醫學家宇妥·云丹貢布所著。他出生於拉薩堆龍德慶的一個藏醫世家，自幼隨父習醫。後來師從入藏的漢醫東松嘎瓦（藏王賜名），他又到漢地、印度學習各種醫學知識，吸收漢地醫學、印度醫學、波斯醫學的長處，成為一代名醫。在總結自己長期醫學實踐的基礎上，他於45歲時撰寫完成了藏族醫藥學的經典著作《四部醫典》，因該書分為四部（共177章）故名。該書

---

1　任新建：《藏族飲茶歷史小考》，《中國西藏》，2005年第5期。

包含古代印度吠陀醫學、漢地中醫學以及藏族的醫學精華，成為藏醫理論的奠基之作。這部書的問世標誌著藏醫藥學體系的形成。《四部醫典》也結合了人體健康，闡述了豐富的醫食同源、飲食養生的理論和方法，是藏族早期飲食養生文明的發軔，它具有以下方面的價值與特點。

第一，《四部醫典》系統總結了飲食養生的理論及養生原則。作者認為人體內的七種物質（飲食精華、血、肉、骨、骨髓、脂肪、精液）均由飲食精微轉變而成，說明飲食與生命、飲食與人體強健或衰弱的關係。《四部醫典》及其註釋認為：人體健康之道，首先是講究飲食的原料和製作的方法，其次是德性修養和體育鍛鍊，第三是藥物治療，最後才是外科手術。醫典註釋說，如果享受自然的賜予，講究飲食的利弊並加以充分利用，便會大益於人的健康和長壽；而對飲食不加選擇，隨意吃喝，就會招來疾病甚至喪命。醫典強調，一是要瞭解食物的性味和作用，二是禁食無益之物，三是要適當、合理進食。

第二，總結了保健食品的藥理功效。《四部醫典》列舉了與飲食有關的數百種動植物原料，並載藥物上百種，其中不少具有保健作用的食物如青稞、酥油、蜂蜜、紅糖、雪鱉肉等，都被列為強身健體、延年益壽的上品，並對其性味和用途都進行了細緻敘述，不僅展示了西藏食源的豐富，還從醫學理論上闡述了與飲食有關的藥理功效。

第三，《四部醫典》介紹了許多飲食養生的具體方法。例如，醫典指出必須注意飲食有節，適量適中，過少或過多同樣會導致疾病。飲食不欲極飢而食，食不過飽；不欲極渴而飲，飲不過多，若貪而過飽，必造成「飲食自倍，腸胃乃傷」，會導致疾病，縮短壽命。又如，《四部醫典》重視不同季節的食養與身體健康的關係。認為時令等外部因素時時作用於人體，春夏秋冬的變化和寒暑燥濕的氣候直接影響人的健康，瞭解時令季節的性質，瞭解飲食的屬性，才能選擇適合的食物，利於養生之道。醫典指出春季養生要注意防寒保暖，抵禦各種傳染病對肌體的侵襲，宜服食「陳年青稞旱地肉蜂蜜，開水薑湯飲而粗食餐」。夏季氣候炎熱，「嬌陽之光漸炎熱，只為耗力宜進甜涼食，忌食鹹辣酸物忌暴光，涼水浴身酒水摻而嘗，身著薄衣

宜住清香房」的養生法。秋季氣候趨於涼爽，膽汁類病易發生，在飲食上「可進甜苦澀三味」。冬季人體處於「初冬嚴寒使得毛孔閉，少食必將導致體質減」。飲食應該做到「進辣澀苦三味，芝麻油擦肉湯油食添」，應服食富於營養的食物，適當進補，多喝肉湯，以保持身體溫暖。

第四，《四部醫典》十分強調營養學。認為人們攝取的飲食，由脾胃消化、吸收，通過臟腑的氣化作用而產生人體自身的氣血、津液等物質布散周身，滋養五臟六腑、四肢百骸。書中從食物營養學的角度詳述了諸多原料的生長環境、性能，以及正確的食用方法等。還特別指出老年人宜食粥養生。

第五，《四部醫典》特別注意對疾病的防治。認為飲食衛生是疾病防治的主要內容。醫典在「飲食知情」中指出：忌生肉已有酸味及炒麵味，忌熟肉放置達七天。飲用的水以泉水最好，「勿喝混濁的水。由泥土、雜草、樹葉覆蓋過、或不見日光、月光及風的水也不要喝」。並告訴人們判斷雨水是否純淨，可把雨水放入一個碗中，加入未經污染的米粥，如果這個混合物不變色不腐敗，才可飲用。也勿吃有毒及腐敗、發酵、發霉的食物和自死的動物肉。此外，還提出了食料的配伍禁忌，如，生乳酪與新釀酒不宜同食，吃酥油後不能接著喝涼水等，否則都會引起疾病。書中還強調平日應注意飲食起居，加強營養和鍛鍊身體。

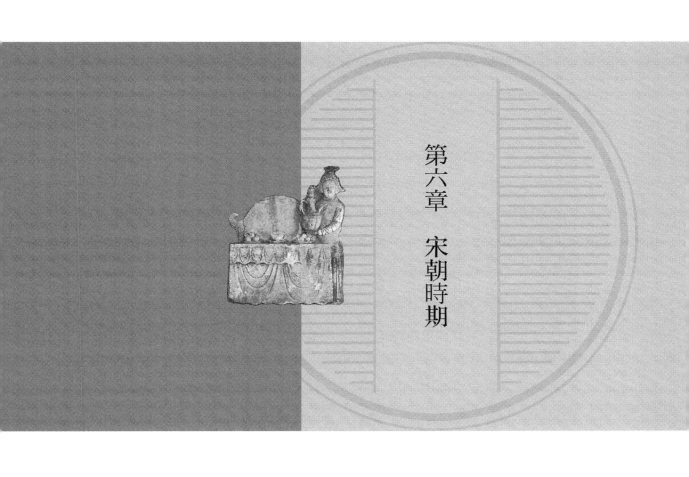

第六章　宋朝時期

# 第一節　四川地區經濟繁榮文化興盛

　　宋代，結束了五代十國封建割據的局面，社會經濟得到迅速發展。巴蜀經濟高度繁榮，農業種植、水利灌溉、耕作技術，以及糧食與經濟作物的品種和產量，均比前代有了長足的進步，井鹽、釀酒、製糖、陶瓷業也全面騰升。商業繁榮，文化昌盛，促進了飲食文化的進一步發展。

## 一、社會經濟高度繁榮

### ❶·渠堰「歲修」制度的確立

　　宋代始有「歲修」都江堰制度的記載。即每年冬天枯水季節，組織民工清除河床的沉積沙石並修整魚嘴堤岸及飛沙堰，同時檢修所屬灌溉區域的渠網。《宋史》卷九五《河渠志》載，「歲修」實行後，收到「置堰灌溉，旱則引灌，澇則疏導，故無水旱」的效果。此外還新建或擴建一些小水利工程。據《宋會要·食貨》六一記載，熙寧三年至九年（西元1070-1076年），成都府路、梓州路、利州路、夔州路有水利田315處，467160畝。宋元時期，都江堰水利工程的灌溉水系包括三大流、十四支流與九個堰，受渠堰之利，得到灌溉的有灌縣、彭縣、崇慶、廣漢、郫縣、新都、金堂、新繁、成都、華陽、雙流等川西平原的大片地區。在無渠堰灌溉的丘陵和山區，這一時期出現了以水庫和水塘儲水灌田的做法。在這樣雙管齊下的情況下，水利灌溉面積進一步擴大，促使農業進一步發展。

### ❷·土地得到充分利用

　　宋代，四川農業發展的突出成就之一，就是增加了複種面積，巴蜀人大量開墾荒地和修建梯田。在丘陵地區建造梯田解決了山坡地難於耕種的困難，一些梯田不僅能種植旱地作物，也能蓄水種植水稻，對增加生產和保持水土起到很大作用。《宋

史・地理志》載，巴蜀「地狹而腴，民勤耕作，無寸土之曠，歲三四收」。一塊土地，既種稻，又種麥；既種糧食，又種蔬菜和水果，每年有三四次收成，明顯提高了土地的利用率。

這一時期農業生產技術得到提升。在農業相對落後的夔州地區，農民根據地理條件，積極種植各類作物。范成大《夔州竹枝歌九首》描寫了夔州農作物的種植：在適宜種水稻的地方是「東屯平田粳米軟」；在宜植雜糧的山地則「百衲畬山青間紅，粟莖成穗豆成叢」；在種植水果之處是「榴花滿山紅似火，荔子天涼未肯紅。新城果園連瀼西，枇杷壓枝杏子肥」。遂寧人王灼的《糖霜譜》，總結了遂寧農民對甘蔗的種植，從育種栽培到田間管理，從選擇肥料到施肥的方法和季節，從保護土質到提高土壤的溫度，均積累了科學的經驗。

**❸・糧食蔬菜品種豐富**

由於地理位置的差異，各地區氣候條件不同，收割糧食時間有差別，農民就利用時差進行換工互助，在氣溫較高的長江流域，地暖早熟，很多地方普遍種植早稻和中稻。如涪州、梁山軍、重慶府等地，五月半早稻即已熟，便可新食，直到七八月水稻才收割完畢。蘇東坡《東坡集・眉山遠景樓記》亦稱：「七月既望，穀艾（通刈）而草衰。」成都平原水稻播種的面積進一步擴大，為全蜀的水稻種植中心。丘陵地區水稻的種植也相當發達，如川中嘉陵江流域的丘陵地區就是生產水稻的基地。陸游《岳池農家》詩云：「春深農家耕未足，原頭叱叱兩黃犢。泥融無塊水初渾，雨細有痕秧正綠。」這是有水源的丘陵和山區水稻生產發達的反映。平原地區一般都種植水稻和小麥兩季作物，其地居民主食以米飯和麥麵為主；不能種植水稻的丘陵和山區，則麥類和豆類作物種植較為普遍，為山區居民的主要糧食作物。川東三峽地區土石摻雜之處，還廣泛種植燕麥，民賴以充飢。

粟和芋也是重要的糧食作物。川東長江流域種植粟更加普遍，在唐代還是主要糧食作物，當地居民還用粟釀酒，謂之粟酒。南宋范成大《范石湖集・遂寧府始見平川喜成短歌》說：「原田坦若看掌上，沙路淨如行鏡中。芋區粟壠潤含雨，楮林竹徑涼

生風。」據宋人宋祁《益部方物略記》記載，宋代蜀芋的種類有蠻芋、樺果芋、青芋、紫芋、白芋、真芋、蓮禪芋、野芋、赤鸇（zhān）芋等10餘種之多。其中赤鸇芋最貴，頭形長而圓，但子不繁衍，成熟後保存田中不致腐壞，可食終歲。《蜀中廣記》卷六四載，蜀芋主要分多子芋、魁芋和多頭芋三種，其中以多子芋為多。

蔬菜品種繁多，一年四季均出產。現今四川食用的蔬菜在宋代已基本有種植，如扁豆、大豆、韭菜、甜瓜、冬瓜、茄子、莧菜、蔥等都是農民常年種植的蔬菜。豌豆、蠶豆在四川亦普遍種植。人們除食用豆粒外，還將豆葉作為蔬菜。《蜀中廣記・方物記・食饌》中載：陸游云：「豌豆之不實者，其葉名『巢菜』，蜀以為蔬。」黃山谷《戎州答李任道謝分豆粥》詩云：「豆粥能驅晚瘴寒，與公同味更同餐，安知天上養賢鼎，且作山中煮菜看。」豌豆葉至今是四川人重要的季節性蔬菜。此外，蜀芋、藕、魔芋等也是巴蜀地區普遍食用的菜蔬。而花椒、薑、蔥則是蜀菜中主要的調味品，在蜀菜中廣泛應用。這些，都為飲食文化的繁榮提供了豐富的物質條件。

**❹・水果種類繁多**

宋時，水果中以荔枝、柑橘、梨最有名。蜀地荔枝產地很多，主要有瀘州、眉州、嘉州、敘州、渝州、涪州、夔州、合州等地。其中，以瀘、敘之品為上，涪州次之，合州又次之。這些地區都有種植荔枝的悠久歷史，《蜀中廣記》中說：戎、瀘等地在宋代以前就是「多以荔枝為業，圍植萬株，歲收百五十斛」。知名的柑橘產地主要集中在梓州、果州、開州等地，每到夏秋之際，呈現出一派「霜後秋香千樹橘，果山仙果透天香，處處圓金樹樹黃」的景象。果實除在四川銷售外，還作為貢品獻至京師。梨以果州、普州、廣安軍所產較多。廣安軍梨品種很多，食而有渣者為下，入口化渣者為上。此外，杏的產量也很高。多產於普州、懷安軍（今四川金堂）、瀘州、綿州、夔州、萬州等地，其中，龍安杏為綿州八子之一。而懷安軍的石榴，利州、梓州、夔州的枇杷和蜀中的綠葡萄、櫻桃、核桃和李子等也都是著

名的特產。[1]宋代以前四川不產棗，宋初道教學者陳摶在普州鐵山種棗，其後鐵山棗亦為普州特產。

**❺·形成全國性製糖基地**

四川地區的甘蔗種植遍布涪江、沱江流域的遂州、梓州、漢州、資州等地，這些地區也是全國知名的產糖基地，製糖業十分發達。糖的種類多，產量高，糖霜（冰糖）在數量和質量上居全國首位。糖的種類有以野蜂所產崖蜜和石蜜製成的蜂糖、以甘蔗製成的蔗餳、用糖漿煎製的砂糖、以砂糖或蔗漿加牛乳、米粉煎煉成的乳糖，以及稱為「糖霜」的冰糖。

乳糖的生產，為製作糖類糕點、蜜餞奠定了基礎。宋代四川的乳糖質量居全國之冠。寇宗奭《本草衍義》說：「石蜜，川浙者最佳。其味厚，他處皆次之。」典籍中明確了「乳糖」的成分。唐慎微《政和證類本草》曰：「煉砂糖和牛乳為石蜜，即乳糖也。惟蜀川作之。」王灼《糖霜譜》也說「煉糖與乳為石蜜」。宋代《政和本草》中說：「石蜜，其實乳糖也。」乳糖可用印模加工為各種形狀，或人物，或獸狀，以便於運輸與餽贈。「乳糖獅子」是其中的名品，亦是宋代巴蜀名小吃之一。孔平仲《談苑》言：「川中乳糖獅子，冬至前造者色白不壞。」說明四川乳糖質量之好，能使食品長時間保存。宋代以後乳糖演變為片糖。現今四川的薄荷糖、上海的梨膏糖，就是加了藥料的乳糖。

冰糖宋代叫「糖霜」。自唐代大曆年間遂寧繖（sǎn，同「傘」）山的鄒和尚傳授「窨蔗糖為霜」的技術始，蜀地糖霜的生產便有一定的發展。至宋代，遂寧的糖霜生產得到了飛躍發展。北宋末年遂寧歲貢朝廷糖霜數千斤，此時食用糖霜的人增多，始記諸文字。《容齋五筆·糖霜譜》載：「黃庭堅在戎州（今四川宜賓）作頌《答梓州雍西長老寄糖霜》詩云：『遠寄糖霜知有味，勝於崔浩水晶鹽。正宗掃地從誰說，我舌猶能及鼻尖。』」再據王灼《糖霜譜》：「甘蔗所在皆植，所植皆善，非異

---

1 賈大泉、周原孫：《四川通史》第四冊，四川大學出版社，1993年，第177頁。

物也。至結蔗為霜，則中國之大，止此五郡，又遂寧專美焉。外以夷狄戎蠻，皆有佳蔗，而糖霜無聞。」其中的「五郡」係指福州、寧波、廣州、廣漢、遂寧等地，巴蜀占其二（廣漢、遂寧）。而且以遂寧的產量多、質量好。「遂寧專美焉」、「獨遂寧為冠」，其餘四郡「所產甚微，色味淺薄，才比遂寧之最下者」。在宋代，冰糖作坊廣布遂寧所屬小溪、蓬溪、長江三縣的十餘地。遂寧涪江東西兩岸大量種植甘蔗，生產糖霜的手工作坊有三四百家，僅遂寧涪江東岸小溪縣繳山一帶種植甘蔗的土地就占40%，糖霜戶占十分之三。遂寧成為全國生產冰糖的重要基地。

當時影響力最大的製糖書籍是南宋四川遂寧人王灼所著的《糖霜譜》。這是記述我國糖業發展的最早書籍，特別是介紹了當時四川製糖業的高度成就，對研究川菜的發展具有極其重要的意義。書中不僅考證了製糖的緣起、種蔗技術、造糖器皿、結霜方法、糖霜雜事，還記述了辨別糖霜性味和製作食品之法。之後，又有南宋洪邁的《糖霜譜》，此書主要對王灼的《糖霜譜》進行介紹，以推廣四川的糖霜製法。唐宋時期巴蜀人民在生產砂糖、蔗餳的基礎上，又始創製冰糖的技術，是對中國和世界製糖業的偉大貢獻。

**❻ · 鹽業生產技術的大革新**

宋代四川的井鹽生產技術，在唐代的基礎上又有進一步的發展和提高，井鹽業得到迅速發展。主要表現在鑿井技術的革新、製鹽工藝的改良、鹽質的提高和產區的擴大等方面。

北宋慶歷、皇祐年間，蜀地榮州等地發明使用「衝擊式（頓鑽）鑿井法」鑽出小口鹽井，時稱「卓筒井」。陸游《老學庵筆記》：「蜀食井鹽，如仙井大寧猶是大穴，若榮州則井絕小，僅容一竹筒，真海眼也。」這種鑿井法是以圓刃衝擊兩面頓挫代替鍤鍬挖掘，以小口井代替大口井，以竹筒代替木石為井壁，以裝有牛皮活塞的竹筒汲鹵器代替牛皮囊。衝擊式鑿井法是我國勞動人民繼四大發明之後，對世界科學技術進步做出的又一卓越貢獻。採用這種方法鑿出的鹽井，具備了近代油、氣井開採的雛形。這種先進的鑿井與汲鹵方法，節省了大量人力物力，提高了功效，

私家小戶也能開鑿，因此推進了巴蜀井鹽業的發展。據《通考》《宋史》等史籍記載，四川鹽井從北宋前期的600餘井、產鹽1630萬斤，發展至南宋高宗時期的4900餘井、鹽產量6000餘萬斤。[1]蜀地由唐代50多萬戶居民井鹽不能自給而仰賴外地食鹽，變為南宋前期的400多萬戶居民的井鹽自給有餘，形成一種飛躍式的進步。

鹽業發展的另一標誌是將黑鹽再煉為白鹽。宋以前蜀地製鹽主要是含雜質較多的黑鹽，即炭鹽。因黑鹽入菜難吃，遂進行改革，把黑鹽化鹹水再煎，便產生「煉之又白」的白鹽。若遇鹹水偏淡，還採用「潑灰曬土」之法，濃縮滷水後再行煎製。這種從「鹹水沃柴，焚柴成炭」的無鍋蒸發製取黑鹽，發展到將黑鹽變為白鹽的再製工藝，成為敞鍋蒸發製鹽法的前身。[2]標誌著原始製鹽法向成熟成鹽法的過渡，代表食用鹽發展到一個重要階段，反映了古代巴蜀人民製鹽技術的革新成就。

另外，據《輿地紀勝・大寧監吏涇》記載，北宋淳化年間雷說任大寧（今重慶巫溪）知監，他發明了以竹梘筒分輸滷水的辦法，促使鹽灶增多。當時，大寧鹽泉北岸已無建灶之地，便在南岸設立鹽灶，最初滷水不能過河，只能以人挑船渡，供南岸灶房煎燒。至嘉祐慶年間，在大寧知監孔嗣宗的主持下，發展「竹梘」輸鹵的方法。用竹篾製成牽繩，繩的兩端固定在兩岸的石柱上，再把輸鹵的竹梘吊於牽繩，形成成捆的竹梘——簑（hóng），乃把北岸的大寧鹽泉滷水輸至南岸煎燒。其梘與簑可經一年。每至十月旦日（農曆初一）以新易陳，民眾歌舞相慶，謂之「絞簑節」，後演為地方民俗。

宋代的井鹽在四川經濟和政治生活中占有極其重要的地位。在經濟上，井鹽生產促進了社會經濟的發展。井鹽作為人們生活必須的產業部門，其發展創造了巨大的物質財富，為保證人民生活的需要和社會的安定創造了重要條件。按南宋初年年產6000萬斤、每斤鹽值2斗米計，約相當於1200萬石米的價值，而當時四川人口約1000萬餘人，這筆巨大的物質財富，既為政府提供了巨額的財政收入，也為相當多

---

1　賈大泉、周原孫：《四川通史・五代兩宋》，四川人民出版社，2010年，第271頁。

2　查有梁、周邃志：《火井飛焰照天垂——巴蜀科技史略》，四川人民出版社，2001年，第198頁。

的人提供了生計和生活來源,使社會相對安定。在財政上,井鹽課稅是國家的重要財源。宋代四川鹽利所得,專供川陝四路地方的各項財政經費開支。據李心傳《建炎以來朝野雜記》甲集卷十七記載,南宋初期,川陝前線近10萬大軍,每年大約歲費需2665萬緡軍錢,其中有「三百七十五萬緡鹽課」。在政治上,供應井鹽是維持四川民族關係的重要物質手段。四川是少數民族聚居區,盆地四周少數民族的食鹽必須仰賴於政府供應,政府把供應井鹽作為對少數民族進行羈縻和招撫的物質手段。如在瀘南開放食鹽貿易,促進漢族與少數民族的經濟交流;向少數民族收買煮鹽的柴薪,增加他們的收入;對少數民族首領定期無償餽贈食鹽。這種用井鹽來優待少數民族的政策,逐步改善了民族關係,到南宋時期,瀘南地區基本上沒有發生因爭奪鹽井而引起的民族矛盾。在文化上,促進了文化教育事業的發展。由於鹽利收入為當地政府提供了興辦學校的經費,使更多的人能上學讀書。《輿地紀勝》卷一八一載,到北宋末年,夔州地區已是「業儒者日益於前,登名士版方興未艾」。

### ❼ · 製瓷業大放異彩

宋代是我國陶瓷發展史上的劃時代階段,四川的製瓷業也大放異彩。從考古發現看,宋代的陶瓷生產已遍布全蜀,在四川陶瓷史上留下了濃墨重彩的一筆。宋代的陶瓷產品有白瓷、青瓷和黑瓷三大系列,四川都有生產。如彭縣、大邑、灌縣是白瓷的主要產地;廣元、巴縣、重慶為黑瓷的主要產地;邛崍、灌縣、成都等川西地帶是青瓷的主要產地。各地既燒製粗瓷,以滿足百姓日常生活的需要;也燒製精瓷供官僚、貴族、富商裝飾居室、觀賞陳設所需,如「鬥茶」所用的黑瓷茶碗。

在唐代的基礎上,宋代四川陶瓷既有繼承又有創新。瓷器種類繁多,以飲食器具為主。形制大致有碗、盤、盞、碟、茶托、壺、杯、缽、罐、盆、缸等,並以印花、刻花、劃花、繪花等多種技法和多種釉色裝飾成各種花卉、紋飾的形式,贏得人們的喜愛。以普通的碗為例。北宋初中期的碗多為敞口、葵瓣口,有喇叭形高圈腳、小平腳、平形圈腳等。腹壁多為斜直壁或漏斗形等。紋飾多為刻畫花與線畫,常見的有刻畫蓮花、雙魚、飛鳥等。北宋晚期及南宋時期的碗,普遍為敞口、弧

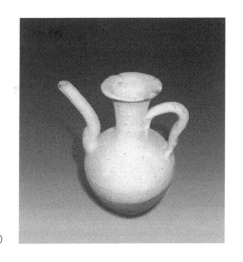

▶圖6-1　北宋長流執壺（周爾泰提供）

壁、小圈足，釉色有潔白、灰白與白中閃黃，以潔白光亮瑩潤為佳。紋飾也經歷了由簡到繁的過程，並逐漸演變為印模紋飾。有的碗盤內壁印滿花鳥紋飾，外壁刻蓮花紋。紋飾題材多以動、植物為主，但牡丹始終是主題花紋，魚紋為主題圖案，均與成都平原的民俗有關。[1]牡丹是成都市民喜愛的花卉，而魚不僅是重要的肉食，也有「連年有餘」的象徵意義。從碗的造型、胎質、紋飾的變化來看，不僅反映了飲食器的發展，而且飲食、食具、觀念三者結合，也表達了川人的審美意念與飲食哲理。

❽・城鎮商業繁榮促進飲食物產的交流

　　社會的穩定，農業、手工業生產的發展，經濟作物向專業化、商業化發展，都促進了四川商業的日益繁榮。成都為西南部農業最發達的地區，是蜀道線上的交通樞紐，也是蜀道經濟帶上糧食貿易的最大集散地和茶葉集散地，更是西北地區的物資供應基地。這裡集中了來自全蜀與全國各地的巨商大賈，使成都成為繁華的大都會。李良臣在《東園記》中寫道：「素號繁麗，萬井雲錯，百貨川委，高車大馬決驟

---

1　陳麗瓊：《試談四川古代瓷器的發展及工藝》，《史學論文集》，四川人民出版社，1982年，第218-219頁。

於通逵，層樓復閣蕩摩乎半空……奇物異產，瑰琦錯落，列肆而班布，黃塵漲天，東西冥冥，窮朝極夕，顛迷醉昏。」李心傳《建炎以來朝野雜記》甲集卷十七載：在南宋前期，四川地區歲入總數為3342萬緡，約占南宋政府每年財政收入的三分之一。可見蜀中地區在宋代隨著經濟的繁榮，帶來了物質財富的急遽增加。商品經濟的發展和集鎮的興起，促進了城市商業的繁榮。為了適應發達的商業貿易，宋代成都地區發明了紙幣「交子」，為中國紙幣的較早發源地。

四川商業繁榮的另一標誌，是城鎮集市的普遍興起。一大批政治中心城市開始發展為工商業繁榮的經濟中心。在人口集中、交通方便、商品生產發達的地方形成了集鎮，以及鹽場、茶場交易中心。據《元豐九域志》記載統計，成都府路有14州、58縣、158鎮和25場，占全蜀縣和場鎮商務活動的40%，商稅額達33萬餘貫，占全蜀縣和場鎮商稅額的74%。[1]在蜀地還崛起一批新興的消費型商業城市，如梓州、遂州、利州、果州、嘉州、敘州、瀘州、夔州、渝州、合州等。一些地處交通要道的農村充分利用本地的物產優勢發展對外商品交換，使得蜀地諸州的商品交換也相當發達，如蜀州的味江鎮、彭州的導江鎮、蒲村鎮、珊口場、木頭場，雅州的盧山場、百丈場均盛產茶葉；涪州的白馬津、開州的封鹽場、黔州的鹽井鎮等地則盛產井鹽；彭州的西津、南津，雅州的平羌津，瀘州的綿水場，劍州的劍門關，則是水陸交通、貨物集散之地。城鎮商品交換的發達，不僅有利於經濟的發展和城鄉物質交流，為四川商業繁榮奠定了基礎，也進一步促進飲食文化的發展。

**❾·川茶產量仍居全國之首**

唐代以前，巴蜀的茶葉生產已相當有名，宋人說「唐以前茶，唯貴蜀中所產」，宋人胡仔《漁隱叢話前集》曰：「唐茶品雖多，亦以蜀茶為重」。但在宋代全國茶葉生產的重心逐漸東移，東南地區在製茶技術和茶葉質量上已超過巴蜀。因東南茶葉主要行銷漢地，通常用茶芽製造，產量自然較低。而蜀地生產的茶葉則主要是易

---

1　《四川簡史》編寫組：《四川簡史》，四川省社科院出版社，**1986**年，第**143**頁。

馬茶，行銷西北少數民族地區，對茶葉嫩度要求不高，細茶少，粗茶多，產量自然較高，而在製茶技術方面則提高不明顯。故元人馬端臨在《文獻通考》卷十八《征榷考》中，評論宋代茶葉質量時說：「蜀茶之細者，其品視南方已下。惟廣漢之趙坡，合州之水南，峨眉之白芽，雅安之蒙頂，士人亦珍之。然所產甚微，非江、建比也。」但在產量方面，川茶仍居全國之首。北宋時巴蜀茶的產量仍很高，據元祐元年（西元1086年）呂陶在其《奏乞罷榷名山等三處茶以廣德澤亦不闕備邊之費狀》中估計「蜀茶歲約三千萬斤。」南宋時巴蜀產茶的數量，應接近北宋時期。李心傳撰《建炎以來朝野雜記·蜀茶》中記：「成都府、利州路二十三處茶場，歲產茶二千一百二十萬斤。一千六百一十七萬係成都府路九州軍，凡二十場；四百八十四萬係利州路二州三場。」而此數字還不包括潼川府路和夔州路的茶產量，估計南宋時期的產茶量也接近北宋時期的3000萬斤。再據《宋會要·食貨》二九記載統計，北宋仁宗嘉祐四年（西元1059年）榷茶收茶葉為2280萬斤；南宋高宗紹興三十二年（西元1131年）東南地區茶葉的產量為1781萬斤，孝宗乾道年間（西元1165-1173年）為1764萬斤。相比之下，北宋巴蜀的茶葉產量超過東南茶葉產量的23%，而南宋如果按3000萬斤計算，則超過東南產茶量的40%。若以四川與東南產茶量之和視為宋朝全國茶葉總產量，那麼，北宋時期的茶產量約占全國茶葉總產量的56%，南宋時期約為62%。由此可見，宋代四川特別是成都平原四周地區是當時全國最主要的產茶中心。[1]宋代以前，封建王朝就實行以茶治邊的政策，川茶大量輸運到藏區。宋朝更是借茶馬互市來羈馭西南少數民族，以保證對北方作戰所需的戰馬。

### ❿ · 製酒業之盛與酒課之嚴

宋代，釀酒業遍布全川各地，酒的產量較前代有了大幅增長，同時官府的酒課收入也同步增多，對酒的專賣也特別嚴密。《宋會要·食貨》十九記載了北宋熙寧十年（西元1077年）前巴蜀的酒課收入占全國酒課的15%，此時期四川釀酒業的比

---

1　賈大泉、周原孫：《四川通史·五代兩宋》，四川人民出版社，2010年，第223-234頁。

重在全國還是比較大的。南宋時巴蜀的釀酒業更發達,據李心傳《建炎以來朝野雜記》載,紹興三十二年(西元1162年)「東南及四川酒課收入1400餘萬緡」,在此前的建炎四年(西元1130年),四川酒類歲課已達690餘萬緡。其中,成都府是巴蜀地區釀酒業最發達以及酒稅收入最多的地區,其次為潼川府路和利州路。這說明巴蜀的酒課已占當時南宋全國酒課收入的近一半,這雖與南宋國土縮小有關,但還是能看出川酒在全國酒課收入中居於重要地位,巴蜀地區釀酒業的發展使之成為全國之翹楚。

宋代尤其在南宋,是四川名酒大發展的時期。綿竹、瀘州、宜賓等地的酒業有顯著進步。朝廷原本對酒實行專賣,但為增加財源,南宋時任川陝宣撫使的綿竹人張浚實行了「隔槽酒法」,允許民間納錢釀酒,這項官民兩利的措施刺激了釀酒之家,綿竹酒業呈現興旺發達的景象。同時,瀘州酒業與酒文化也在南宋時期發展到新的高峰。瀘州古稱「江陽」,宋時亦屬戎州,是一個典型的小山城,四周盛產桂圓、荔枝等水果,盛產釀造老窖酒的糯米、高粱、玉米等穀物;這裡終年雨水充沛,氣候濕熱,有利於原糧發酵。瀘州位於沱江與長江之交匯處,水陸交通發達,為商賈云集、車船輻輳之地。至遲北宋時,瀘州已成為知名的商業城市。《古今圖書集成·食貨典》卷二一九載,瀘州有專收酒稅的「酒務」,每年徵收的酒稅近1萬貫,約占瀘州徵收商稅總數的10%。馬端臨《文獻通考》記載,北宋神宗熙寧十年以前,全國範圍內每年徵收商稅額在10萬貫以上的城市共有26處,瀘州即其中之一。瀘州酒業之繁盛可以窺斑見豹。熙寧十年後,宋朝為防止發生「夷亂」,解除了部分漢夷雜居地區的酒禁與酒課。據南宋李心傳《建炎以來系年要錄》卷六四,瀘州每年至少接待一個從瀘南前來交易茶、馬、鹽與酒的、人數多達約2000人的少數民族商隊,從而極大地促進了戎州地區的酒業發展。北宋詩人黃庭堅《山谷全書》,如此描繪瀘州酒業的興旺:州境之內,作坊林立;官府士人乃至村戶百姓均自備糟床,家家釀酒。而且民間所釀「荔枝綠」和「姚子雪麴」,是宋代戎州的名酒,可與官家所釀質量相媲美。另一位宋代詩人唐庚,也在瀘州寫下了「百斤黃鱸膾玉,萬戶赤酒流霞」的詩句,讚歎瀘州酒業的發達。

**⓫ · 少數民族經濟的發展**

在宋代，四川盆地與雲貴高原東南部結合地區——即今綦（qí）江、南川與貴州桐梓縣等地，是僚人最集中的地區。《宋史·蠻夷四》載：「渝州蠻者，古板楯七姓蠻，唐南平僚也。其地西南接烏蠻、昆明、哥蠻、大小播州，部族數十居之。」他們逐漸與漢族融合，漢化程度較高，故被稱為「熟夷」，主要經營農業。「南川縣地皆膏腴」，適於農業生產，糧食頗豐，建有穀庫儲藏稻米。至南宋時，南平軍（南川）地區農業的發展水平，特別是水稻生產，已與蜀中內地不相上下。茶葉生產也有相當規模，當地的賓化早春茶，是當時蜀中名貴茶葉之一。畜牧業也是重要的經濟部門，除牛羊外，該地還是出產馬匹的地區之一。宋朝在南平軍開設馬場，每年買馬50匹以上。經濟的發展促進了本地商業與文化事業的發展，所以《輿地紀勝》卷一八〇道：南平軍地區「自唐賓服，開拓為郡，今衣冠宮室，一皆中國。四民迭居，冠婚相襲，耕桑被野，化為中華。」成為四川少數民族地區經濟文化發展最為迅速的地區。

在黔州、涪州、夔州沿邊與貴州接界地區的少數民族，兩宋時泛稱「西南夷部」。宋初以來以七姓蕃有名，合稱「西南七蕃」。在經濟上經營粗放農業，兼營畜牧、狩獵與家庭副業。《宋會要輯稿》：「人尚耕種，亦有五穀，多種杭稻。以木弩射麞鹿充食。」陸游《劍南詩稿》卷三《書驛壁》中說：「峒民無地習耕稼，射麂捕虎連晝夜。」今瀘州和宜賓南部及滇、黔相連地帶的少數民族，宋代稱為「瀘夷」「瀘州部」或「瀘州蠻」。這一帶土熱多雨，稻粟再熟。所製作的「瀘茶」為巴蜀名茶之一，瀘夷還擅長紡織斑布與葛布。因宋朝在其地未實行酒禁，故《輿地紀勝》中說：「極邊酒茗弛禁，是以人樂其生」。當地少數民族還掌握了井鹽生產技術，開鑿小井生產食鹽。這一時期該地區的少數民族在政治、經濟、文化等方面都得到了迅速的發展。

敘州地區（轄境相當今四川省宜賓、南溪、屏山等市縣）的少數民族主要是「馬湖蠻」「南廣蠻」與石門蕃部，合稱「敘州三路蠻」。「俗椎髻，披氈，佩刀，居必欄棚，不喜耕稼，多畜牧。」在宋代，今涼山地區的少數民族稱為「黎州諸蠻」，這

地方的農業還處於刀耕火種的粗放農業階段，農作物以蕎為主。但他們種植的紅椒（花椒）產量多、質量好，為該地的重要貢品和與漢人交易的商品。畜牧業是「黎州諸蠻」的主要生產部門，涼山地區也是宋代四川地區畜牧業最為發達的地區之一。每次進貢，都要攜帶大批馬、牛、羊、犀、象等牲畜和土產，並經常到黎州賣馬，使黎州成為宋政府在四川買馬最多之地。

宋代，居住在今川西的天全、盧山、瀘定和小金等地的少數民族被稱為「西山野川路諸部」，以畜牧業為主，重視狩獵。向宋朝進貢的物品為名馬、犛牛和虎豹皮，並與漢人交易。宋朝在雅州和碉門設市馬場與之互市，使碉門成為宋代漢人與少數民族貿易的重要集市。

宋代，居住在川北岷江上游威、茂二州的羌人向漢人學習，以耕稼為生，五穀六畜及禽獸林木無不備有，牲畜種類有馬、牛、羊、豬，犛牛重達千斤。各種珍貴藥材如麝香、羌活、五味子、馬升麻、當歸、大黃、樸硝等為重要土產，其中麝香、羌活、當歸還作為貢品。羌族善經商，他們將牲畜和土特產品運至茂州和永康軍等地的市馬場同漢族人民交易，進行茶馬貿易，促進了該地少數民族經濟的發展。

## 二、巴蜀飲食文化走向成熟

### ❶‧游宴更加興盛而奢華

宋代，巴蜀地區的游宴更加興盛，不僅規模龐大，而且奢侈豪華，尤以成都為最。據《歲華紀麗譜》記載：「成都游賞之盛甲於西蜀，蓋地大物繁而俗好娛樂」。《宋史》亦記載：「蜀俗奢侈，好遊蕩，民無贏餘，悉市酒肉為聲妓樂。」這種游宴大致有民間遊樂、官方遊樂、商業遊樂等三種類型。

成都地區的民眾性娛樂活動，主要依據時令節氣而定，利用農閒和沿襲已久的歲時節日舉辦。據宋代田況《成都遨樂詩》《蜀中廣記‧風俗記》及《蜀中名勝記》

等記載，成都從年初到歲末幾乎不間斷地有遊樂活動，且多伴有市集，月月都有，一年中達25次以上，有的宴遊聚會還持續幾天之久。如從一月開始，逐月有燈市、花市、蠶市、錦市、扇市、香市、七寶市、桂市、藥市、酒市、梅市、枇（huà）符市，以及酒市魚市等。《宋史・地理志》載：「川峽四路，蓋《禹貢》梁、雍、荊三州之地……土植宜柘，繭絲織文纖麗者窮於天下，地狹而腴，民勤耕作，無寸土之曠，歲三四收。其所獲多為遨遊之費，踏青、藥市之集尤盛焉，動至連月。」可見，遊樂的高峰主要於蠶市、藥市、踏青節和浣花節之時。蠶市以買賣蠶具農具為主，兼有其他百貨交易，每年正月至三月舉行多次。蘇軾有《和子由蠶市》詩言：「蜀人衣食常苦艱，蜀人遊樂不知還。千人耕種萬人食，一年辛苦一春閒。閒時尚以蠶為市，共忘辛苦逐欣歡。」總結了蜀人平時節儉而每年蠶市的游宴休閒與揮霍。九月重陽藥市是成都藥市中規模最盛大的，也是百姓游賞宴樂的最好去處。張仲殊在《望江南》詞中對成都藥市游宴有形象的描述：「成都好，藥市宴遊閒。步出五門鳴劍佩，別登三島看神仙。縹緲結靈煙。雲影裡，歌吹暖霜天。何用菊花浮玉醴，願求朱草化金丹。一粒定長年。」可見這種奢侈性的消費已經深入民間。踏青節更是四川民間最重視的節日之一。其時，人們在郊外一邊觀賞春意盎然的自然景觀，一邊享受美味佳餚，蘇軾詩《和子由踏青》就描繪了其時其景：「春風陌上驚微塵，遊人初樂歲華新。人閒正好路旁飲，麥短未怕游車輪。城中居人厭城郭，喧闐曉出空四鄰。歌鼓驚山草木動，箪瓢散野鳥鳶馴。」而四月十九日的浣花節是成都民間特有的節日，人們聚於浣花溪，或溪中泛舟，或溪旁觀景，極盡宴遊之樂。田況《蜀中名勝記・名勝記第二・成都府二》載《泛浣花溪》詩中描述道：「浣花溪上春風後，節物正宜行樂時。十里綺羅青蓋密，萬家歌吹綠楊垂。畫船疊鼓臨芳漵，彩閣凌波泛羽卮。霞景漸曛歸棹促，滿城歡醉待旌旗。」其繁華壯觀的景象可見一斑。為了遊興，有的人家甚至攜廚而行。當時蜀中奢侈遊樂的風氣，除了城市之中，鄉間集市亦然。張唐英在《蜀檮杌》中寫道：「村落閭巷之間，絃管歌聲，合筵社會，畫夜相接。」飲食伴集市而盛，集市因飲食而興，極大地促進了民間飲食文化的發展。

　　此時，官辦遊樂也成為時尚。官員既積極組織、帶頭參與民間游宴，同時自己也設宴遊樂。官吏積極組織並帶頭參與民間游宴始於張詠，他於踏青之時，「出萬里橋，為彩舫數十艘，與賓僚分乘之，歌吹前導，號小游江，蓋指浣花為大游江也。士女駢集，觀者如堵」。其後官吏們遵循其法，順從民意，與民同樂。《歲華紀麗譜》載，北宋宋祁帥蜀時，即倡導遊宴，船宴中他當「遨頭」，「嘗宴於錦江」。再後薛奎、田況等人也是如此。如《宋朝事實類苑》記成都二月二日踏青節，民眾與地方官同遊錦江，「伎樂數船，歌吹前導」。《宋代蜀文輯存》又記，三月游城東海雲寺，太守出郊，建高方旌，鳴笳簫鼓，以主民樂。四月游浣花，「簫鼓絃歌之聲，喧哄而作」。《雞肋篇》也記，逢民間船宴，官府在兩岸搭綵棚，「每彩舟到，有歌舞者，則鉤簾以觀，賞以金帛」。宋以後四川的官方船宴逐漸銷匿，但民間船宴延存至民國時期。除船游外，官吏還常在名勝之地的園林舉行遊宴。西園是宋代成都園林中的園中之冠，園內花木清幽，建築華麗，是供當時成都官吏僚屬宴飲行樂之地。陸游《海棠》詩有「紅燭宴西樓，……酩酊醉不休」之感，范成大《錦亭燃燭觀海棠》詩也有「從今勝絕西園夜，壓盡錦官城裡花」之嘆。官吏也在一些廟祠中舉辦避暑游宴。如成都以南之江瀆廟，即成為官吏夏季泛舟避暑及游宴之地。

田況出任益州時，不僅參與游宴，倡導遊宴，還巧妙地增設一些項目，如游宴結束時，讓歌伎演唱新填的詞以送茶，不僅使宴飲具有「食樂相融」的效果，而且一直被後人沿用。

由於宋代商業高度發達，遊樂之風也發展成為遊樂兼商業貿易的定期集會。各地商市也注意招攬商販設立宴飲、遊樂場所。如成都的富春坊、新南市、大西市、金馬坊與碧雞坊，多有商賈於秦樓楚館、茶樓酒肆之中。王灼《碧雞漫志》記述成都碧雞坊的歌館酒肆「皆有聲妓，日置酒相樂」，並有詩云：「君不見東州鈍漢發半縞，日日醉踏碧雞三井道。」由於商業的繁榮發展，原是佛家聖地的成都大慈寺，至宋代也成為商業遊樂的場所。每至五月五日，寺外「醫人鬻艾，道人賣符，朱索彩縷，長命避災之物，筒飯角黍莫不咸在」。宋人侯溥《壽寧院記》記載：「佛以靜為樂，故凡塔廟，皆潔精謹嚴，屏遠俗紛。獨成都大聖慈寺，據闠闠（huánhuì，街市）之腹，商列賈次，茶爐藥榜，蓬占筵專，倡優雜戲之類，坌然其中，以遊觀之多，而知一方之樂。」宋人洪邁《夷堅志》亦記，當時的大慈寺「據一府要會，每歲春時，遊人無虛日。僧倦於將迎，唯帥守監司來始備禮」。也說明了遊樂在市井文化生活中所占的重要位置。

宋代四川宴飲遊樂之風興盛，有其經濟、政治和風俗的原因。兩宋時期，四川地區社會相對安定，經濟有了全面發展和長足進步，給社會提供了更多的物質財富，為宋代成都遊樂之風的興起建立了物質前提。但是，如果沒有上層統治階級的提倡和支持，遊樂之風不可能很快蔓延至整個社會。在宋朝平蜀之初，大肆對四川進行掠奪，加上官僚、地主的貪暴，激發了四川社會的矛盾。淳化四年（西元993年）在成都平原爆發了持續三年多的王小波、李順起義。起義震驚朝野，有見者分析起義原因認為，其根源不在封建統治壓迫，而在禁止蜀民「多事游賞」上。於是，統治階級不得不把如何對待成都的遊樂風尚，提升到維護封建統治、維繫社會穩定的戰略高度來處理，對成都「多事游賞」「狂佚務娛樂」的風俗，宋廷採取了一種務實的疏導政策，從而達到消除對立情緒，緩和社會矛盾，避免再次發生起義的目的。此後被宋廷派往成都的太守，無不在任內競相標榜倡導支持「以從民樂」，

促使成都傳統的遊樂之風興盛不絕。從社會風俗看，蜀人喜好歌舞娛樂和知足常樂的性格、悠閒自得的傳統生活方式，是「遊樂之風」盛行的群眾基礎。[1]

**❷·成都小吃應運而生**

成都小吃的產生，與民間節日的頻繁和遊樂的興盛有關。成都自古流行遊樂風俗，春遊、秋遊、花會、燈會、廟會等活動都成為遊樂的最好形式。尤其是燈會與花會，是四川最為熱鬧的遊樂活動。在遊樂中，官辦大商經營承辦筵席之類的飲食大宗，而小商小販則供應各種麵點小吃。四川小吃以其快、便、廉的特點成為川菜系列的重要組成部分。它適應廣大民眾遊樂的需要，使遊人在欣賞美景與品嚐美味的閒適中，感受到身心的愉悅。北宋張詠有《悼蜀四十韻》詩云：「酒肆夜不扃，花市春漸作。」陸游在《飯罷碾茶戲書》中也描繪了當年成都小吃攤上小吃製作的精細：「小餅戲龍供玉食，今年也到浣花村。」這種遊樂與小吃相輔相成的飲食習俗承續至今。另外，成都小吃因歷代官宦家廚、家庭主婦、樓堂店館名師妙手的承繼與創新，逐漸形成了濃郁的地方特色。

**❸·雜糧、菜蔬與飲食創新**

宋代巴蜀飲食文化又一進步的表現之一，是原本主要作為主糧用的豆類、芋類等雜糧，經精細加工也成為日常蔬菜。如豌豆除豆粒外，川人還把豆葉作為蔬菜，它是四川民眾喜愛的蔬菜之一，其嫩芽部分名「豌豆尖」。宋代蜀芋的種類有十餘種之多，這些芋的品種至今仍是成都人的蔬菜品種。用芋做菜以燒、燴、煮、蒸為主，製作出「芋兒燒雞」「白菜燒芋頭」「珊瑚芋頭」等名菜，還廣泛用於齋菜。磨（魔）芋是巴蜀菜餚的特產之一，產於渝、瀘、威、茂等地，俗稱「黑豆腐」「磨芋豆腐」。此外，藕也是川人喜愛的菜蔬。

宋代的飲食烹飪也有所創新。一是講究特色菜，如「八寶飯加紅苕湯」「土鏇香菜」「筠籠木耳」等菜品都產生於此時期。二是出現素菜葷作的新品種。宋釋惠

---

1　陳世松：《宋代成都遊樂之風的歷史考察》，《四川文物》，1998年第3期。

洪《冷齋夜話·僧賦蒸豚詩》云：「嘴長毛短淺含膘，久向山中食藥苗。蒸處已將蕉葉裹，熟時兼用杏漿澆。紅鮮雅稱金盤釘，軟熟真堪玉箸挑。若把彈根來比並，彈根只合吃籐條。」詩中描繪的「蒸豬頭」，即素菜葷作的名菜。

### ❹·川菜走出巴蜀

川菜之名在宋代正式見於典籍，許多詩文中屢見「蜀味」「蜀蔬」之贊，陸游《冬夜與溥庵主說川食戲作》詩中已出現了「川食」之名。川菜亦在此時走出巴蜀。

川菜揚名於北宋都城汴梁（今開封）與南宋京城臨安（今杭州），這兩地曾出現了很多專營酒樓，並成為在全國有重要影響的地方菜。吳自牧《夢粱錄》卷一六《麵食店》說：「向者汴京開南食麵店，川飯分茶，以備江南往來士夫，⋯⋯專賣諸色羹湯、川飯，並諸煎魚肉下飯。」北宋都城汴梁城中的「四川飯店」是為南方人不便北食而設的，地方特色較濃。而到南宋時，隨著北方統治集團的南遷，南北口味得到了較大程度的交流，在《夢粱錄》、耐得翁的《都城紀勝》中都詳細記述了南宋時四川飯店供應的上百種菜點，從中可見，川菜為適應飲食市場的變化，兼收並蓄其他風味菜餚，從而豐富了川菜文化的內涵，為川菜走向成熟打下了基礎。[1]孟元老《東京夢華錄》卷四《食店》記載了北宋汴梁「有川飯店，則有插肉麵、大燠麵、大小抹肉、淘煎燠肉、雜煎事件、生熟燒飯」，其中不少菜餚與麵食的名稱與現今四川的稱呼完全相同，如「鹽酒腰子」「雙脆」「雞絲麵」「三鮮麵」「七寶棋子」「燥子」等。其中，「棋子」（即煮麵塊或寬面）這一稱呼今天已很少用，但仍留在四川方言中；「燥子」即肉末，至今仍是四川常用的稱呼。從上面的菜名可以看出四川烹飪技術水平已很成熟，不僅有花樣麵食，還有煎、炒等烹飪方法。《東京夢華錄》中還生動描繪了當時川菜飯堂經營待客的方式，形成了一定的特色：「每店各有廳院東西廊稱呼坐次。客坐，則一人執箸紙，遍問坐客。都人侈縱，百端呼索，或熱或冷，或溫或整，或絕冷、精澆、膔澆之類，人人索喚不同。行菜得之，

---

1　杜莉：《川菜文化概論》，四川大學出版社，2003年，第139-140頁。

近局次立，從頭唱念，報與局內。當局者謂之『鐺頭』，又曰『著案』訖。須臾，行菜者左手托三碗、右臂自手至肩馱疊約二十碗，散下盡合各人呼索，不容差錯。一有差錯，坐客白之主人，必加叱罵，或罰工價，甚者逐之。」直到現在，四川的飯館、茶館仍是沿用此規矩，謂之「招待」。

**❺・蒸燻製茶法的發明及茶俗**

在茶的飲用上，人們不僅在茶葉中添加香料，而且製造出各種花茶。《古今圖書集成》顧元慶《茶譜》：「木樨、茉莉、玫瑰、薔薇、蘭蕙、橘花、梔子、木香、梅花，皆可作茶。」其做法是「諸花開時，摘其半含半放蕊之香氣全者，量其茶葉多少，摘花為茶。花多則太香而脫茶韻，花少則不香而不盡美，三停茶葉一停花始稱。假如木樨花須去其枝蒂及塵垢蟲蟻。用磁罐一層茶一層花投間至滿，紙箬系固，入鍋重湯煮之，取出待冷，用紙封裹，置火上焙乾收用。」這一蒸燻製香法，成都花茶沿用至今，如今頗受川人喜愛的「洪河花茶」即是。

這一時期，巴蜀地區飲茶之風仍盛，已形成「客至則設茶」的習俗，且講究茶技。古代文人學士多以品飲名茶為雅趣，烹茗對酌，詩詞相和，留下不少詠茶的佳句，以此獲得感官享受和精神寄託，其中以北宋四川文豪蘇軾為代表。他的《汲江煎茶》和《試院煎茶》兩詩中，描繪了宋時流行於全國的巴蜀煎茶法，其中從汲水到煮茶，再到喝茶的講究都有形象敘述。在後文中有詳述。

**❻・釀酒工藝精湛，美酒名詩相映**

宋代釀酒、造麴工藝更趨精湛，酒類品種繁多。蒸餾酒於宋代已興起，原料經過發酵，再用蒸餾技術取得酒液。至此我國釀酒歷史完成了自然發酵、人工釀造、蒸餾取液三個發展階段。張能臣的《酒名記》是我國宋代關於蒸餾酒的一本名著，書中列舉了北宋名酒223種，是研究古代蒸餾酒的重要史料。其書載：「成都府忠臣堂，又玉髓，又錦江春，又浣花堂；梓州瓊波，又竹葉青；劍州東溪；漢州廉泉。」《酒小史》所載酒名還有郫筒酒、成都剌麻酒、劍南燒春等。當時，巴蜀各地酒肆林立，陸游在成都附近的蜀州（今崇慶市）做官，有《樓上醉書》詩云：「益州官

樓酒如海，我來解旗論日買。」

郫筒酒，晉代出現，傳承至宋代。南宋詩人范成大《吳船錄》卷上記載：「郫筒，截大竹，長二尺以下，留一節為底，刻其外為花紋。上有蓋，以鐵為提梁，或朱或黑，或不漆，大率挈酒竹筒爾。」《華陽風俗記》載：「乃剖竹傾釀，閉以藕絲蕉葉，信宿馨香達於外。然後斷取以獻，謂之郫筒酒。」可見，郫筒酒不僅歷代相傳，而且竹筒包裝方面有改進，如為方便提攜而加蓋與鐵質提梁，為美觀在竹上雕刻紋飾，使美酒、美器合為一體。

綿竹名酒劍南燒春，宋代亦稱「蜜酒」「鵝黃」，鵝黃即蜜酒，因蜜酒呈鵝黃色而得名。蜜酒被諸多詩人交口稱讚，南宋詩人陸游遊歷蜀中八年，遍嘗蜀中美酒。對綿竹劍南春的評價甚高，在《對酒》中一詩吟道：「新酥鵝兒黃，珍橘金彈香；天公憐寂寞，勞我可一觴。」陸游晚年隱居故鄉山林，對蜀中綺麗的山水和醇香的美酒念念不忘，乃將詩集取名《劍南詩稿》，並對蒸餾酒讚美不絕：「水精盞映碧琳腴，月下泠泠看似無。」陸游在多首詩中提及鵝黃酒，如他在《晚春感事》詩曰：「釀成西蜀鵝雛酒，煮就東坡玉糝羹。」將鵝雛酒與蘇東坡所創的糝羹相媲美。其《蜀酒歌》稱：「漢州鵝黃鸞鳳雛，不鷙不搏德有餘。」詩首就把鵝兒黃稱為「鸞鳳雛」，贊其酒性溫順。

「姚子雪麴」與「荔枝綠」也是宋時川地的名酒，北宋詩人黃庭堅謫守戎州，遍嘗佳釀，最推崇的酒就是這兩種。自朝廷取消酒禁與酒課後，戎州湧現出一批優質酒。「姚子雪麴」和「荔枝綠」均為戎州的私家釀酒。「姚子雪麴」即為居於戎州岷江北岸的紳士姚君玉所釀酒之名。姚氏取宜賓鎖江附近的「安樂泉」水釀酒，清澈甘美，晶瑩剔透，故姚氏釀成之酒甘美醇香，色澤清晶，黃庭堅飲後讚曰：「姚子雪麴，杯色爭玉。得湯郁郁，白雲生谷。清而不薄，厚而不濁。甘而不噦，辛而不螫。」《敘州府志》還記載了四川的另一名酒「荔枝綠」：「荔枝綠酒，宋王公權造，黃庭堅稱為『戎州第一』，有『荔枝綠頌』，曰：王牆東之美酒，得妙用於六物。三危露以為味，荔枝綠以為色。哀白頭而投裔，每傾家以繼酌。」這說明「荔枝綠」是用多種糧食釀製而成的。黃庭堅還在另一首詩中說：「王公權家

荔枝綠，廖致平家綠荔枝。試傾一杯重碧色，快剝千顆輕紅肌……誰能同此勝絕味，惟有老杜東樓詩。」詩中把「荔枝綠」與杜甫筆下的「重碧酒」相媲美。據考證，五糧液即是在「重碧酒」與「荔枝綠」的基礎上發展而來的，足可見宋代酒業發展在中國酒史中的重要性。

❼．蘇東坡、陸游與四川飲食文化

在中國飲食文化中，文人名士的影響很大。宋代四川名人如蘇軾，還有曾長期生活在四川的陸游都對中國飲食文化有較大影響。蘇軾（西元1037-1101年），字子瞻，號東坡居士，四川人，唐宋八大家之一。他不僅是著名的文學家、書畫家，還是一位美食家。道教是中國本土宗教，發源於四川。蘇軾的啟蒙老師張易簡即是位道士，對其影響深刻，使其一生崇道學仙。道教崇尚「以生為貴」「唯人為貴」的思想，對蘇東坡的影響很深，雖一生坎坷，四十歲前便滿頭白髮，但靠道家內丹功及其養生術活到了65歲，其養生術包括飲食養生。蘇東坡對羹菜茶酒都有研究，曾親自創製了許多菜品，在當時就有廣泛的影響，在中國飲食文化史上歷來負有盛名。

蘇軾崇尚道家的清靜無為，追求道教的長生不老，於是在烹調上，改偏重葷菜為以素菜為主；烹調中講求營養；飲食上講究結構合理。從他的飲食生活中，能讀到他的人生思考和世界觀。為平常的飲食附著上了許多難能可貴的文化內涵。

元修菜，是生長在四川的一種野生豌豆，當地稱之為大巢菜、紫萁、野豌豆、野苔子、野雞頭、掃帚菜等，現代名稱「薇菜」。蘇軾居黃州時作詩《元修菜》前序曰：「余去鄉十有五年，思而不可得，元修適自蜀來，見余於黃。乃作是詩，使歸致其子，而種之東坡之下云。」詩人說他離家以來，無時不在繫念元修菜，為此他再三囑咐友人巢谷，回到巴蜀後一定要將元修菜籽寄給他。他要親自種在黃州的東坡，化為千鐘鼎食。為防菜籽密不透氣會影響發芽，他還特意叮囑巢谷在郵寄時一定要用「囊盛」，而不能用「函封」。其細微之處，足見深情。詩中還詳細描繪了元修菜的生態、形狀、種植、採擷、蒸烹、食用的過程：

「彼美君家菜，鋪田綠茸茸。豆莢圓且小，槐芽細而豐。

種之秋雨餘，擢秀繁霜中。欲花而未萼，一一如青蟲。

是時青裙女，採擷何匆匆。蒸之復湘之，香色蔚其饛。

點酒下鹽豉，縷橙芼薑蔥。那知雞與豚，但恐放箸空。

春盡苗葉老，耕翻煙雨叢。潤隨甘澤化，暖作青泥融。

始終不我負，力與糞壤同。」

蘇軾鍾情於元修菜，是在元修菜上寄寓了他的全部鄉情。元修菜可新鮮食用，亦可製成乾菜。鮮的清香，可炒，可燒，可羹，可湯；乾的清香猶存，可入饌，可熬粥。後人將東坡元修菜的製作改進，出現了四川傳統名菜「苕菜獅子頭」。

蘇東坡鍾情於菜羹，他在《菜羹賦（並敘）》《東坡羹頌並引》中均詳細描述做菜羹的過程及要領。《東坡羹頌並引》說：「東坡羹，蓋東坡居士所煮菜羹也。不用魚肉五味，有自然之甘。其法以菘若蔓菁、若蘆菔、若薺，皆揉洗數過，去辛苦汁。先以生油少許塗釜緣及瓷碗，下菜沸湯中。入生米為糝，及少生薑，以油碗覆之，不得觸，觸則生油氣，至熟不除。其上置甑，炊飯如常法，既不可遽覆，須生菜氣出盡乃覆之。羹每沸湧，遇油輒下，又為碗所壓，故終不得上。不爾，羹上薄飯，則氣不得達而飯不熟矣。飯熟羹亦爛可食。若無菜，用瓜、茄，皆切破，不揉洗，入罨，熟赤豆與粳米半為糝。餘如煮菜法。」《菜羹賦》表達的是：蘇軾雖仕途坎坷，生活艱苦，即使有時飲食不足，但仍心胸曠達的達觀生活態度。我們從中也能看到宋代平民的普通飲食生活。有錢人家用肉作羹，而蘇東坡當時經濟拮据，就用菜作羹，「煮蔓菁、蘆菔、苦薺而食之」。以大頭菜、蘿蔔、薺菜、加上豆粉等普通食材，「不用醯醬，而有自然之味，蓋易而可常享」。但在製作時東坡十分強調烹飪技術，對水、火、油都十分講究，尤其是掌握火候，使用最普通的素菜加上豆粉，就能做出美味的菜羹。這種羹，後人因蘇軾的灑脫風趣而稱其羹為「東坡羹」，至今演化成為一道頗具文化內涵的名菜。

從中國飲食文化發展過程的角度來看，以蘇東坡為代表的北宋文人士大夫，對扭轉中國古代飲食（特別是製作羹）偏肉食的特點起了極大的作用。北宋士大夫崇

尚老莊清靜無為的思想，「齊生死」、超然於世外，力圖擺脫政治失意而帶來的精神苦悶和物質匱乏的生活，所以在飲食上講求以容易獲食的蔬菜為主。先秦時的羹都是用動物肉做的葷羹，如牛羹、羊羹、豕羹、犬羹、兔羹、雉羹、鱉羹、黿羹、魚羹等，傳至後代也多以葷菜做羹。蘇軾以蔬菜做羹不同凡響，「東坡羹」在社會上廣為流傳至今，除了「名人效應」外，還得益於食材的易得和菜羹的營養價值。同時，反映了飲食文化中士大夫文人崇尚清淡、營養，熱衷食蔬的飲食追求。蘇軾是開創這一風氣之先驅。[1]

「東坡肉」，源自蘇軾的《豬肉頌》，亦是在其生活困苦、食物匱乏時寫就的，體現他超乎常人的樂觀精神。他謫居黃州時，經濟拮据，而豬肉在黃州價廉，便以烹飪技術使其味美以待客。

> 「淨洗鐺，少著水，柴頭罨煙焰不起。
>
> 待它自熟莫催它，火候足時它自美。
>
> 黃州好豬肉，價賤如泥土。
>
> 貴者不肯吃，貧者不解煮，
>
> 早晨起來打兩碗，飽得自家君莫管」。

他燒豬肉關鍵在於掌握火候，用文火煮爛，味道即美。文中勾勒出蘇軾不急不火的從容心態，展示烹調者悠然自得的形象。後世流傳的「東坡肉」即根據其烹飪豬肉的經驗再行加工而成，成為流傳全國的一道名菜，亦具有濃厚的文化意蘊。

蘇軾堪稱養生學家，其一生歷盡坎坷，幾度遭到貶謫，但由於其處世達觀，善於養生，活了65歲，在古代可謂高壽。在蘇軾留下來的大量作品中，有不少是專門談養生的。《居家必用事類全集‧謹身‧修養密論》載：「東坡先生曰：

> 軟蒸飯，爛煮肉。溫羹湯，厚氈褥。
>
> 少飲酒，惺惺宿。緩緩行，雙拳曲。
>
> 虛其心，實其腹。喪其耳，忘其目。

1　鍾來茵：《蘇東坡養生藝術》，江蘇文藝出版社，1995年，第291-292頁。

久久行，金丹熟。」

從飲食、衣著、被褥、心情、行動、五官等全面進行總結，具有很高的參考價值。在中華養生史上，是一篇廣為流傳的珍貴作品。深諳養生之道的蘇軾亦明飲食結構的重要性，如他對茶、酒在生活中的作用亦有很深的理解。

蘇軾頗嗜茶飲。他在《試院煎茶》中形象地道出了煎茶對水、火的講究：

「蟹眼已過魚眼生，颼颼欲作松風鳴；

蒙茸出磨細珠落，眩轉繞甌飛雪輕。

銀瓶瀉湯誇第二，未識古人煎水意；

君不見昔時李生好客手自煎，貴從活水發新泉。」

詩後又對茶具的講究作了描繪：「又不見今時潞公煎茶學西蜀，定州花瓷啄紅」，然而「我今貧病長苦飢，分無玉碗（講究的茶具）捧峨眉（高級的茶葉）」，「但願一甌常及睡足日高時」而已。又如蘇軾《汲江煎茶》中，細膩生動、繪影繪聲描述了汲水、舀水、煮茶、斟茶、喝茶到聽更的全過程。首先講流動的江水正符合煎茶「活水還須活火烹」，進而講何時、如何汲取江水：「自臨釣石取深清。大瓢貯月歸春甕，小杓分江入夜瓶」，又寫煎水的火候：「雪乳已翻煎處腳，松風忽作瀉時聲。」如此煎出的好茶，自然令人陶醉：「枯腸未易禁三碗，坐聽荒城長短更。」他還以「從來佳茗似佳人」的詩句，表達好茶使人清心悅目怡情，令人心曠神怡，有如佳人一般的自慰自足。

蘇軾不僅懂得如何烹出好茶，還深諳飲茶的好處和禁忌，指出飲茶不當會傷及身體。宋人趙令時《侯鯖錄》引「宋學士蘇軾《茶說》」謂：「除煩去膩，故世不可無茶。然暗中損人不少。空心飲茶入鹽直入腎經，且冷脾胃，乃引賊入室也。」又傳授了以茶漱口的保健功能：「吾有一法，常自修之。每食已，輒以濃茶漱口頰，膩既去而脾胃不知。凡肉之在齒間者，得茶浸漱，乃不覺脫去，不煩刺挑也。而齒性便苦，緣此漸緊密，蠹病自己。然率皆用中下茶，其上者亦不常有，間數日一啜，亦不為害也。此大是有理，而人罕知者。」即唯飲食後，用濃茶漱口，既去煩膩而不得脾胃之病，且苦能堅齒消蠹。蘇軾的這些深刻的見解，深得飲茶之妙。

蘇軾好飲酒，但不勝酒力，自言「天下之不能飲，無在予下者」。謫居廣東惠州時期自釀美酒以待客。《書東皋子傳後》曰：「閒居未嘗一日無客，客至，未嘗不置酒。」因州釀既少，「官酤又惡而貴」，他便閉門自釀，造出蜜酒、桂酒和真一酒。他釀的真一酒有「王太駙馬家碧玉香」之譽，所釀桂酒色澤似玉，香味超然。所釀蜜酒十分鮮美，他在《蜜酒歌（並敘）》中描繪了四川綿竹武都山道士楊士昌蜜酒釀造的過程，讚美了蜜酒的鮮美。詩中說：

「西蜀道士楊世昌，善作蜜酒絕醇釅。余既得其方，作此歌以遺之。

真珠為漿玉為醴，六月田夫汗流泚。不如春甕自生香，蜂為耕耘花作米。

一日小沸魚吐沫，二日眩轉清光活。三日開甕香滿城，快瀉銀瓶不須撥。

百錢一斗濃無聲，甘露微濁醍醐清。」

而據《東坡志林》載，東坡借用西蜀道士楊士昌釀蜜酒的方法是：「每米一斗，用蒸麵二兩半，如常法，取醅夜，再入蒸餅麵一兩釀之。三日嘗，看味當極辣且硬，則以一斗米炊飯投之。若甜軟，則每投，更入麵與餅各半兩。又三日，再投而熟，全在釀者斟酌增損也。入水少為佳。」經過多次實踐，蘇軾在嶺南總結出了釀酒經驗，寫下了著名的《東坡酒經》，提出了釀酒的要法，極具可操作性。這是中華酒文化史的瑰寶。

陸游（西元1125-1210年），字務觀，號放翁。漢族，越州山陰（今浙江紹興）人。南宋著名詩人。一生作詩9300餘首，他的詩多為抒發政治抱負，反映人民疾苦，風格雄渾豪放；亦有抒寫日常生活之作，其中不乏飲食文化之佳作。筆下涉及飲食烹飪的詩竟在百篇以上，以寫浙江家鄉和第二故鄉四川為多。陸游足跡遍巴蜀，所作《劍南詩稿》2500餘首，其中涉及巴蜀飲食的竟達50餘首。

四川是天府之國、物阜民安，令陸游戀戀不捨，難以忘懷。他在《飯罷戲作》中描述了成都的飲食生活和他喜愛的川味菜餚：

「南市沽濁醪，浮蛆（yǐ）甘不壞。東門買彘骨，醯醬點橙薤。

蒸雞最知名，美不數魚蟹。輪囷犀浦芋，磊落新都菜。

欲賡老饕賦，畏破頭陀戒。況予齒日疏，大臠敢屢嚌。

杜老死牛炙，千古戀禍敗。閉門餌朝霞，無病亦無債。」

在《冬夜與溥庵主說川食戲作》中盛讚川食之美：

唐安薏米白如玉，漢嘉栭脯美勝肉。

大巢初生蠶正浴，小巢漸老麥米熟。

龍鶴作羹香出釜，木魚瀹菹子盈腹。

未論索餅與饡（zàn）飯，最愛紅糟並缹然魚（fóu，煮）粥。」

這裡的「栭脯」是木耳；「龍鶴」是一種做羹的菜蔬；「木魚」即棕筍、棕魚，「狀如魚，剖之得魚子」，至今仍是四川人嗜好的美食；「索餅」是麵條；「紅糟」為乳腐；「缹粥」指菜粥。在《蔬食戲書》中寫到四川出產的韭黃，「新津韭黃天下無，色如鵝黃三尺餘」。《野飯》中描繪了明珠般的薏米飯，白玉般的苦筍菜，圓圓的小芋頭，香辣的山野菜：

薏實炊明珠，苦筍饌白玉。

輪囷斸（zhú）區芋，芳辛採山蔌。

山深少鹽酪，淡薄至味足。」

這些飯菜雖然缺鹽少油，但味道卻很美。陸游在詩中多次提到薏米，《薏苡》詩說：

初游唐安飯薏米，炊成不減雕胡美。

大如芡實白如玉，滑欲流匙香滿屋。」

陸游自注說：「蜀人謂其實為薏米，唐安所產尤奇。」唐安即今四川崇慶縣東南。《成都書事》則誇讚了成都出產的蔬筍、魚都能與江浙的媲美，「芼羹筍似稽山美，斫膾魚如笠澤肥。」詩末竟寫「客報城西有園賣，老夫白首欲忘歸。」聽說有人賣園子，自己真想買了住下養老而不歸故里了。

陸游自己也是一位烹調高手。對於親手烹調的佳饌，亦有詩文記述。陸游旅居蜀中時，喜食大巢菜和小巢菜。他在《巢菜》中說：「蜀蔬有兩巢：大巢，豌豆之不實者。小巢，生稻畦中，東坡所賦元修菜是吳中絕多，名漂搖草，一名野蠶豆，但人不知取食耳。予小舟過梅市得之，始以作羹，風味宛如在醴泉蟆頤時也。冷落無人佐客庵，庚郎三九困譏嘲。此行忽似蟆津路，自候風爐煮小巢。」此詩及序描述了

詩人回到山陰家鄉時又品嚐小巢菜的心情。自候小爐，以「元修菜」作羹。《食薺十詠》也說他自己很喜歡做薺菜，且有烹飪秘方。另一首《食薺》詩則說：

「小著鹽醯和滋味，微加薑桂助精神。

風爐歊缽窮家活，妙訣何曾肯授人。」

《飯罷戲示鄰曲》亦言：

「今日山翁自治廚，嘉肴不似出貧居。

白鵝炙美加椒後，錦雉羹香下豉初。」

表述了以花椒調白鵝之味，用豇汁調和在野雞羹中，製作質地甘脆的筍尖及炒質嫩的蕨菜芽的方法。

　　陸游在蜀中的八年歲月中有一半是在成都度過的，成都給他留下的印象特別深刻。他返回家鄉浙江紹興後，仍回味蜀中的美食佳餚，在《冬夜與溥庵主說川食戲作》寫道：

「東來坐閱七寒暑，未嘗舉箸忘吾蜀。

何時一飽與子同，更煎土茗浮甘菊。」

他寫了三首《思蜀》，念念不忘

「玉食峨眉栮，金虀丙穴魚，

常思晚秋醉，未與故人疏。」

「老子饞堪笑，珍盤憶少城。

流匙抄薏飯，加糝啜巢羹。

栮美傾筠籠，茶香出土鐺。」

「未死舊遊如可繼，典衣猶擬醉郫筒」。

他還思念蜀中的美酒，《到嚴十五晦朔郡釀不佳求於都下既不時至欲借書讀之而寓公多秘不肯出無以度日殊悒悒也》：「安得連車載郫釀，金鞭重作浣花游？」自怪一念之差，不該離開四川回到家鄉，留在四川，郫筒酒是喝不完的。他更想念在成都的宴樂生活：「夢飲成都好事家，新妝執樂雁行斜。

賴肩郫縣千筒酒，照眼彭州百馱花。

醉帽傾敧歌未闋，罰觥瀲灩笑方嘩。」

他甚至希望終老於蜀，《夢蜀》：「棄官若遂飄然計，不死揚州死劍南」！

# 第二節　雲貴桂地區的穩定發展

　　宋代雲貴桂地區的社會經濟發展相對穩定，是這一地區飲食文化茁壯成長的穩定時期。尤其在宋代後期，中原人口的南遷，帶來了先進的生產技術和生產工具，使雲貴桂地區的農業、交通、商業都有了較快的發展，促進了這一地區食源、食藝、食風、食俗等飲食文化的發展。

## 一、經濟發展迅速

　❶・大理國時期社會安定，農牧業長足發展

　　繼南詔之後，今雲南及附近地區先後被大長和國、大天興國、大義寧國與大理國統治。前三個政權僅存在36年，大理國的統治則長達317年，西元一二五三年被忽必烈所率的蒙古軍所滅。大理國管轄的範圍較南詔稍小，仍以洱海地區為統治中心。與我國北部及黃河流域相比，大理國遭受戰亂的破壞較輕，社會大致保持了安定。由於受內地的經濟文化影響較小，這裡的地方化傾向明顯增強。如大理國的讀書人既習讀儒書又信佛教，戒律精嚴者稱「得道」或「師僧」，大理國設科選士、任命官吏，皆出此輩。這一時期的飲食文化，大體上延續了南詔時期的狀態，但原有的地方性、民族性特點更趨明顯。

　　這一時期，在洱海、滇池流域等雲南地區的腹地重視水利，農業向精耕細作的方向發展。宋人楊佐一行進入雲南中部，見這裡的農田莊稼與山川風物大致如同四川的資中、榮縣等地。可見雲南中部農業耕作的水平與四川盆地近似。據明《景泰雲南圖

經》載：宋康定元年（西元1040年），大理國王段素興於金棱河築春登堤，在雲津河建雲津堤，使受澆溉的田地達數十萬畝之多。時人說烏撒路（今貴州威寧）一帶「諸夷多水田」；居雲南南部的金齒百夷「儘力農事，勤苦不輟」。

大理國的畜牧業也有長足發展。據《南詔野史・大理國》載：宋大觀三年（西元1109年），各地諸侯向大理國進貢，「犀象萬計，牛馬遍點蒼」。與北宋交易馬匹者，以大理國商人提供的數量最大。貴州的自杞、羅殿部落賣與南宋的馬匹，主要是從大理國轉買得來。據《雲南志略・諸夷風俗》載：金齒百夷地區「少馬多羊」，麼些蠻「多羊、馬及麝香、名鐵」，土僚蠻「豬、羊同室而居」，烏撒路「出名馬、牛羊」。

**❷・宋朝經營廣西，加快經濟發展**

兩宋建立後，需從南方獲取收益，因此重視經營嶺南地區。在兩宋統治的320年間，廣西地區的社會經濟得到較快的發展。

農業興盛，糧食豐收。端拱初年，宋太宗詔令嶺南等地的官吏勸民多種糧食，仕宦廣西的官吏大都也注意發展農業生產，積極把荒地開墾為農田。南宋理宗寶祐六年（西元1258年），廣西官吏李曾伯奏：廣西多荒田，民懼增賦不願耕，建議允許耕者復三年租，後兩年減其租之半，奉詔准。廣西墾田的數量迅速增加。同時，宋朝還在廣西進行屯田。據《宋史・理宗本紀》：寶祐六年（西元1258年），「詔置橫山屯」。景定三年（西元1262年），因廣西靜江屯田有效，宋廷遂命邕、欽、宜、融、柳、象、潯等州發展屯田。

宋代廣西，普遍種植水稻、麥、稷等農作物，收成亦稱豐稔。南宋時廣西稻米連年豐收，斗米僅值50錢；商人低價購進稻米，船運至廣州出售，獲利頗豐。各地官府還增建糧倉。如《宋史》記北宋真宗天禧四年（西元1020年），廣南等地「皆增置常平倉」。因盛產稻米，宋朝在廣西一些府州徵收夏秋兩稅或丁稅，允許大米充抵。

兩宋政府重視水利建設和農耕技術的推廣。對靈渠進行多次維修，最重要的一

次是在北宋仁宗嘉祐四年（西元1059年）。到了南宋高宗紹興二十九年（西元1159年），朝廷再令廣西轉運使對靈渠進行修復。除靈渠外，廣西宋代修建的水利工程還不少，《宋史・食貨上》記：南渡之後（南宋），「水利大興」。如位於南寧府北面的銅鼓陂，以及永淳縣露墟陂等地。為發展農業，宋廷還在廣西推廣先進的農業生產工具，通過減免「牛稅」來鼓勵牛耕。北宋太宗淳化五年（西元994年），宋、亳諸州的耕牛因瘟疫死亡過半，朝廷令地方官府製造踏犁，以解百姓的燃眉之急。據《嶺外代答・踏犁》，踏犁在靜江等地廣為使用，農民用踏犁五日，可抵牛耕一日，可見在無法用牛耕的情況下，踏犁是較先進的耕作農具。

兩宋時期，畜牧業也有所發展。廣西飼養的主要牲畜除牛以外，還有羊，羊分山羊、綿羊兩種，除供肉用、擠奶之外，還取羊毛作為紡織原料並供製氈毯。《嶺外代答・綿羊》說，邕州溪峒出綿羊，與北方胡羊無異，而剪其毛作氈，尤勝北方所出的同類產品。同時，廣西地區還注重家畜品種的改良。例如，玉林州培育的玉林犬，「極高大，垂耳拳尾，與常犬異」。英州育出的乳羊，「其地出仙茅，羊食茅，舉體悉化為肪，不復有血肉，食之宜人」。有的是從野生動物馴化而來。如玳瑁原為野生，范成大《桂海虞衡志》中說，廣西濱海地區的百姓「養以鹽水，飼以小鮮」，家養玳瑁獲得成功。《嶺外代答・禽獸門》載，產自德慶等地的果下馬，「高不逾三尺，駿者有兩脊骨，故又號雙脊馬。健而善行，又能辛苦。」有野生鳥烏鳳，「烏鳳如喜鵲，……冠尾絕異，大略如鳳。鳴聲清越如笙簫，能度曲，妙合宮商，教之精熟者，至能終一闋，又能為百蟲之音。生左、右江溪峒中，極難得」；廣西諸族還培育出「潮雞，潮至則啼，身小足矮」；「欽州有小禽一種，大如初生雞兒，毛翎純黑，項下有橫白毛，向晨必啼，如雞聲而細。人置枕間，以之司晨。亦名曰鶪子，余命曰枕雞」。

宋代廣西的製鹽業有較大的進步。《嶺外代答》曰：「今日廣右（廣西）漕計，在鹽而已。鹽場濱海，以舟運於廉州石康倉。客販西鹽者，自廉州陸運至鬱林州，而後可以舟運。斤兩重於東鹽，而商人猶艱之」。北宋在廣西沿海廣置鹽場，從中取得巨額稅收。宋廷南渡之後，廣西的製鹽業進一步發展，所產鹽基本上可滿足本

地需要。

據《嶺外代答》載，靜江府修仁縣（治今廣西荔浦縣南）產茶。當地人製為方磚形制，方二寸許，厚度則稍減，其上有「供神仙」三字，方五六寸而更薄者質量次之，形大質粗且甚薄者則為下品。修仁因產茶而名聲彰顯。其茶若煮而飲之，「其色慘黑，其味嚴重，能愈頭風」。古縣（治今廣西永福縣西北）亦產茶，滋味與修仁之茶並無差別。從製造的方法、成品的色澤和味道等來看，宋代修仁縣與古縣所產的方磚形茶，均類似清代雲南的普洱茶。

廣西人亦講究食器。據《桂海虞衡志・志器》載：海旁人截牛角削其使扁平，製牛角杯以飲酒，有古代兕（sì）觥的遺意。有以木刻製的「蠻碗」，以朱黑兩色漆間塗之，形狀為寬腹而有足，如球壇之形。瑤人所用竹釜，多為截大竹筒以當錯鼎，烹食物至熟而竹筒不焦。其法類似雲南傣族的竹筒飯，可說有異曲同工之妙。

## 二、飲食特色鮮明

### ❶・特色鮮明的大理國飲食習俗

在今雲貴地區的白蠻文化長期受到內地文化的影響，如《大理行紀》中記載，元朝初年，大理等地的宮室、言語、書數，以至婚姻喪祭之禮，干戈戰陣之法，雖不能盡善盡美，其規模、服色、動作與內容，「略本於漢，自今觀之，猶有故國之遺風焉」。但另一方面，在大理國統治的300餘年間，因大理國與內地的聯繫明顯鬆弛，致使大理國轄地的社會生活，體現出更為鮮明的地方特點，在飲食方面也不例外。如這一時期的大理國盛行佛教，在洱海、滇池等傳統農業地區流行素食與素席，使白蠻喜食肉類的習慣有很大改變。而少數民族雖然社會經濟尚不發達，大部分人飲食疏薄，且甚儉約，但其飲食也具有一定的地域特點。這在《雲南志略・諸夷風俗》中有相關記載。如麼些蠻的日常主食雖為蕎麥、稗與稻米，但產量甚低，一歲之中，有半年的時間以蔓菁充糧，貧家除鹽以外，不知有他味。蔓菁為兩年生

草本植物，塊根肉質，形狀類似蘿蔔，煮熟後軟爛，聊可充飢。而富裕者每年冬天則必大量宰殺牛羊，競相邀客，請無虛日，「一客不至，則為深恥」。舉行婚禮，必以牛、羊、豬與酒迎娶。《雲南志略·諸夷風俗》還說，滇南邊疆地區的金齒蠻，以金片裹其齒，「銀齒蠻」則裹銀片於其齒，見客戴上，吃飯時取下。有疾病不服藥物，僅以薑、鹽注於鼻中，是「醫食同源」的一種表現方式。他們以檳榔、蛤灰、茯留葉出奉賓客。在居住飲食方面，與「豬羊同室而居，無匕筋，手搏飯而食。」土僚蠻將收穫的稻穀懸於竹柵之下，每日旋搗而食。雲貴地區的少數民族，多以杵臼加工稻米、高粱與粟等糧食。居住山區的民族，常在地臼內墊一張獸皮，既能使地臼經久耐用，提起獸皮後又能方便地倒出加工好的糧食。

西南民族地區流行特色飲品「咂酒」。它是一種有原始共享性質的集體飲酒方式，反映了當時少數民族具有的原始共產、共享的風氣，以及重視家庭、親情與友情的心理。咂酒在傣、彝、羌、納西、黎、高山等民族中廣泛流行，但飲酒程序與使用器皿各有不同，如飲酒所用的空心管，一般多用竹管，但仡佬族、傣族和苗族分別用藤管、蕨管與蘆管。釀製咂酒所用的原料，有大麥、苦蕎、燕麥等。明人謝肇淛《滇略》載：「雜蕎秫麴秬子巨甕，漬令微熟，客至則燃火於下，以小竹或藤插甕中，主客環坐吸而飲之，曰咂魯麻。」明代程本立詩云：「金盃哈喇吉，銀筒咂魯麻，江樓日日醉，忘卻在天涯。」另說太平天國領袖石達開大軍經黔西，曾飲此酒並作詩云：「百萬明珠一甕收，君王到此也低頭；五嶽抱定擎天柱，咂得烏江水倒流。」乃道盡咂酒活動的趣味。西南少數民族喜愛的咂酒，以及景頗等少數民族常飲的「同心酒」（兩人同飲一碗酒），均使人體會到友情之美與歡樂之美。

### ❷·移民豐富了廣西地區的飲食文化

宋代雖無官方組織移民，但仍有不少內地人口自發遷入嶺南地區。《嶺外代答·五民》中載：欽州民有五種，「一曰土人⋯⋯二曰北人⋯⋯三曰俚人，史稱俚獠者是也。此種自蠻峒出居，專事妖怪，若禽獸然，語音尤不可曉。四曰射耕人，本福建人，射地而耕也。子孫盡閩音。五曰蜑人，以舟為室，浮海為生，語似福、廣，

雜以廣東、西之音。」這些移民人口遷入，後逐漸與本地居民融合，使廣西的社會文化也發生明顯改變。同時，宋朝大力提倡內地文化和改革舊俗，對廣西文化的發展起到促進作用。流傳下來記載宋代今廣西地區社會生活情形的著作，應首推《桂海虞衡志》與《嶺外代答》。《桂海虞衡志》的作者范成大，與《嶺外代答》的作者周去非，都曾在今廣西當時的統治中心靜江府（治今桂林）任職。范成大在《桂海虞衡志》中撰寫專篇，主要記載了今廣西地區的酒、器皿、家禽、獸類、蟲魚、花果、草木和蠻夷。而《嶺外代答》主要是在《桂海虞衡志》的基礎上做新的補充，尤其是新撰《食用》門，對研究飲食文化具有重要的價值。

（1）酒飲與酒俗　據《桂海虞衡志・志酒》，由於糧食充沛，又無酒禁，廣西各地普遍以糧食釀酒，並生產出一些遠近聞名的名酒。范成大「來桂林而飲『瑞露』，乃盡酒之妙，聲震湖廣。則雖『金蘭』（金代宮中酒）之勝，未必能頡頏（xiéháng）也」。宋代廣西出產的名酒，還有以麥麴釀製的「老酒」，以及產自賓、橫兩州的「古辣泉」酒。「古辣泉」的釀造方法是：以圩中泉水釀酒，酒既釀成，不須煮而埋於地中，「日足取出」，烈日中存放數日，色味不變。而「老酒」則是用以下方法釀造：以麥麴釀酒，既成密封藏之，可數年不壞，其顏色深沉赤黑，「士人家尤貴重」。若有貴客，則待以老酒與臘月中所造肉鮓，以示主人殷勤好客之意，婚娶亦以老酒作為厚禮。

藥酒亦頗盛行。昭州有采曼陀羅花置於甕面，吸收其毒氣釀造而成的酒，飲之「頗能醉人」。曼陀羅花有麻醉的效果，據說《水滸》中所說的蒙汗藥裡即有曼陀羅花，現今仍以曼陀羅花為藥物。而「古辣泉」酒實際上也是藥酒，釀酒所用的山泉取自產藥藤的山嶺，由於吸收了藥藤的成分，酒呈微紅色。

廣西各少數民族飲酒的習俗十分有趣。《嶺外代答・打甂》說：嶺南溪峒及邕欽瓊廉一帶村落之間不飲清酒，「以小甕乾醅為濃糟而貯留之」。每逢待客，先布竹蓆於地，以糟甕置賓主之間，另設水一盂，配之以杓。既開甕，酌水入酒糟，插一長二尺的竹管，賓主共享一管吸飲。若設壽宴，亦不另外設酒，主人與其妻同以「甂酒」待客。男女主人相繼飲水酒為客祝壽。客若多飲壽酒，「實則多飲水耳」。

廣西稱甕為「罌」，故謂「打罌」。此為噉酒在廣西地區的另一種方式。邊遠地區的當地民族也有獨特酒俗。《桂海虞衡志‧志蠻》說：瑤人因收成微薄而不供官府征役，收集木葉覆屋而居，在山地種植禾、黍、栗、豆與山芋為糧，同時捕食山獸。瑤人有歲首祭「盤瓠」之俗，屆時「雜糅魚肉、酒飯於木槽，扣槽群號為禮。」據朱輔《溪蠻叢笑》：「仡佬族之富裕者，多以白金根據象鳥獸形製為酒器，或為牛角之形，以鸂鶒之狀居多。每聚飲，盛列諸酒器以向客人誇耀。」

（2）喜食檳榔　《嶺外代答》說：客至主人不設茶，唯奉檳榔為禮。食檳榔之法：斫檳榔果實而剖分之，以水調蜆灰少許於蔞葉上，裹檳榔咀嚼，先吐赤水一口，而後啖其餘汁，少頃食者臉面潮紅，故詩人有「醉檳榔」之句。若無蜆灰則用石灰，無蔞葉處只用蔞藤。不論貧富、長幼、男女，嶺南人自朝至暮，寧願不食飯，唯嗜食檳榔。富者以銀為盤置之，貧者以錫盤盛之，晝則就盤更啖，夜則置盤枕旁，既醒即食之。中下等平民，一日費檳榔錢百餘文。食檳榔之人，黑齒朱唇；若數人聚會，則吐朱紅唾液遍地。客欲出訪，必隨身攜帶狀如銀鋌的奩盒，其中分為三格，一格盛蔞葉，一格存蜆灰，一格裝檳榔。有嘲笑嶺南人之語稱：「路上行人口似羊。」取笑其以蔞葉雜啖，終日咀嚼不止，「曲盡啖檳榔之狀矣」。

（3）「無所不食」的飲食習俗　《嶺外代答‧異味》說：嶺南平地及溪峒的居民，「不問鳥獸蛇蟲，無不食之」。其人遇蛇必捕，不問長短；遇鼠必執，不別大小；蝙蝠、蛤蚧、蝗蟲之類，「悉取而燎食之」。至於蜂房、麻蟲，「悉炒而食之。」甚者則煮羊胃，混不潔之物煮以為羹，稱為「青羹」，奉上以試賓客之心，客能忍食主人則大喜，不食則多有猜忌。嶺南人捕蛇，傳說有異法。據《桂海虞衡志‧志蟲魚》：蟒蛇，大者如柱之長，其膽可入藥。蟒蛇常出逐鹿而食，寨兵善捕之。寨兵數人滿頭插花，趨赴有蛇處。蛇喜花必停駐視之，寨兵漸近急按其頭，同時大呼「紅娘子」。蛇頭益俯不動，壯士以大刀砍斷蛇頭，眾人皆奔散，駐足遠處觀之。一會，蟒蛇省覺，遂奮力騰擲跳躍，周旁小樹因此盡拔，蛇力竭乃斃。數十人扛之而歸，一村人飽餐其肉。

捕得海鮮、昆蟲等珍美，嶺南人則以妙法烹飪。例如，蒼梧大江的南山，下有

洞穴出嘉魚。《嶺外代答》：「嘉魚形如大鯽魚，身腹多膏，其土人煎食之，甚美。其煎也徒置魚於乾釜，少焉（一會兒），油溶，自然煎熟，不別用別油，謂之自裹」。「南方有飛蟲」，名為「天蝦」，「有翅如飛蛾，其尾如蟋蟀，色白，身長似小蝦然。夏秋之間，晚飛蔽天，墮水，人以長竹竿橫江面，使風約之，如萍之聚，早乃棹舟搏取」。與細切的肥肉「合以為鮓，味頗美」。灘水出竹魚，「狀似青魚，味如鱖魚。」「蝦魚亦出灘水，肉白而豐，味似蝦而鬆美。大抵南中魚品，如鯉鯽者甚多，而蝦竹二魚為珍。」據《溪蠻叢笑》：山瑤無魚具，捕魚時阻斷河流之水，揉蓼葉撒入，辣魚出水面捕之，名「瘵魚」。蓼科植物之葉有輕度麻醉的作用，至今鄉人仍撒蓼葉入水以捕魚。

（4）喜食「鮓」食　廣西人喜漬製魚為「魚鮓」，有存十年不壞者。《嶺外代答》記其方法：以鹽麵雜漬其魚，盛之以甕，甕口四周圍以水溝，覆之以碗，封之以水，水少則續之，使之密不透風。魚鮓數年若生白花，即壞不可食。凡贈送親戚，悉用魚鮓，尤以老鮓為食者之至愛。這種製魚鮓的方法，在雲貴地區至今仍存，唯以此法漬製鹹菜而已，漬製時間長短不拘，成品風味亦各有異，且其名也稱「鮓」，具體稱呼依原料而定，如以茄子漬製者稱「茄子鮓」，以蘿蔔漬製者稱「蘿蔔鮓」，諸鮓均拌以鹽、辣椒、花椒等調料，農村居民尤喜食之，稱「無鮓難下飯」。少數民族亦喜製鮓。如瑤族擅製葷鮓，有鳥鮓、蛙鮓、魚鮓、肉鮓之分。製作方法：洗淨獸肉或鳥肉，切塊拌以炒米粉、米酒與食鹽，放入壇內以黃泥密封其口，將罈子倒放，一年後可開壇食用。

第七章　元朝時期

# 第一節 四川地區的移民潮及宗教飲食文化的興起

宋元交替，南宋結束統治蜀地較晚（西元1279年），而元朝在蜀的統治又結束較早（西元1363年），先後一共不到一百年的時間。元初，由於戰爭破壞，四川人口銳減，土地荒蕪，社會經濟水平整體下降，昔日飲食市場的繁華不復存在。但是，由於四川特殊而優越的生態環境，經過一段時期的恢復，到元代中後期川地各方面的經濟均有所發展。

## 一、移民促進生產恢復

### ❶·元中後期的移民潮及其原因

元初四川人口銳減，其原因主要是宋末蒙古對蜀戰爭帶來的破壞。宋元戰爭，摧毀了四川社會內部的生機與活力，漢唐一代及兩宋時期的經濟繁榮和文化昌盛等成就，在元代大多消失了。對於這一歷史巨變，宋末文天祥在《文山先生全集·衡州上元記》中言：「蜀自秦以來，更千餘年無大兵革，至於本朝，侈繁巨麗，遂甲於天下，不幸蕩析。」戰爭造成了四川人口銳減，經濟發展停滯，商業也由繁榮走向衰退。

至元代中後期，全國出現了短暫的安定局面，四川人口漸增，最多時達70萬到80萬人。人口增長的因素有以下幾個方面：一是元朝政府推行的「招民屯田」政策。元朝令軍隊與官府在荒蕪土地上大量招民，措置軍民屯田。軍屯方面的人力資源，主要來自屯駐四川的軍人，他們多為山東、河北等地的北方漢族；民屯方面的人力資源，主要來自「襄、漢」等外省應募入川的流民。第二，四川鹽業政策的調整，刺激了外來人口遷川。天歷元年（西元1328年）由於西北地震引起四川邛州原已廢閉的舊鹽井湧溢鹽水，遂使不少私家開始煮鹽，元政府承認民間私開鹽井的合法性，促使淮西、湖廣、陝西等省災民入川謀生。第三，因避兵亂，大量外省移民

遷川，以荊楚黃州、麻城者為多。[1]

元朝時北方漢民不僅移居四川地區，而且移居與之相連的藏區。據調查，在進入康區（即康巴區，藏族傳統文化的三個區之一，在今四川省的是甘孜藏族自治州和阿壩藏族羌族自治州）的漢人中，以元代的陝西人歷史最早。由於元朝早期經略吐蕃地區，是以政治中心在京兆的陝西四川行省為基地，因此在一二五三年蒙古軍隊出征大理通過川西藏區之後，商業貿易即多由陝西商人捷足先登。特別是元朝直接出兵占領甘孜藏族地區後，為陝西商賈大開方便之門，他們依靠元朝的政治勢力大批進入甘孜地區，並逐漸替代川商。據統計，元代近百年間，漢人進入康區的有300多人，其中絕大部分是陝西籍的商人。[2]至今在甘孜地區還流傳著陝西人編寫的漢藏對譯的韻書。

❷・興水利，復農桑

經過宋元戰爭的破壞，四川人口減少，田地荒蕪，水利癱瘓。為安定天下，元政府著重恢復農桑生產，注意興舉水利，採取了一系列撫民和恢復社會經濟的措施，招流民，立屯田，修道路，設驛站，並重新將都江堰納入政府的管理之下。

元政府令各地勸農官及知水利者巡行郡邑，督農興水，多次大修都江堰渠首樞紐，對灌區諸堰也進行了維修改造。都江堰渠首的樞紐結構，傳統採取的是竹木籠石做法，雖易修，但也易壞。元統二年（西元1334年）四川肅政廉訪使吉當普擇灌區中最重要的32處堰口治理，對渠首魚嘴構造採用了大塊體石料砌築的辦法，砌縫用桐油石灰和麻絲進行膠結；料石與料石之間，鑿孔灌入鐵汁錨固，構成整體式的堤壩結構；在魚嘴前端水流衝擊處，豎立幾根鐵柱以抗江水沖刷，並鑄重千斤大鐵龜置於上，以固魚嘴。吉當普是史上第一個將堰體由竹籠結構改為金石建構的人，對後世治堰產生了重大影響。

元統治四川時，軍屯、民屯是墾荒務農的主要組織形式，而又以軍屯為主。據

1　陳世松、李映發：《四川通史・元明》，四川人民出版社，2010年，第257-258頁。
2　陳世松、柯建中、王剛：《四川通史》第五冊，四川大學出版社，1993年，第107頁。

相關資料不完全統計，元代四川軍民的屯耕地面積共為455504畝。隨著水利的發展，巴蜀地區的稻穀等糧食作物種植興盛不減。作為四川傳統糧食作物的水稻品種，有了顯著的改良和增加。據元人郭翼《函海·雪履齋筆記》載：「峨眉縣所產穀品甚繁，他處罕聞其名。」郭翼「偶錄」的稻穀名稱多達25種，即粘（同「黏」）穀類有：青稈粘、黃稈粘、紫稈粘、廣安粘、蓋草粘、柳條粘、黃泥粘、泡頭粘、老鴉穀、毛香穀、白蓮穀、荷包穀、魚眉穀、冷水穀、還了債、彎刀穀，糯穀類有：紅糯、救公飢、白糯、老來紅、尖刀糯、芝麻糯、豬脂糯、花穀糯、虎皮糯、鴨子糯等。平原、丘陵和山地的溝田、沖田、灌溉方便的塝田皆種植水稻。由於水稻種植的普及和水稻品種的增加，鞏固了成都平原及稻穀產區以大米為主食的飲食結構。而不能種植水稻的丘陵和山區的旱土、山田，則是麥類和豆類作物種植更為普遍，成為四川山區的主要糧食作物，這些作物的品種主要有：黍，分白、黑、黃三色；稷，有紅、黃、白、黑四種；麥，有小麥、大麥兩種；蕎，有甜蕎、苦蕎兩種，又分夏、秋兩熟；菽，即豆，有大豆、小豆、蠶豆、綠豆、豌豆、巴山豆六種；蜀秫，俗名高粱，有秫、糯二種；糯高粱多用於食，秫高粱多用於釀酒；稗，有龍爪稗、鵝掌稗。

**❸·瓷器生產繁榮**

元代巴蜀地區的瓷器除延續了宋代的主要特點之外，同時亦有新的發展。瓷質有青瓷、影青瓷、白釉瓷、醬釉瓷、黑釉瓷等數種，尤其是青白瓷，盛於宋而繼於元。宋人蔣祈《陶記》說：「江、湖、川、廣，器尚青白，出於鎮之窯者也。」說明宋元時期南方各地崇尚青白釉瓷器，而以景德鎮產品為主。從考古發現來看，在四川簡陽縣東溪園藝場出土的元代墓葬中，各種飲食瓷器發現較多，其中碗的式樣多達九種，有的為五出花瓣式口；有的為直口，扣銀邊；有的為侈口，內壁刻畫各種花卉或飛禽圖案；有的為葵瓣口，素面。此時，巴蜀地區的瓷器也形成很鮮明的特點，典型器物如雙魚形耳瓶、雙鳳形耳瓶，雙耳均在細長頸部，盤口，折肩，深直腹，圈足；還有雙魚水藻青瓷盤、荷葉形青瓷蓋罐及瓷溫壺等，均反映了巴蜀地區

瓷飲食器具繁榮的情形。

❹ · 鹽業在曲折中發展

元代巴蜀地區的製鹽業發展經歷了曲折的過程。元初，鹽實行國家直接經營，不許民間私鹽買賣。蜀地共有鹽場12處，鹽井95眼，有採鹽為業的灶戶5900戶，分佈在成都、夔府、重慶、敘南、嘉定、順慶、潼川、紹慶（今彭水）諸地。元初川地人口的銳減，使四川鹽業萎縮，需從山西運解鹽至蜀供官民食用。元世祖至元二年（西元1265年），設置興元四川鹽運司，專掌煎熬鹽業事務並征辦鹽課之事，鹽井得到修復，隨即禁止山西解州池鹽運入四川。《元典章·吏部》載，至元二十二年（西元1285年），置「四川茶鹽運司」，歲辦鹽課14695引[1]，有灶戶6351戶。以後因課稅太重，灶戶逃亡，遂使不少鹽井廢棄。

至元代中後期，巴蜀鹽業出現了恢復和發展的局面。天歷元年（西元1328年）發生地震，有的地方鹽井湧溢，一些鹽戶重操舊業。《元史·順帝紀》，元末順帝時，積極開鑿新鹽井並放寬政策，明令「四川鹽運司於鹽井仍舊造鹽，餘井聽民煮造，收其課十之三」。一時，鹽井所在地速聚「致數千戶」，省外淮西、湖廣、陝西的流民也擁進四川從事鹽業營生，鹽業出現蓬勃景象。當時的鹽價昂貴，鹽業利潤很大，鹽商所獲暴利令人驚詫。元代楊維楨曾在詩中寫道：「人生不願萬戶侯，但願鹽利淮西頭；人生不願千金宅，但願鹽商千斛舶。大農課鹽折秋毫，凡民不敢爭錐刀；鹽商本是賤家子，獨與王家埒富豪。」至元末，為防邊患，官府重新管理鹽業，重申鹽禁政策。如此，元代四川有所復興的私營鹽業未能繼續發展。

❺ · 漢藏「茶馬互市」活躍

四川地理條件優越，物產豐富。經過一段時間的恢復生產，元代的成都仍是西南最繁盛的都市之一。據《馬可·波羅遊記》中的記載，元世祖時成都工商業一派

---

1　鹽引：始於北宋，《宋史·通貨志》：「鹽引每張，領鹽116.5斤，價6貫。」是宋代取鹽憑證，又稱「鹽鈔」，可作「代幣」流通。

繁榮景象。書中寫道：城中有一條大江，「水上船舶甚眾」；城內川上有一大橋，用石建築，寬八步，長半哩（1哩=1.609公里）。橋上有商賈工匠列肆藝於其中，亦有大汗徵收之所，每日稅收「不下精金千量」，足見商貿活動之活躍。為了適應日漸活躍的商業貿易交往的需要，傳統的集市交易場所得到重新恢復和開放。商貿活動主要在本省及鄰省周邊地區，主要流通的商品有鹽、茶、藥材、絲綢和馬匹等。而省外銷往巴蜀的商品，以江西景德鎮的瓷器最多。

元統一全國後，致力於徵收茶稅，基本上繼承宋制，採取按引納稅的辦法，在江淮地區設立「江淮榷茶都轉稅運使」以掌管茶政。在四川地區亦設立「西番茶提舉司」以收賦稅，「西番」即指今西藏和四川西部的廣大地區。此時的松、潘、黎、雅地區蒙古族所需的茶葉，已單獨形成一個品種，稱「西番茶」（或謂「烏茶」「馬茶」等），以別於腹地所飲的其他品種的川茶。元人忽思慧《飲膳正要》中列舉當時各種名茶，其中說：「西番茶（出本土，味苦澀，煎用酥油）、川茶、藤茶、誇茶（皆出四川）。」所謂「西番茶出本土」，實指天全、雅州、漢源等地區出產茶葉，以後擴大至邛州、峨眉、夾江等地，均為「西番茶」的產區。[1]

由於全國統一，元朝四川藏區與漢地的聯繫更為密切，傳統的「茶馬互市」在元代有了新的發展。特別是在川、藏交界的朵甘思一帶，漢族與藏族人民的貿易自由往來，不受限制。在一定程度上實現了互惠互利，滿足了兩族人民日常生活的需要。《元史・世祖紀》載，至元十四年（西元1277年）「置榷場於碉門、黎州，與吐蕃貿易」。除了民間貿易和官方組織的茶馬貿易外，藏區土司頭人和上層喇嘛還經常以朝貢的形式至內地貿易。大批藏族僧侶和官員將元朝統治者的大量賞賜和自己採購的貨物運往藏區，借此經商營利。

❻・酒業發展良好

元代四川的釀酒業依然發達。元初實行私家酒禁政策，禁令私酒，私釀為首者

1　賈大泉、陳一石：《四川茶業史》，巴蜀書社，1989年，第100頁。

處死，沒收財產，並罪及飲者。後元世祖以「川蜀地多嵐癘」（即濕氣及風濕病）而給予四川「弛酒禁」的特殊優惠政策。至元二十二年（西元1285年）二月罷除酒禁，聽民釀造，於是四川酒業在優惠的政策下繼續良好發展。《元混一方輿勝覽》載錄四川各地的土特產品，以「題詠」的形式提到成都的「郫筒酒」，在著錄漢州（今廣漢）的「風土」時言及「鵝兒黃酒」，「題詠」雲陽州中則提到了「雲安酒」。表明前代已有的郫筒酒、鵝兒黃酒和雲安酒仍繼續發展，並於元代被定為巴蜀著名土特產。元代四川釀酒多為民傢佁釀。至元二十二年（西元1285年），元政府將民戶自具工本釀酒者的酒課定為「每石止輸鈔五兩」，即用米（糧食）一石釀酒，需納課鈔5兩。據《元史‧食貨志》記載，天歷三年（西元1330年）四川釀酒耗米151804石，徵收酒課7590錠20兩，占當年全國十省中的第七位。可見民間釀酒十分普遍，反映了四川酒業發展之盛。[1]

## 二、蜀中文化的衰落與佛、道飲食文化的興起

### ❶‧蜀中飲食文化的衰落

由於南宋末蒙古軍隊對四川長達51年的戰爭，使四川的經濟、文化遭到嚴重摧殘。人口從南宋中期淳熙二年（西元1175年）的1290萬減少到元初至元二十七年（西元1290年）的16.5萬，大批庶民和世族逃亡到長江中下游地區，使得南宋以前繁榮一時的四川文化受到毀滅性的打擊。當南宋末年蒙古軍隊攻占成都時，就已將宴飲遊樂活動賴以存在的經濟基礎和社會條件摧毀了，這種娛樂活動便很難看到了。元人戴良在《九靈山房集‧旌表金氏義門記》中說：「宋亡垂八十載，故家舊俗就湮微，而流風遺韻之存者寡矣。」明初宋濂在《文憲集》中亦說：「元有天下已久，宋之遺俗變且盡矣。」文天祥《文山全集‧衡州上元記》中也說：「益

---

1　陳世松、李映發：《四川通史‧元明》，四川人民出版社，2010年，第348頁。

州承平時，元夕宴遊，其風流……而今不可復得矣。」這基本上可以說明，在南宋與元交戰的後期中，成都傳統的宴遊歲時娛樂活動已經不再舉行。元入四川後，四川的人口結構也發生了變化，元代揭傒斯在《揭文安公全集‧彭州學記》中說：「土著之姓十亡八九，五方之俗更為賓主。治者狃聞習見，以遺風舊俗為可鄙，前言往行為可陋。」在這樣的條件下，四川的傳統娛樂活動自然衰落，使後人多有感慨。如元史學家費著緬懷宋代年節之興和游宴之樂，而寫了追述宋代風俗的《歲華紀麗譜》。

然而，元朝的統一，卻促進了與四川周邊少數民族的飲食文化交流。如這一時期陝西移民進入蜀地康藏地區後，飲食文化方面迅速交流對接，主要表現有：對日常飲食用語進行了漢藏間的對譯，並形成了便於記憶、便於學習的民諺形式，如「酥油瑪，鹽巴察，大人鬍子喀蘇熱。卻是你，可是他，喝茶加統飯熱瑪。來叫學，去叫松，藏族白米漢叫甲」。對饅頭等食品的稱呼倒是沒有區別，藏族無「饅頭」之稱，而叫「蒸饃」「饃饃」，與北方的陝西人、河南人等稱饅頭為「饃」一致。

❷‧道教、佛教飲食文化的興起

元代是四川地區道教、佛教的興盛時期，對四川這一時期的飲食文化有很深的影響。道教是中國的本土教，於漢代起源於四川。道教崇尚自然，返璞歸真，倡導飲食養生，形成了一套具有宗教特色的飲食文化。在道家飲食思想中，「養」是其內核，「天人合一」是其靈魂。其中的「養」即指無論在飲食對象、飲食方法，還是在飲食觀念上，都在追求個人融入天地自然的努力，從而達到人類與自然「天人合一」、合於「道」的境界。

為了養生，道士多利用當地天然物產精製出許多特色飲食，以達到食療的效果。最有名的是「青精飯」，又名「青精𩜒石（飯）飯」「烏飯」「烏米飯」等，是道家發明的一種保健食品，晉代以前即已出現。它本是道家在山中修練時日常所食，後又加了許多藥料，成為富於滋補營養的食療食品。東晉葛洪《神仙傳》言：「鄧伯元、王元甫俱在霍山，服青精飯。」《證類本草》載南朝陶弘景《登真隱訣》

中有「太極真人青精幹石𩚖飯法」。至唐宋時成為四川人在寒食節食用的佳品，亦以敬祀祖先。杜甫在《贈李白》詩中表現出對它的青睞：「野人對羶腥，蔬食常不飽。豈無青精飯，使我顏色好。」宋人范致明《岳陽風土記》說：「岳州四月八日，取羊桐葉漸米為飯，以祀神及先祖。」宋末元初陳元靚的《歲時廣記》卷十五引《零陵總記》記載了寒食節「青精飯」的製作與食用：「楊桐葉、細冬青，臨水生者尤茂。居人遇寒食採其葉染飯，色青而有光，食之資陽氣。謂之楊桐飯，道家謂之青精飯，石飢飯。」楊桐亦稱羊桐、南燭、烏飯草，「本草」類醫書均言其有益精氣、強筋骨、明目、止洩之功，久食可使人容顏煥發、延年益壽。

道教最早的教派是張道陵建立的「正一教」，建立於東漢順帝年間的青城山，其後在天師道、龍虎宗長期發展的基礎上，於元代中後期正式形成，流傳至今。由於道教最古老的教派——正一教規定教徒可以飲酒、吃葷、娶妻生子，所以青城山道士可以釀酒、飲酒。而宋元之間王重陽創立的「全真派」，其教規則定不結婚、不吃葷、不飲酒。正一教認為酒是天祿，可以養身，唐代青城山道士用獼猴桃釀酒，稱為「乳酒」，並以之待客。後來，青城山的「洞天乳酒」為「青城四絕」之一。

道教飲食觀為了實現「養」，同時也產生諸多的「忌」，共同構成道家的飲食之「道」。一忌多食過飽。提倡適時、少食，不能大飢大飽。二忌飢甚而食，渴甚而飲。三忌冷生硬敗食物。四忌「四食」。即不吃牛肉、狗肉、烏魚和鴻雁。五忌五葷。即不吃韭、薤、蒜、蕓薹、芫荽（香菜）。

道教主張以養生為尚，講究服食和行氣，以外養和內修調整陰陽、行氣活血、返本還元，藉以達到延年益壽的目的，這種思想，是對中國飲食文化的重大貢獻。他們以穀物、蔬菜和水果為主要食糧，並兼以各種草藥入饌，加工成美味的食品。其益氣養生的思想促進了「食補」「食療」的發展，在中國開拓出「藥膳」這一獨特的食物品種，如「豆腐」即是修道煉丹的產品。此外，道教將煉丹的「火候」概念引進烹調製作，也是對中國烹飪的重大貢獻，對中國飲食思想產生了深遠影響。

佛教的素食養生。素食與佛教「五戒」中的「不殺生」相關連，也與所提倡的

「慈悲觀」相因果。佛教寺院所創製的精美素食素饌之品，對中國素食的發展起到了推進作用。宋元素菜在巴蜀地區漸被視為美味，至清代寺廟的素食烹飪達到高峰，許多大廟都有自己的特殊風味。如青城山的雪魔芋已成為四川佛教的著名食品原料。元代的素食被賦予宗教色彩，稱為「齋食」「齋飯」，並在齋食的基礎上發展為「齋席」。齋席主要以豆類及其製品、三菇六耳（香菇、麻菇、草菇、石耳、地耳、銀耳、木耳、黃耳、榆耳）、花生、芝麻、竹筍、蔬鮮果品、麵、米、植物油等為原料，經精心烹製而成。齋席忌用奶、蛋以外的動物原料，忌用五葷，即大蒜、蘭蔥（小蒜）、興渠、慈蔥、茗蔥。四川烹飪齋席著名的寺院有成都文殊院、新都寶光寺等。這些寺院的烹飪發展至現代，以素托葷的仿製水平很高，具有清鮮濃香的口味特色，淡雅清麗的肴饌風貌，標新立異的巧妙構思，成品不同凡響。

由於四川藏區氣候高寒，離開肉食難以解決溫飽和維持體力，加上藏傳密宗不禁肉食，所以在藏傳佛教中，各派僧尼允許吃「三淨肉」，即不見為我殺、不聞為我殺、不疑為我殺之肉。但肉類中有很多禁忌，如忌食魚，認為魚口中無舌，是居水食泥的水中菩薩，食之不敬，必受大罪。有的教派認為，白馬雞、貝母雞為山神所養，鹿、麂、盤羊、山羊是山神的牲畜，不得捕殺；雪豬是僧侶轉生，也嚴禁捕食。農牧區民眾普遍忌食馬、驢、騾、狗肉等奇蹄動物和有齊全上牙的獸類，這也與藏傳佛教的教義有關。

**❸·道教和佛教對川茶的貢獻**

道教對川茶的開發曾作出積極的貢獻。茶生於高山大川，承天地甘露精氣之蘊潤，具有清新恬淡與恬靜超脫的秉性與情懷，與道家教理規定的道教徒在個人修養上要做到「清靜無為，清心寡慾」，並通過個人修練達到延年益壽、羽化成仙的目的相契合。

由於茶有悅志、增進思維、令人不眠及醒酒的功效，道家認為茶是「靈藥瑞草」，飲茶最能養心，養心即可實現人與自然美合而為一，進入「無我」意境，從而能清靜恬淡，輕身耐老，延年益壽。因而，道教對茶利於修行賦予相當大的寄

託。把茶視為輕身換骨，羽化成仙的「上藥」。如他們把蒙頂茶就視為「有神物扶持」的「仙茶」，認為服用後可以返老還童，離塵登仙。

　　隨著道教對茶的認識不斷深入，希望長生不老的道士們逐漸開始了在修行之處種茶、飲茶。不少寺觀在附近遍山栽茶。四川的產茶區與名茶出產地多有道教宮觀，不少寺廟所制之茶成為名茶，這就是人們常說的「自古名山出名茶」。蜀中茶歷來以雅安蒙頂茶、青城山雪芽、大邑霧中茶、峨眉竹葉青等最為著名。這幾處盛產茶葉的地方，在過去都是道教所謂的「仙家靈地」，尤其是被後世道教尊為「第五洞天」的青城山，更是翠峰幽谷，溫潤怡人，適宜茶樹的生長。加之此處為仙家修真的聖地，地脈奇佳，物產多含靈氣，青城山的「青城貢茶」「茅山茶」歷來被譽為仙茶名品。道徒亦以種茶、製茶為能事，延至後世而不衰。清人江錫齡著《青城山行記》，詳細地記述了他在灌縣上清宮等地觀看道徒種茶、製茶和經營的情景，是川茶烘焙史不可多得的資料。「巨鍑六七具，負牆而立，牆外辟曲突，數人燃薪其中。鍑熾，則以巨畚盛嫩茗納入，合兩手左右撓之，不以杖，不以箸，不以杷鐽也。少頃，烴焰迷人目，隱隱作爆豆聲，取置竹箔上，一人採且播，若團麵然，汗涔涔如，弗顧也。既而盛於繡囊，踏之以足，往復蹂躪，數數乃已，如是者再，啟視則葉片縮如豆，白毫茸茸然，斤得不過四五兩，即山中所稱之鴉雀口也。」這種烘焙法一直延續到民國時期，四川各地茶葉的製法亦與此大同小異。

　　佛教重視「茶禪一味」的境界。茶與佛教的「坐禪」修行有很大關係，坐禪講究專注一境，靜坐思維。而且坐禪時的標準姿勢是要求雙盤膝，頭正背直，不動不搖，不委不倚，更不能臥床睡眠。有的坐禪長達90天之久。為克服長時間坐禪的疲勞，佛教徒需要一種既可驅除瞌睡，又符合佛教戒律的飲料，茶便與佛教結下不解之緣。佛寺的僧人坐禪唸佛，茶可以消除坐禪帶來的疲勞，驅睡提神，具有助消化、清神氣，去雜念的功效。

　　古人將茶概括有「十德」，即以茶散郁氣，以茶驅睡氣，以茶養生氣，以茶驅病氣，以茶樹禮仁，以茶表敬意，以茶嘗滋味，以茶養身體，以茶可行道，以茶可雅志。茶與禪均追求精神境界的提純和昇華，於是有了「茶禪一味」的哲學命題。

在這種背景下，元明時掀起飲茶高潮，品茶成了參禪的前奏，參禪又成了品茶的目的，茶與佛教的開悟頓悟相通達，二位一體，水乳交融。在茶禪交融中，達到品味物我合一的無限。

寺僧的品茶藝術活動是怡情悅性，表達禮儀，結交友人的特殊方式。茶葉是寺廟常備之物，每當宗教吉日，寺院便熬茶，聚飲，凡大寺廟都有熬茶大銅鍋，金光閃爍，高可過人。寺院中都設有茶堂招待施主，還有專司烹茶的僧人和向公眾惠施茶水的僧人，足見宗教禮儀中對飲茶的重視。

四川地區的佛教寺院提倡僧人種茶，並自己製茶，以茶作為供佛的祀品。不少僧人是種茶或製茶的高手。一些名茶最初就是由寺院種植而成的，如四川的「蒙山茶」據傳就是由漢代甘露寺的普慧禪師親手所種的「仙茶」加工而成。它與峨眉山的「青城貢茶」「青城雪芽」都是中國寺院名茶的代表。

## 第二節　雲貴桂地區行省的建立與經濟的恢復發展

元代前期，由於戰爭的破壞，使得雲貴桂地區的經濟較為蕭條，飲食文化較前代並未有太大的發展。但元朝的統一，為這一地區帶來了新的生機，戰爭創傷不斷得到修復，特別是元政府在雲貴桂地區建立「雲南行省」和「湖廣行省」以後，使西南地區進入了經濟發展的新階段，同時，也給這一地區帶來了一些不同的飲食資源和食俗。

### 一、雲貴桂地區發展的新階段

**❶·雲南行省的設立及經濟的恢復與發展**

十三世紀中葉，蒙古國大汗蒙哥命其弟忽必烈率兵遠征大理國，於西元

一二五三年將大理國平定。西元一二七四年世祖忽必烈命賽典赤・贍思丁為雲南行省平章政事治理雲南。至此蒙元統一了雲南。蒙元對雲南的統一，要早於元朝建立近二十年（西元一二七一年忽必烈定國號為元），這也是元朝對雲南的統治影響更為深遠的一個原因。

行省制度是元朝的一項重要創造，它把地方軍政權力集於一身，「凡錢糧、兵甲、屯種、漕運、軍國重事，無不領之」。雲南行省建立後，統轄37路、54州與府縣數十處，其統治範圍包括今雲南省、貴州西部、四川西南部，以及今緬甸、老撾和泰國的北部地區。賽典赤把省治設在中慶（在今昆明），改變了南詔、大理國約五百年以洱海地區為統治腹心的格局。此舉還標誌著雲南正式脫離巴蜀地區的管轄，成為中央直轄下的一個省，至明清兩代相沿未改。設雲南行省後，元朝十分重視對雲南行省轄地的經營，尤其是使中慶地區獲得迅速發展，不久便超過大理成為全省政治、經濟的中心。十餘年後馬可・波羅途經中慶，此時的中慶已是一個「大而名貴、商工甚眾」的重要城市。元代以後，歷代省治皆設於昆明。

重視發展交通。由中慶經大理至金齒的道路，是通往鄰邦最重要的通道，沿此道入今緬甸北部，往西可至今印度的阿薩姆邦，往南沿伊洛瓦底江南下可達緬甸南

▶圖7-1　「馬可・波羅觀見忽必烈」圖

部。交通道路的發達，促進了這些地區的經濟文化交流。馬可‧波羅說：今雲南大理、開遠一帶盛產良馬，「多售之印度人，而為一種極盛之貿易」。雲南行省的官吏述律傑，也指出雲南行省流行佛教是因受印度的影響，《新纂雲南通志》引《重修大勝寺碑銘》說：「（雲南人）手捻菩提珠，口誦阿彌陀者，比比皆然，尤其地連西竺，與佛國通，理勢然也。」

從中慶到內地也新開通了道路，其中以普安道最為重要，影響也甚為深遠。這是一條由昆明經貴州達湖南的通道，結束了1000餘年來雲南受四川管轄的歷史。自此以後雲南與長江中下游地區的聯繫大為加強，兩湖、江西等地的移民大量進入雲南，雲南外地移民以四川人為主的局面隨之改變。位於道路附近的貴陽、曲靖、昆明、楚雄、昭通、玉溪等地，也成為雲南行省轄下的、經濟發展較快、接受兩湖、江西等地文化較多的地區。

廣開屯田。蒙軍入主中原之初，多有肆行殺戮、荒蕪田地的記載，以後逐漸認識到農業的重要，對恢復與發展農業生產始予重視，遂在雲南行省廣開屯田。據《元史‧兵三》：蒙古軍南下，遇堅城大敵必屯田困守，統一全國後各行省「皆立屯田，以資軍餉」。雲南、八番、海南等地，因是蠻夷腹心，尤「設兵屯旅以控扼之」。賽典赤查閱中慶地區百姓戶籍，得隱戶萬餘，以四千戶即其地屯田。至元二十六年（西元1289年）乃全面設立雲南屯田「以供軍需」。據《元史‧兵三》與《元史‧地理四》記載，雲南行省屯田總戶數有19149戶及6000人，屯田約483335畝，數量頗為可觀。其中以烏蒙、中慶、大理、威楚、曲靖、臨安等處的規模較大，烏蒙等處屯田總管府的軍屯達125000畝，相當於全省屯田數量的1/3強，意味著東晉以來遭受戰亂殘破的今滇東北地區，農業經濟的恢復和發展。

進行屯田後，不僅農業生產獲得發展，內地先進的經濟文化因素亦隨之傳入。元人虞集《道園學古錄》中說：雲南東部蠻夷屢叛，「議者請據其腹心而制之」，乃於烏蒙立「宣撫司」並開屯田，初時吏士或亡或叛莫能定。又據元人陳旅《要雅堂集》載，此後行省官員兼領其事，命專人負責屯田，數年後風氣大變，「幾不異於中州」，屯田地區出現了「府中儲積多如山，陂池種魚無暵（hàn）乾，幾聞春

礁（wéi）響林際，仍為窳（yǔ）疏流圃間」的興旺景象。此外，各地餵養黃牛、水牛、羊、豬、雞、犬等畜禽也十分普遍。

興建水利。中慶城緊鄰寬廣500餘裡的滇池。《元史·地理四》記，大理國後期，滇池因年久失修經常氾濫，乃至「夏潦暴至，必冒城郭」。賽典赤至雲南後，用在上段六河疏蓄、下段海口擴導的方法治理。他以滇池上游的盤龍江為重點，沿河疏濬並修築松華壩，「以時啟閉，缺則放水，治則索蓄之」。又派張立道等疏通滇池下游的洩水口海口河，使滇池水位大幅度下降。雲南人民對賽典赤浚六河、張立道等擴海口十分感激，喻之為李冰鑿離堆傳頌至今。在其他地區，行省也興建不少水利工程。《大理行紀》中說今祥雲有「青湖」，頗有灌溉之利；又說今鳳儀縣有神莊江，可溉田千頃，「以故百姓富庶，少旱虐之災」。作者郭松年於元初宦滇，所述水利工程應為大理國所建，但當有元朝修繕方能維持功用。另據《元一統志·通安州》：今麗江的通安州引山泉下注成溪，灌溉民田萬頃。時代的《雲南圖經》記，姚安府建有13處陂堰，為鎮守雲南的蒙古梁王等主持修建。

開採食鹽。食鹽也是雲南行省大宗生產的產品，尤以大理路和中慶路的產量較大。《馬可·波羅遊記》說，押赤城（中慶城）有鹽井，「其地之人皆恃此鹽為活，國王賴此收入甚巨」。其他地區的鹽井也得到進一步開採，《元一統志》說，威楚山川清秀，壤土肥饒，「地利鹽井」；建昌路金珠富產，穀粟豐盈，民足衣食，「牛羊、鹽馬、氈布通商貨殖」。除充分利用前代開採的100餘處鹽井外，雲南行省還新開了一些鹽井，如開南州的哀卜白鹽井即未見前代記載。雲南行省生產食鹽，還注意到便利百姓，馬可·波羅說建都一帶的小貨幣用鹽製成，其法是取鹽煮之再用模型範鑄為塊，「每塊重約半磅」。這種以食鹽范鑄製成「小貨幣」的做法肇自南詔，其產品既可充貨幣流通，在缺鹽的地區亦可溶解食用，元朝沿襲前代舊制未改。

❷·湖廣行省的建立與經濟的發展

西元一二七四年元朝成立荊湖行省，以後改稱湖廣行省，省治先後設在今武漢及長沙，今廣西地區受湖廣行省統治。元朝末年曾在今廣西短暫建省，不久明軍攻

◀圖7-2 被稱為「安南鎖鑰」
的廣西友誼關

下靜江路（治今廣西桂林），廣西地區遂脫離了元朝的統治。

　　這一地區的交通發達。元政府在今廣西設置的驛道，以靜江為中心，分別通向岳州（治今湖南岳陽）、湘潭（治今湖南湘潭）和新州（治今廣東新興），或經梧州（治今廣西梧州）通達北流（治今廣西北流），西南則至邕州（今廣西南寧），乃接通入雲南和安南（今越南北部）的驛路；或經賓州（治今廣西賓陽）渡海到達瓊州（治今海南島瓊山），從而形成四通八達的網絡。

　　元朝建立初期，與安南（今越南北部）的往來較多。據《元史》與《安南志略》相關記載統計，元朝遣使至安南有44次，安南遣使入元及進貢有63次。據《元史·安南傳》記載：至元十二年（西元1275年）安南國王上表元朝：「自降附上國，十有餘年，雖奉三年一貢，然迭遣使臣，疲於往來，未嘗一日休息。」由此可見兩國往來頻繁的情形。通過廣西與雲南，使元朝與占城、老撾、八百媳婦等鄰國一直保持聯繫，元朝交往的區域遠至柬埔寨等地。

　　積極開展屯田。《元史》記載，西元一二九一年，廣西元帥府招募南丹州民戶5000戶屯田，還發給屯戶耕牛、種子與農具。次年，廣西兩江道宣慰副使烏古孫澤募民4600餘戶，在與安南接界的雷留那扶設置十處民屯，又修建陂堰八處，開墾水田522頃，屯田以後收成豐稔，歲收五萬餘石。元朝在今廣西屯田的規模雖不如雲

南，但對墾殖的促進作用仍十分明顯。

興修水利。據《元史》記，烏古孫澤在湖廣行省南部設置十處屯田，並開墾水田522頃，修建了八處陂堰。對人工運河興安靈渠進行過兩次大規模的整修。元人蘇天爵《元朝名臣事略》記，至元年間，阿里海牙率軍民修復靈渠的36座斗門，「以通遞舟」。明嘉靖《廣西通志》引黃裳《靈濟廟記》，一三五五年，肅政廉訪副使也兒吉尼組織修復被山洪沖毀的靈渠，「漕溉之利咸復其舊」。

農業生產進一步發展。《元史‧食貨一》記載了全國歲納的糧數，湖廣行省為843787石，在納糧的九個行省中名列第四。另據《元史‧食貨二》載：湖廣行省歲納酒課58848錠有餘，在納酒課的九個行省中名列第三；歲納醋課1231錠有餘，在納醋課的七個行省中排名第四。可見湖廣行省生產的糧食和上繳糧食的數目，在全國諸省中屬於中上水平，而且酒、醋的消費量較大，說明當地居民飲食的水平有所提高。

食鹽是湖廣行省生產的大宗產品。元朝對食鹽的生產和運銷十分重視，元人陶安《陶學士集‧送胡達卿序》中說：「國家財賦，鹽利為盛」。今廣西瀕海地區的

▲圖7-3　雲南傳統式樣的清真寺

製鹽業在元代有了進一步發展。西元一二七六年，元政府即在今廣西瀕海地區建立了鹽務管理機構「廣海鹽課提舉司」；當年食鹽產量便達960萬斤，接近南宋時期產量1000萬斤的水平。[1]西元一二九三年，元政府又設立了廣西「石康鹽課提舉司」，西元一三〇六年鹽的產量增加了11000引，西元一三〇八年又增鹽15000引。據《元史》載，至元世祖在位的末期，僅南方所產食鹽的量已超過南宋時期的全部產量，尤以今廣西地區增加的幅度最大。至文宗天歷年間，全國的鹽產量到達最高點，西元一三一五年今廣西地區所產鹽達50165引；以後隨著元朝統治的逐漸衰敗，食鹽的生產呈逐步下降的趨勢。

這一時期，該地茶葉的種植與加工也有了較大發展，元政府還設置了相應的機構收取茶葉貿易稅。《元史》記，西元一二八六年，元政府復立靜江等處「榷茶提舉司」。

此外，各地城鄉的墟市（或稱圩市、圩場）不斷增加。據陳璉《桂林郡志》卷七：明朝景泰年間廣西臨桂縣有圩場九處，該書註明「舊墟，今增二墟」，說明晚代圩場是由元朝的圩場發展而來。另據《永樂大典》卷2339，明初廣西境內其他地區的圩場還有數處，如玉林州有四處，博白縣、興業縣各有一處，也都是由元代的舊墟發展而來的。


## 二、多民族特色的飲食習俗

元朝在雲南建立行省後，在賽典赤的治理下，雲南開始步入內地化的時期。由於在農業地區廣泛開展軍民屯田，雲南行省的農業有較大的發展，為飲食文化的發展提供了豐富的物質基礎。此外，在元朝統治期間，有不少蒙古族人、色目人（主要是信仰伊斯蘭教的穆斯林）和漢人移居雲南，帶來了新的文化與習尚。這為雲南飲食水平的提高創造了條件，並由此形成一些新的飲食習俗。

1　郭正忠主編：《中國鹽業史》古代編，人民出版社，1997年，第431頁。

善製乳品。雲南多牛羊，在很早的時候，當地民族便普遍飲用牛羊奶，並擅長製作各種乳製品。至元代，各民族融合、吸收南北方做乳製品的方法，製作出有鮮明地方特色的乳餅與乳扇。如產於雲南路南縣的乳餅，係以羊奶經酸漿點製而成，成品呈乳白色豆腐塊狀，形狀白嫩細膩，嗅之有新鮮乳香味，食法靈活多樣，既可生食，亦可煎、貼、燴或蒸，為雲南各民族所喜愛。乳扇，是大理地區的特產，流傳至今，食者讚不絕口。《滇海虞衡志・乳扇》言其製法：以黃牛乳煎釀而成，以其狀如扇而得名。若母牛產犢，主人乳之月餘而斷其乳，換豆漿飼之，置之別欄。乃取母牛之乳，以小鐺盛酸漿半碗，煎將沸，入乳汁半碗，釀之頃刻，其精華漸結成乳質，餘悉化為水。揉其乳質成團，以二短箸輪卷而引長之，佈於竹架成張頁而曬乾之。成品微黃，滋潤潔淨，似稍卷帶乳香之厚紙，可對折如扇，故稱「乳扇」。凡產乳扇之地，若生公牛，主人出售以耕田，生母牛則畜之以取乳，因此牡賤牝貴，「以取乳之利厚然也」。

善用食鹽。雲南所產岩鹽的製法大都是汲取鹽水以柴火煎乾，鑄以為塊鹽或筒鹽。塊鹽堅硬味香，食時須搗碎或敲碎。亦有山區百姓將塊鹽吊於鐵鍋上方，煮湯時垂入湯中，晃蕩數次以取鹹味者。雲南諸族很早便知，以筒鹽醃製火腿或臘肉，色鮮而有老臘肉香味，年代愈久其香愈烈；若烹煮多年老火腿，彌屋香味尤使人饞涎欲滴。宋代大理國已有餵鹽助馬復膘的做法，元代雲南諸族，還以筒鹽為馬匹保健或作為治病的良藥。據《元史・文宗四》載，至順二年（西元1331年），雲南行省奏：亦乞不薛（指今貴州地區）之地所牧國馬，每月於上寅日按時餵鹽，「馬健無病」。今因伯忽叛亂而「雲南鹽不可到」，以致所牧國馬多有病死。可見雲南所產筒鹽用於馬匹的保健防病確有奇效。

以「蘸水」提味的食俗。肉類、蔬菜烹煮時不放鹽，食時再蘸「蘸水」以提味，是雲貴各民族地區常見的食俗。「蘸水」是以鹽、辣椒、醬油、麻油與腐乳配製而成。採用如此食法，菜餚鹽味的濃淡、配料的辛辣與否可各自掌握，入口別有一番滋味。偏遠地區的居民，以「蘸水」蘸食蔬菜或肉類，還有節省食鹽的用意。即使是最好的食品也是這種吃法，如在烏蠻等山地民族中，「砣砣肉」（經烹煮後切成

巴掌大小方塊狀的豬肉或羊肉）是待客最佳的食品，用它待客是最高的禮數。食用時，既可蘸鹽而食，又可蘸「蘸水」。

食肉習俗。元代雲南大量飼養牛、羊、豬等牲畜，視食肉為日常飲食及待客佳品。食法多樣，一些地區的民族嗜食生肉或半熟之肉，視之為難得的至味。馬可·波羅述其在雲南的見聞時說：哈刺章州（今大理一帶）居民有食生肉的習俗，勿論羊、黃牛、水牛或雞之肉，均細切其生肝，置熱水摻香料的調料而食。另據元代《雲南志略·諸夷風俗》載：白蠻「食貴生，如豬牛雞魚皆生醃之，和以蒜泥而食」；明代景泰年間的《雲南圖經志書》、正德年間的《雲南志》亦有類似的記載。

元代今廣西地區，其農業和畜牧業進一步發展，農業地區仍普遍以稻米為主食。居住城鎮附近地區的民族，主要經營種植業，同時以土產與其他地方的居民換取所需產品。如嘉慶《廣西通志》記，臨桂縣的高山瑤，種植粟、芋、豆和薯類，並以當地出產的蜂蜜、黃蠟、香菌、山筍等向其他地區「貨以易食」。元代居住全州清湘一帶的瑤人，遠處深山遠谷，但已耕種山地，種豆、薯和芋等作物，同時出產楮皮、厚朴等藥材。西元一三二二年，廣西宣慰使燕牽說：今廣西地區瑤人的情況不一，元人蘇天爵《元文類》曰：「猺族非一生於深山窮谷者，謂之生猺，野處巢居，刀耕火種，採山射獸以資口腹。標槍藥弩動輒殺人。其雜處近民者曰熟猺，稍知生理亦不出賦。」

第八章　明朝時期

# 第一節　四川地區經濟的持續發展

　　明王朝進入四川後，為了鞏固統治，於西元一三七八年，朱元璋封朱椿為蜀王，在成都建立蜀藩王府。並設置四川承宣佈政使司，建立四川各府、州、縣地方政府進行管理。此外，還在少數民族地區推廣土司制度，加強了對這些地區的政治統治和經濟控制。

## 一、農商經濟的持續發展

### ❶·「湖廣填四川」的移民潮

　　元末明初，以今湖北籍為主的南方移民大量進入巴蜀地區自動落籍，可視為「湖廣填四川」的較早源頭。元至正十七年（西元1357年），活動在今湖北一帶的紅巾軍明玉珍（今湖北遂縣人）部千餘人舉兵入蜀，其將士多來自「湖廣」地區（即今湖南、湖北全境）。明玉珍在重慶稱帝（國號大夏）後，建立了各項統治制度，使四川地區較早地實現了社會安定和生產的恢復發展。而此時期，湖北戰亂不休，大量「湖廣」籍尤其是麻城、孝感地區的移民陸續遷川。後大夏國被明軍所滅。據史家考證，明洪武四年（西元1371年）明朝平蜀時，四川約有15萬戶，93.75萬人。至洪武二十六年（西元1393年），四川地區有戶21.57萬戶，146.68萬人。據史家推測，明初約有30萬人移民四川。[1]明代中後期，除「湖廣」移民外，還有長江中下游地區、東南沿海地區和雲貴等省區都有移民入蜀。四川人口持續增長，為明朝四川地區社會經濟發展了奠定了基礎。[2]

西南地區卷·上冊

---

1　李世平：《四川人口史》，四川大學出版社，**1987**年，第**141**頁。
2　陳世松、李映發：《四川通史·元明》，四川人民出版社，**2010**年，第**283**頁。

中國飲食文化史

❷．政策開明，農興商旺

　　明朝建立後，推行一系列發展四川經濟的政策。首先在各地進行水利建設，使堤堰得到整治，保證了成都平原的水利灌溉，推動了農業生產的恢復。其次在四川推行屯田，既擴大了耕地面積，又增加了糧食產量。農業生產多有發展。《松窗夢語》一書記載了嘉靖年間，張瀚入蜀的所見所聞，他途經萬縣時見到「盤旋山谷中水田村舍之間」，這些水田實際上是梯田，可見丘陵和山區的水稻播種亦有發展。其時，四川「地多二麥，春仲大麥黃，小麥穗，皆早於江南月餘」。四川小麥以夔州所產最為有名，其麥麵白味甘。此外，紅薯、馬鈴薯逐漸成為四川山區的主要糧食作物。

　　隨著農業和手工業的恢復與發展，四川的商品流通也發達起來。明朝四川地區商業的發展比較平穩，《明宣宗實錄》載，宣德四年（西元1429年），明朝對全國商品流通量較大的33個府州縣攤派稅課，其中包括成都、重慶、瀘州等三處。其中，成都依舊是全川乃至西南的商業中心。至明中後期，商業發展更為顯著。據萬曆《合州志》載，本地城內有木市、柴市、菜市、果市、茶市、鹽市、布市、豬羊市。本地集市的繁榮，也推進了外銷市場的發展。這一時期，米、鹽成為銷往外省的主要商品。米由商賈遠銷湖北，鹽遠銷陝西、湖北、貴州、雲南諸省。

　　四川商品糧貿的繁榮，調動了農民從事糧食生產的積極性，避免了穀賤傷農的不良後果，活躍了四川的糧食市場，推動了四川及長江沿岸各省水運業、碾米業等行業的發展，長江中、下游省區的商品經濟一時活躍。同時，也促進了少數民族地區商貿的發展。當時的雅安打箭爐（今甘孜藏族自治州康定縣）即是藏漢人民互市的場所，藏民經常來內地把馬匹、藥材、土產等物換成鹽、茶和布匹。《明史・西域傳》還記：「專務貿販碉門烏茶，蜀之細布，博易羌貨，以贍其生。」這都說明了明代四川地區經濟發展之繁榮。

**❸**·鹽業生產回升

明政府為恢復四川的井鹽業，採取了一些積極措施，如將灶戶編入灶籍，大量鹽民充灶，設「鹽課提舉司」總理全省鹽政等，使井鹽業有了一定的回升。明初，四川地區有鹽井278口，為元代四川鹽井數量的3倍；至景泰時期（西元1450-1456年），鹽井增至1380口。

這一時期，採鹽技術亦有發展，採用機械汲鹵的卓筒小井生產也普遍發展起來，郭子章在《鹽井圖記序》中記，當時出現了「古井百一，竹井十九」的局面。就產地而言，萬曆《明會典》載，明嘉靖年間（西元1522-1566年），卓筒小井已分佈在全省的57處州縣。至於川鹽的產量更有大幅提升，據《明史·食貨志》載：四川鹽課，「洪武時（西元1368-1398年），歲辦鹽10127000餘斤，弘治時（西元1488-1505年），辦20176000餘斤。」到嘉靖年間，增至3000多萬斤，足見當時鹽業之盛。明代鹽業的發展，還包括自流井嶄露頭角。張瀚在他的《松窗夢語》中對蜀地的自流鹽井也做了描述：「內江、富順之交，有鹽井曰自流，新開，原非人工所鑿，而水自流出，汲之可以煎鹽。流甚大，利頗饒，多為勢家所擅」。這引來了不少陝西商人到自流井附近安家落戶，經營鹽業，使這一地區鹽業日漸發達，至清代這裡已成為四川鹽業中心之一。

**❹**·川茶發展疲滯

經過宋元戰爭，四川的茶業生產趨於衰落。明初，由於戰亂不斷，烽煙遍地，茶葉生產受到嚴重破壞。但是，明政府頗重茶馬之利，也鼓勵茶農生產，宣德四年（西元1429年），萬曆《明會典·茶課》有「令免四川茶戶徭役」的記載。但在當時的制度下，沉重的課稅和禁止茶農經商的規定，都嚴重地束縛了茶葉的生產，加上茶葉流通疲滯，茶農飽受商人剝削，川茶發展仍處阻滯之中。總觀，由於戰爭創傷和茶法的苛刻，川茶業一直處於阻滯之中。明初川茶課稅由100萬斤減至46.5萬斤。隆慶以後，川茶引額又減少1200引（每引百斤）。明代後期，四川茶課仍停留

在四五十萬斤的水平上。[1]

　　明朝承襲了唐、宋以來在民族地區推行茶馬貿易的政策，並進一步發展。明太祖「以其地皆食肉，倚中國茶為命，故設茶課司於天全六番，令以馬市，而入貢者又優以茶市」。[2]由於邊茶有利可圖，私茶越來越多，政府為控制邊茶的供應，對茶商的活動予以嚴格約束，遂形成「引岸制度」。朝廷在陝西、四川邊境設置茶馬司，由政府頒「茶引」於產茶州縣，商人赴官納錢請引，每引百斤，憑引轉運，如有茶無引或茶、引相離者，即作私茶論處治罪。明代前期，在陝西地區的茶馬貿易中，四川的邊茶占茶葉總額的98%以上。至嘉靖時期，黎州、雅州兩地仍是邊茶的大市場，這裡茶價高、銷量大，商人利潤豐厚。黎、雅邊引額由1萬引增至3萬引，占全川引額的79%。此外，明朝對茶商的轉運路線也作了規定。例如巴州、通江、南江所產之茶，運銷四川內地和松潘地區；巫山、建始所產之茶，則運銷黎州、雅州等地。這樣的政策約束了川茶生產的發展。

　　由於茶有助消化、解油膩的功效，特別為食肉飲乳的畜牧民族視為日常飲食之必須，是少數民族飲食結構中的重要組成部分，於是，茶馬互市被藏族人民視為「金路」，也為自己的牲畜和土特產品找到出路。「馬市為夷貨流通之府，胡漢之人胥仰給焉。搶掠所獲不足以當市易之利，夷人以市為『金路』，惟恐失之。」除民間貿易和官方組織的茶馬交易外，藏區土司頭人和上層喇嘛還以朝貢的方式至內地貿易。明代西僧入貢使團規模龐大，如《明憲宗實錄》載，成化年間規定的烏斯藏遣使多不得過150人，「由四川路入」；《明史‧西域傳》記，弘治時，長河西及烏斯藏諸番並貢，使者竟至2800餘人。這種入貢和賞賜不僅加強了藏區與中央的政治關係，而且也密切了漢藏民族間的經濟文化交流。但另一方面，明統治者片面強調「以茶馭番」，力圖壟斷茶馬互市，過多地利用政府行政手段進行干預，嚴重阻礙了商品經濟的自然發展。

---

1　賈大泉、陳一石：《四川茶業史》，巴蜀書社，1988年，第148、151頁。
2　李化龍：《議復開市撫賞疏》，賈大泉、陳一石：《四川茶業史》，巴蜀書社，1988年，第103頁。

### ❺ · 蒸餾白酒的發展定型

明代的四川釀酒業在川酒發展史上占有重要一頁，傳統名酒歷經唐宋而不衰，已形成非常成熟的蒸餾酒釀造技術，如「五糧液」酒的前身「雜糧酒」在前代蒸餾酒的基礎上繼續發展；並出現能夠進行較大規模白酒生產的釀造作坊，如「瀘州老窖」和成都水井街的酒坊遺址的發現。

明初，出現了釀酒專業作坊──「糟坊」。宜賓城裡釀酒的糟房林立，較有名的有「溫德豐」「德盛福」「長發升」等。此時，「五糧液」的前身名為「雜糧酒」，是「溫德豐」糟坊用大米、糯米、蕎子、高粱、玉米五種糧食為原料，按不同比例混合釀製而成的。這種製法繼承了唐宋時「荔枝綠」「姚子雪麴」的釀造方法，是在其基礎上發展而成的。「雜糧酒」問世之後，聲名鵲起，因此在明清時期宜賓城內有「北門窖子出好酒」的民謠。

現代許多名酒都是在此時發展而來的。如「瀘州老窖」，經專家鑑定，建成於明代萬曆年間（西元1573-1619年），是歷史上的「溫永盛」糟房的所在地。其中，共有百年以上窖池57口，明代窖池4口，清代窖池53口，占地總面積1960平方米，充分反映了酒文化的發達狀貌，奠定了「三百年老窖」名酒的基礎。[1]二〇〇一年，成都水井街酒坊遺址發掘是目前國內首例古代酒坊遺址專題性發掘，跨越了從明代至近現代的時間範圍。根據遺址內種類豐富的釀酒遺跡、出土的眾多飲食器具，可以復原出傳統白酒釀造工藝的全部流程，堪稱中國白酒的一部無字史書，譽為中國白酒第一坊，被吉尼斯世界紀錄載為「最古老的釀酒作坊」。[2]

明政府對私釀自用酒醋「皆勿稅」，但對商家買賣則要徵稅，其規定「凡客商匿稅，及賣酒醋之家不納課程者，笞五十，物貨酒、醋一半入官。……其造酒醋自用者，不在此限」。[3]釀酒自用不課稅的政策，與歷朝酒政大不相同，給全國酒業帶

---

1　瀘州老窖史話編寫組：《瀘州老窖史話》，巴蜀書社，1987年，第24頁。
2　陳劍：《四川酒文化考古新發現述析》，《中華文化論壇》，2001年第2期。
3　龍文彬：《明會要·食貨五》，中華書局，1956年。

來了勃勃生機，也使四川酒業得以進一步發展。[1]

**❻·保寧醋誕生**

現今四川閬中（古稱保寧府）的保寧醋，為全國四大名醋之一，始創於明末清初，迄今已有400多年的歷史。保寧醋以大米、玉米、麩皮為原料，用五味子、白叩、砂仁、杜仲、枸杞、建曲、荊芥、薄荷等生津開胃、健脾益神的70多種中藥為曲藥，取流經城南的嘉陵江冬季流水製成。據說用嘉陵江中流冬水釀成的醋，香味濃郁，酸而微甜，入口生津，久存不腐。這樣製成的保寧醋色澤絳紅，酸味柔和，醇香回甜，不僅宜於佐餐，而且有開胃健脾、預防感冒等功能，並於一九一五年榮獲巴拿馬萬國博覽會金質獎章。閬中之所以能出名醋，一是歷史悠久，閬中作為周代巴子國別都時，其麩醋的製作之半便獨冠醋林。二是釀醋的原料小麥與眾不同。《閬中縣志》載：「川中之麥皆花於夜，邑中之麥有獨花於午者，故其面特佳。」三是有好水，釀醋之水系用優質礦泉水，以高銅低鎘為特徵，對人體健康有明顯作用。還有一個重要原因，就是當地製醋得到了來自中國「醋鄉」山西的釀醋人索廷義的真傳，使釀醋水平達到了最高境地。除保寧醋外，四川渠縣的三匯醋、自貢的曬醋等，也都是優良產品。

## 二、川菜調味、製茶工藝的重大進步及民族食俗

**❶·豐富的調味品促進川菜發展**

巴蜀人自古「尚滋味，好辛香」。當時的辛香調味品，實指椒、薑、蒜、蔥、菌桂、茱萸之類，此外還有鹽麩子、醋麩子等酸性調料。

至明中葉時，食茱萸已成為烹飪川菜的辣味調料而被廣泛使用，這可能是巴蜀地區最早使用的辛辣味調料。「茱萸」為蜀人之稱。《禮記·內則》載：「三牲用

---

1　陳世松、李映發：《四川通史·元明》，四川人民出版社，2010年，第352頁。

藙」，鄭玄《注》：「藙，煎茱萸也。」孔穎達《疏》：「正義曰：賀氏云：今蜀郡作之。」《益部方物略記》：「艾木大抵茱萸類也。實正綠，味辛。蜀人每進羹臛（臛，肉羹也）以二三粒投之，少選（須臾），香滿盂盞。或曰：作為膏尤良。按揚雄《蜀都賦》，當作藙。藙、艾同字云。」並贊曰：「綠實若萸，味辛香苾。投粒羹臛，椒桂之匹。」可見，茱萸是用於畜肉避羶腥，添香味的調料。它也用於酒，《成都古今記》：「蜀人每進酒，輒以艾子一粒投之。少頃香滿盂盞。」李時珍《本草綱目》說：「食茱萸、欓子、辣子，一物也。高木長葉，黃花綠子，叢簇枝上。味辛而苦，土人八月採，搗濾取汁，入石灰攪成，名曰艾油，亦曰辣米油，始辛辣蜇口，入食物中用。周處《風土記》以椒欓、薑為三香，則自古尚之矣，而今貴人罕用之。」可見，川人食茱萸的歷史長達千年之久，並與蜀椒、蜀薑並稱為「三香」。當明末引進辣椒後，茱萸便讓位於辣椒了。

蜀椒，又稱花椒、巴椒、漢椒、川椒、南椒、唐藙、點椒等。它作為作料食用始見於東漢。唐元和年間始，漢源縣出產的「黎椒」，被列為皇家享用的貢品。宋代以後，時興選用川椒作為作料。[1]《本草綱目》載：「蜀椒肉厚皮皺、其子光黑、如人之瞳，人故謂之椒目。他椒子雖光黑，亦有似之。」清《廣群芳譜》引《四川志》說：「各州縣俱出，惟茂州出者最佳。其殼一開一合者，最妙。」茂州，即今之四川省阿壩藏族羌族自治州茂汶縣，如今所產花椒也享譽川內外。

蜀薑，使用起始很早，在《呂氏春秋》中就有記載：「和之美者，陽朴之薑。」其中「陽朴」據古人註釋，多指西蜀或川西，而今人鄧少琴《巴蜀史稿》認為「陽朴」當指重慶市所屬北碚區。薑含有揮發油與薑辣素，有濃烈的辛辣味，並有除異增香，開胃解膩的作用。三國時，蜀薑作為珍貴調料記載於史；東晉時葛洪《神仙傳》中，記述東吳的孫權尤其喜好用蜀薑做生魚片調料。

除「三香」外，還有胡蔥、菌桂、鹽麩子、醋麩子、豆豉等作料。「胡蔥」，係指圓蔥、洋蔥。《本草綱目》云：「胡蔥即蒜蔥也，……胡蔥乃人種蒔，八月下種，

1　江玉祥：《川味雜考》，《川菜文化研究》，四川大學出版社，2001年，第151-152頁。

中國飲食文化史　■　西南地區卷・上冊

五月收取，葉似蔥而根似蒜，其味如薤，不甚臭。……今俗皆以野蔥為胡蔥，因不識蒜蔥，故指著蔥為之，謬矣。」明《群芳譜》謂：「胡蔥生蜀郡山谷，狀似大蒜而小，形圓皮赤，葉似蔥，根似蒜，味似薤，不甚臭。」也是四川古時的主要調料。而現今涼山彝族廣為使用的香料木姜子，是中國古代極其名貴的調味香料，在漢文古籍中稱為「菌桂」。屈原的《離騷》中即有「雜申椒與菌桂兮」的詩句。

鹽麩子和醋麩子都是酸性調料。《本草綱目》言：「鹽麩子生吳、蜀山谷。樹狀如椿。七月子成穗，粒如小豆。上有鹽似雪，可為羹用。」又言：「鹽麩子氣寒味酸而鹹」，「滇、蜀人採為木鹽」。醋麩子是另一種酸性調料，也在《本草綱目》中有記載。

豆豉，又稱「豉」「康伯」「納豆」，是以黃豆或黑豆經蒸煮、發酵而成的顆粒狀食物。早在南北朝時期，豆豉的製作已在民間較普遍，並成為人們喜愛的食品。乾豆豉光滑油黑，味美鮮濃，酯香回甜，川菜中多用作配料和調料。重慶的「潼川豆豉」「永川豆豉」均創製於明末清初，與創製於清道光四年（西元1824年）的「成都太和豆豉」以質量最佳齊名，是一些代表性川菜如「回鍋肉」「棒棒雞」「麻婆豆腐」等不可或缺的調料。

### ❷ · 茶葉工藝的重大進步與茶俗

明代是一個在茶葉工藝發展方面有著重要貢獻的朝代。這一時期，團餅茶漸被淘汰，普遍推行芽茶、葉茶類的散茶。喝茶時講求採時早、葉片小的芽茶，有「旗槍」之說。初芽為「槍」，初葉稱「旗」，皆為茶之佳品。追求茶葉自身特有的香氣和滋味，並試圖運用各種不同的工藝措施達此目標，如「炒青」工藝（烘炒法）的出現，使得明代炒青綠茶的製作工藝達到相當高的水平。明代也是中國茶類由單一綠茶向多種茶類發展的重要歷史階段。自此各茶類逐漸形成。

這一時期，巴蜀製茶普遍採取烘炒法，技藝精良，出產了多種名茶。黃一正《事物紺珠‧茶類》中記載了全國的名茶98種，其中四川占21種。書中認為最馳名的川茶是蒙山茶，其他如雅州的雷鳴茶，瀘州的納溪茶，涪州的南川茶、黔江茶、彭水茶、天全茶、賓化茶、白馬茶、涪陵茶，邛州的毛茶、火井茶、思安茶等也都

有名。在眾多茶的家族中，雞鳴茶也是佼佼者之一，因採自四川城口縣雞鳴寺故名。其特點是茶條纖秀緊結，油潤奇鮮；沏入杯中，葉芽舒展，茶尖朝上，似杯中長出；湯色淺綠明亮，茶味醇濃爽口，嫩香持久，提神清心。清乾隆年間被列為貢品，有「雞鳴貢茶」之譽。而在宋代出現的花茶，在明代已大量製作，四川以茉莉花茶為盛。此外，以紅茶、綠茶、邊茶為原料加工製作的「工夫紅茶」「紅碎茶」「茉莉花茶」「康磚茶」等在四川少數民族地區都很受歡迎。

飲茶習俗也盈盈不衰，不僅在家中飲茶，也在遊玩時飲茶、鬥茶。賀復征《夔州竹枝詞》中說：「亭亭落日萬峰前，寂寂長江帶遠天。幾夜東風過白帝，月明猶自上茶船。」表現了在船上賞夜景時飲茶的情景。王夫之《竹枝詞》也詠道：「江邊寒梅自著花，江上女兒自鬥茶。浪向花前煮片腦，浪疑茶裡點脂麻。」[1]

四川少數民族飲茶有其自身的品飲特點和特殊的文化背景。如藏人飲茶保留了唐宋以來烹煮而食的習俗，茶中和以酥油、糌粑和其他食物。川東地區土家、苗族地區的飲茶方法，則是類似「擂茶」食法，本民族謂之「油茶」。朱權在《臞仙神隱》中對「擂茶」製法的敘述是：「將芽茶湯浸軟，用炒熟芝麻擂細，放川椒末、鹽、酥油餅，再擂勻。細如乾，旋添茶湯。如無油餅，斟酌以乾麵代之。入鍋煎煮，隨意加生栗子片、松子仁、胡桃仁。如無芽茶，用江茶亦可。」這種飲茶方法延續至今。同時，茶在生活中也被賦予了特殊的文化含義。如藏族群眾把茶和幸福連在一起，認為有茶就有歡樂，有歡樂才有幸福。有的牧區把磚茶和牲畜等同，視為擁有財富的標誌。各民族也將茶作為禮的載體廣泛應用於社會禮儀，如客人臨門以茶相待，走親訪友送茶為禮，尊祖祭神以茶為祭品等。

❸ · 漢族與少數民族的飲食習俗

明代前期，飲食方面倡導節儉。明代後期，四川各地飲食風氣由儉而奢，豪吃豪飲，越禮逾制，士大夫放縱聲色，市井平民追逐享受。清歐陽直《歐陽氏遺書》

1　林孔翼、沙銘璞：《四川竹枝詞》，四川人民出版社，1989年，第173頁。

載：「宴集：淡泊是鄙，豐腴相尚，池糟林肉，海錯山珍。」「烹宰：則只圖適口，不惜物命，刳剔極珍極虐，炮炙極怪極慘。」其窮奢極欲，可見一斑。

此時的歲時節慶與元代相仿，據明嘉靖《雲陽縣志》記：「歲時之禮」有「正旦拜賀，元夕觀燈，清明、十月朔日俱拜掃，端午蒲觴，重九登高，冬至祀先。」有的名稱與元人費著《歲華紀麗譜》中的歲時民俗「正旦、上元、清明、端午、重九、冬至」相同，活動亦大同小異。按月開市的舊俗也得到恢復。楊升庵《藥市賦（並序）》中引李膺《益州記》說：「成都有三市，曰蠶市，曰七寶市，曰藥市也，週歲而匝焉。蠶市以清明，寶市以七夕，藥市以重九。」但，游宴民俗，因戰爭和政府禁止則絕跡了。

明代以前，有關四川少數民族飲食文化的史籍記載較少，明代以後逐漸增多。如，萬曆間建昌道僉事范守己《九夷考》和曹學佺《蜀中廣記》中，對明代四川地區幾個少數民族的飲食習俗作了較明確的記述。

彝族：據《九夷考》記建昌地區各地「倮倮」（彝族人的一種自稱）社會發展水平不一，飲食水平存在著差異。居於半山或河谷的彝族，以農業為主，兼營牧業。「開種山地，收取雜糧為食……宴會與麼些（今納西族）相同。」「刀耕火種，喜獵，飲食以菽（qiáo，同蕎）麵作餅，以菜作羹。宴會撒松毛鋪地，盤膝坐食。待漢人以矮小桌凳。男女分席而坐。殺豬用火燒去其毛，以生肝蘸椒鹽食之。泡咂酒飲之。器用木碗木杓，筷用竹籤。」另《蜀中廣記》卷三四亦記，「倮羅」（同「倮倮」）刀耕火種，性喜獵，「飢食蕎麥餅」，「酒席鋪松毛於地，盤腳坐松上，……木碗木杓即其器皿也。食肉以竹籤為箸。」高山彝族卻以牧獵為主。《蜀中廣記》曰，明初越雋衛邛部長官司所屬一些地方「高山峻嶺居十之九。地土瘠薄，不產五穀，惟畜養牛馬，射獵以供饗飧。」

「么些」（同「麼些」）：《九夷考》記，「居荒村，種菽麥及青稞食之。畜犏牛山羊為生」，「飲食以青稞、菽麵、牛羊、酥乳、煎茶食之」，「宴會以牛羊豬肉，或剁碎或燒煮半熟為食。青稞菽麥為酒。……殺豬帶毛壓扁名曰豬膘。」《蜀中廣記》卷三四中記，有麼些夷「青稞、蕎麵、乳餅、酥油、煎茶充飢，病不服藥，殺豬羊

祭鬼求安。婚姻亦以牛羊為禮。」

「咱哩」（明代蒙古人）：《蜀中廣記》載，「宴會酒食燒肉，咂酒頗同西番。多黃白二酒。」

回族：《九夷考》記述了四川涼安寧河流域的回族：「不食驢、騾、豬肉，其牛羊與雞、鵝、鴨必自殺乃食。……死喪食肉，但不飲酒。……每歲清明用麥餅祭掃……每年輪轉一月，闔家男女清齋，白日不食，待星上方食之。」

「擺夷」（傣族先民）：《蜀中廣記》記其居深山，尚過著原始生活，「飲食捕鼠作鮓，捕魚煮湯或殺雞犬並撈水中青苔作酸為羹。」《蜀中廣記》還記，在會川衛境內（今會理縣），有「白夷」（即「擺夷」），其「飲食凡草木無毒者，六畜外鼠、蛇、蛙、蠅及飛生蟲，皆淪食之。諺云：青青白夷菜，動動白夷肉」。

藏族：川西北高原牧區藏人以畜牧業為主；而生活在山坡河谷農區的藏人「其土地膏腴，山川秀麗」，主要從事農耕，兼營少量牧畜。其農作物有青稞和小麥。《蜀中廣記》載，在阿壩松潘地區，「多種青稞、圓根。好用糌羊麥粉」。在寧番衛轄區內（今冕寧縣），「食以青稞磨麵作餅，酥油煎茶為飯。……酒席泡咂酒，殺牛羊肉食之」。

羌族：世居岷江上游，他們在適宜農耕之處，以耕稼為主，兼營牧業，「春耕秋獲，一如內地」。顧炎武《天下郡國利病書·蜀中邊防記》中記錄了，羌區農作物以青稞為主，土產有犛牛、犏牛、馬雞、酥油、麝香、香豬、白蜜等。

土家族：據《蜀中廣記》卷三八載，酉陽宣撫司（今屬重慶）「人分三種，曰犵獠曰冉家曰南客，暖則捕獵山林，寒則散處岩穴」；平茶長官司（今屬重慶）「性好捕獵，火炕焙穀」；石耶長官司（今屬重慶）「人織斑布以為衣，佩長刀而捕獵」；邑梅長官司（今屬重慶）「用木浪槽為臼而舂稻粱，瀝苦蒿水代鹽而鮓宿肉」。《蜀中廣記》又記，石柱宣撫司轄境（今重慶市石柱縣）內，「其山岡沙石，不通牛犁，唯伐木燒畬以種五穀。」可見明代川東南的土家族以農業為主，輔以漁獵。飲食以穀飯為主食，已有做鮓肉的習俗。鮓肉是土家族的特殊飲食習俗，也一直延續至今。

## 第二節　雲貴桂地區經濟發展文化成熟

　　明朝的統治長達277年，是今雲貴桂地區歷史發展的重要時期，飲食文化也進入一個相對成熟的階段。明代雲貴桂地區的社會經濟發展水平與內地的差距明顯縮小，同時更多地融合了內地的文化與習尚。尤其至明代中期，貴州成為單獨的一個省，在貴州歷史上具有劃時代的意義，這是當地社會及經濟發展的必然結果。廣西經濟也有了新的進展。

### 一、軍戶移民與雲貴桂經濟的全面發展

❶·移民增多與雲貴經濟的全面發展

　　軍事性移民促進了屯田的發展。據《明實錄》，洪武（西元1368-1398年）中後期明廷調兵入滇約十次，人數約25萬人，連同原來的駐軍，常年守滇的軍隊約有二三十萬人。明代衛所軍人許帶家眷，常年駐守各地。以一軍戶平均有三口人計算，守滇的軍人及其家眷約有七八十萬人，而駐守貴州的軍人及家屬約有43萬人。這就形成了雲貴地區一次大規模的軍事性質的移民。人數既眾，口糧問題便十分緊迫。明人嚴從簡《殊域周咨錄》記，洪武十八年（西元1385年），朱元璋採納了大學士宋訥提出治邊當令駐軍屯田，「遇敵則戰，寇去則耕，此長策也」的建議，並規定守邊軍隊三分守城、七分屯種，有力地促進了雲南農業的發展。《明史·沐英傳》載：「（沐）春在鎮七年，大修屯政，闢田三十餘萬畝，鑿鐵池河，灌宜良涸田數萬畝，民復業者五千餘戶。」貴州地區的軍屯亦有發展。正統六年（西元1441年），貴州地區的20衛屯田的面積達95萬餘畝。除軍屯外，還有由商人經營商屯，收糧交給官府，以換取鹽引販賣食鹽；以及召募、征徙百姓屯田的民屯，但數量不多。明朝在雲貴的大量駐軍與屯田，形成大規模的經濟開發活動，使明代成為雲貴地區進步較快的時期，也使人口迅速增加，超過元代甚多。雲貴

地區的經濟發展有如下方面的體現。

農田水利事業獲得空前發展。明代雲南最大的水利系統工程是對滇池流域的治理。正德《雲南志》記，洪武初至正德年間，雲南官府三次修治滇池，疏通修濬後溉田千頃。另天啟《滇志》載，其他重要水利工程還有宜良縣湯池渠、洱海疏濬工程、鄧川州的彌苴佉江堤、石屏縣的異龍湖引水工程、永昌引易羅池水灌溉的九龍渠、澄江府的漱玉泉堤、沾益州的交水壩與楊柳壩、楚雄府的梁王壩與城南堰等近200處，一些水利工程澆灌的田地，在1000畝至一萬畝以上。

糧食產量大幅度增加。《明太祖實錄》記，一三八八年，官吏奏報，雲南都司儲糧336007石。《明宣宗實錄》，洪熙六年（西元1431年）總兵官沐晟奏報，雲南都司上年軍屯獲糧492100石，可滿足駐軍11個月的供應，較洪武時增加46％以上。又據成書於正德五年（西元1510年）的《雲南志》卷一，雲南都司屯田糧折米806218石，較宣德時增加63％以上。謝肇淛《滇略》卷四說，雲南豐年米價甚賤，即遇凶荒，斗米亦不及百錢，雲南斗斛甚大，倍於其他地方。秋收時各處豐收，無復糧食轉販，足穀之家時時以此為苦，「至於市無乞丐，物無騰踴，安土樂業，數世不知遷徙，固依稀西方樂土矣」。

農作物的品種也明顯增加。萬曆《雲南通志・地理志》載，雲南府所產稻穀，計有青芒穀、旱吊穀等18種，糯之屬14種，黍秫之屬７種，蕎稗之屬４種，菽之屬10種，菜茹之屬29種。天啟《滇志・地理志》載雲南府物產，計有稻穀21種，糯稻14種，另有種類甚多的黍蕎、稗、麥、菽及菜茹、水果與藥材。而貴州則以「香稻」馳名，許瓚曾《滇行記程》中記：貴州各地產米精絕，盡為香稻。炊之香白異常。

雲貴等地的畜牧業與飼養業，較前代有更大的發展，馬牛等大牲畜明顯增加，飼養羊豬犬等極為普遍。各地養牛的數量大為增加。據《明會典》雲南都司擁有的屯牛，洪武時為15284頭；弘治時有耕牛15650頭。民間飼養的耕牛還未統計在內。雲南的產馬地點遍及全省，飼養量很大，主要用於商貿活動中。雲貴地區大量養羊，其中各地飼養山羊甚多。此外，還注重培育優良的山羊品種。豬犬雞鴨是各地常見的畜禽。產糧地區養豬的數量甚大，如貴州安順州、普安衛

▲圖8-1 古代生苗「結伴漁獵圖」（《百苗圖抄本彙編》，貴州人民出版社）　▲圖8-2 古代仡佬「溪流漁趣圖」（《百苗圖抄本彙編》，貴州人民出版社）

一帶大量宰豬售肉，官府每年因此徵稅銀50餘兩。明人何喬新《勘處播州事宜疏》記，播州（今貴州遵義）還興辦了專業養豬場，楊氏土司的領地即有11處養豬場。廣闢水田的地區與臨溪的村寨，則多養鴨鵝；普安州與畢節衛居民擅長養兔。

　雲南的水產種類繁多，其中淡水魚類因肉嫩味美而知名者為數頗多。例如，「洱海所產工魚，細鱗纖長，無鱗少骨，腹腴而味美。又如上關石穴在八九月產油魚，較工魚更小，而肥美過之，炙則膏溢。趙州所產丁魚，細小如釘；螺則大如拳，有黃、卵及膏，待秋夏之交盈肆出售，頗受眾人歡迎。金沙江有細鱗魚，大者三尺許，肥甘異常。滇中澄江撫仙湖所產大頭魚、江川星雲湖的康郎魚，皆肉多味美，製魚酢尤佳。滇池佳魚亦多。如發魚，帶細發形如婦人，肥白無鱗。金線魚，出晉寧牛戀鄉岩洞下，仲秋之際，魚群自滇池溯泉至洞口，漁人就洞口

置笱捕之。長僅三四寸，細鱗修體，魚脊有一線如金色，因此得名。煎以泉水，有膏浮於湯麵，味極鮮美。滇池多有藻類，出細蝦，漁人捕之曬乾市售，價甚低廉，百錢可購一筐。漁人説亦有長數寸的大蝦，但恐官吏誅求，多匿而私售。」[1]

貴州的居民亦喜食魚。明代見於記載的魚類主要有鯉、鱔、細鱗魚、鯰、蝦、鰷、鯽、金魚、泥鰍、赤尾魚、花魚、青魚、青背魚與江斑魚等，其中以鎮遠府的娃娃魚、都勻府的鱘魚最有名。明代廣築塘堰以後，人工養魚逐漸增多。何喬新《勘處播州事宜疏》稱：土司楊輝有漁塘13處，又占若干水塘為漁塘，不許人放水灌溉，即為一例。

明代雲南製鹽的規模進一步擴大。據《明史‧職官四》記載，明朝在全國設有七處鹽課提舉司，其中四處在雲南，即黑鹽井（楚雄）、白鹽井（姚安）、安寧（安寧）、五井（大理）。洪武時，雲南鹽課提舉司歲辦大引鹽17800餘引，歲入太倉鹽課銀35000餘兩。據《明實錄》：「滇南唯礦鹽二課，為力滋大。」即將製鹽業與礦冶業相提並論，可見滇南等地的製鹽業較發達。

明代雲貴地區茶葉的產量有所增加。貴州所產的優質茶可充貢茶。如嘉靖《貴州通志‧土貢》記，貴州的貴竹司每年須貢茶芽十一斤二兩餘，全省歲貢茶64斤13兩餘，規定不得短少。《明太祖實錄》載，洪武初，朝廷在四川永寧置茶馬司，收購川南及貴州地區出產的茶葉。一三九八年，朝廷又下令貴州所產的茶葉大都就近納送播州的茶倉，對茶葉進行了統一管理和售賣。

雲貴地區的手工業趨向繁榮，品種繁多，製作精美。萬曆《雲南通志》記載有「窰課」，說明雲南生產瓷器達到一定的規模。《滇海虞衡志‧志器》：「凡銅器、玉器，以滇製者為美。如所產銅鑼鍋，其制如小盆卷口，旁有綴環之耳，上部有蓋，能供二三人炊食，客旅便之。出門者亦背以行，人稱『背鑼鍋』。」

雲南城市的集市貿易經濟繁榮。昆明為雲南省人口眾多、交易繁忙之地，元代即有「千艘蟻聚於雲津，萬舶蜂屯於城垠；致川陸之百物，富昆明之眾民」的讚

譽。明代昆明依時令、物產的繁盛，定期舉辦大型集市，如十月為酒市之期。昆明城東關、南關為商埠之地，列肆縱橫。大理是滇西的重要城市，除每日進行交易外，還舉辦大型商貿集市「三月街」。明人謝肇淛《滇略‧俗略》記，會期五天，屆時全國的商賈皆來貿易，若長安燈市然。西元一六三九年徐霞客至大理恰逢「三月街」，親睹其盛況。《徐霞客遊記‧滇游日記八》中稱，演武場俱結棚為市，環錯紛雜；北面為易馬場，千騎交集；場中交易之物，多藥、氈布及銅器木具，十三省物無不至，滇中諸彝物亦無不至。

**❷‧廣西開始獨立建制與社會經濟的發展**

西元一三六九年明朝建廣西行省，以今桂林為省治，開始了以廣西為獨立行政區的歷史。西元一三七六年全國廢除行省，改稱承宣佈政使司，廣西為全國十三布政司之一，下轄11府、48州、50縣及四長官司。廣西大致以今河池、忻城、上林和南寧一線為界，將廣西劃為東西兩個部分。東部為諸民族雜居區，居民以壯族居多，瑤族、漢族次之；西部大致為壯族聚居區。這一時期，廣西的經濟平穩、持續發展，表現在如下幾個方面。

農業有較大發展，種植作物品種繁多。糧食類有稻、麥、粟、黍、豆與蕎等，以水稻為主。據嘉靖《南寧府志》，該府的稻穀有粳、黏、糯三種，粳穀有毛粳、六月粳與八月粳，黏穀有白黏、紅黏、早黏、鼠牙黏、長腰黏與六月黏，糯穀有紅糯、白糯、黃皮糯及銀絲糯等21種。麥有大麥與小麥，豆類有黃豆、綠豆與龍爪豆等14種，蕎有苦蕎與甜蕎。在正月、三月與六月，均有一至數個品種播種；五月至十月，每月有稻穀需收割。廣西還引入玉米和蕃薯，改變了居民的糧食結構，也促進山區與邊遠地區的發展。所產稻米除供本地食用，還運銷廣東等地。清人亦說：廣西所產的稻米，在兩廣地區居於首位；廣東採買糧食須仰仗廣西。明初欽州、廉州沿海產鹽地劃歸廣東，廣西因此缺鹽，於是兩廣相互調劑，廣東食廣西之米，廣西則調用廣東之鹽。

積極興修水利。對靈渠五年一大修、三年一小修，明代見於記載的修濬有六

次。除靈渠外，還組織興建其他一些水利工程。如一三九四年，朝廷鑿通相距20餘裡的南流、北流兩江，並設石質諸閘。西元一四三四年，組織軍民修復臨桂縣七星陡閘15所。嘉靖時，組織百姓於左右江兩岸開田一萬餘頃，同時修建了不少灌溉用的水渠。

明代廣西的釀酒業頗為興盛，酒的種類較此前也明顯增多。如明人方瑜《南寧府志》載：南寧府有燒酒、黃酒與甜酒；明人謝君惠《梧州府志》載：梧州府有桑寄生酒、豆酒、蛇酒、法子酒、興密酒、淋漓酒、竹葉青與烏山峽酒；明人林希元《欽州志》載：欽州有滴酒、白酒、過酒和燒酒等諸多種類。享名遠近的梧州桑寄生酒，顏色清白，味頗清洌，晉代已有「蒼梧竹葉青」之譽，明代質量穩定產量亦大，為宴會上必不可少的佳品，官私皆用之。家庭釀酒業在各地亦較普遍，人們多自釀自用，或釀造至集市出售。據謝肇淛《百粵風土記》：桂林靖江府所釀名酒甚多，「會城宗藩家多自釀」，釀成後以各家別號為酒命名，其種類不下數十種。

甘蔗、茶葉、菸草等經濟作物普遍種植。宋代藤州、南丹、梧州等地已種植甘蔗，明代種植的面積更大，範圍亦廣，如明代《欽州志》記，欽州的甘蔗有青、紫兩個品種，合浦人搾甘蔗「煎以為糖」。茶葉的種植與加工繼續發展，據記載，廣西年納茶稅達1183貫。中國原無菸草，傳統說法謂明萬曆年間菸草始傳入我國閩北一帶，以後傳到全國各地。一九八○年，廣西合浦上窯窯址出土一批嘉靖中期製造的陶瓷器，其中有三件瓷煙斗，形狀類似今廣西農村使用的煙斗，證明在當時廣西地區已種植菸草，從而把菸草傳入我國的時間提前了數十年。[1]

城鄉商業活動十分活躍。由於社會經濟與交通業有較大的發展，形成了幾個重要的商業城市。桂林為全省消費食鹽的重要集散地，時人稱「廣南（明廣南府，治今雲南廣南）商販到，鹽廠雪盈堆」。省外的各種商品也運至桂林等地交易。一四二九年，朝廷令全國33個城市增收店肆與門攤稅課，桂林與今北京、南京、廣

---

1 鄭超雄：《從廣西合浦明代窯址內發現瓷煙斗談及菸草傳入我國的時間問題》，《農業考古》，1986年第2期。

州、開封、成都均名列其中，表明桂林的商品經濟已達到較高的水平。梧州為廣西省的水上門戶，東鹽入桂亦在此發放。明人李廷麟《三界祠記》載：梧州「人物繁庶，商船群眾」。南寧則是桂南商品的重要集散地，華復蠡《兩廣紀事》說：南寧因人物眾多、交易繁忙，人稱「小南京」。柳州上承融江，下接今桂南與桂東，為廣西中部水陸交通的樞紐，也是商業繁榮的重要城市。

各地城鄉的墟市也有很大發展。據陳璉《桂林郡志》記載，景泰年間臨桂縣有圩場九處；《永樂大典》記，明初玉林州有圩場四處，博白縣、興業縣各有一處。一些地方的墟市已達到較大的規模，定期趕集又稱「趁墟」，如明人王濟《日詢手鏡》記，橫州有墟市100餘處，每屆墟市的貿易額在數十萬以上。

## 二、融合吸納發展的雲貴桂地區飲食文化

### ❶ · 融有各地文化因素的雲貴飲食風習

有關地方風習的重要著述。明代記述雲貴地區社會習俗的著作有數種，如《滇略》《百夷傳》等，若論內容之豐富與敘述之詳細，當屬謝肇淛的《滇略》。謝肇淛於明萬曆年間出任雲南右參政，康熙《雲南通志·名宦傳》稱其「博洽多方」，「郡邑士民德之」，可見他不僅有德政，而且為留心地方風物的一代名士。所作《滇略》十卷，敘述了雲南的物產、民風、蠻夷與瑣聞等。對後人瞭解明代雲南的社會習尚，有十分重要的參考價值。

受中原影響的節慶禮俗。明代外來人口大量移居雲貴地區，傳播了中原的文化與習尚。據天啟《滇志》卷三，記雲南與飲食有關的節慶習俗如下：「逢春日，備春盤賞春，以餅酒相饋。若上元之夕，多設宴賞燈張樂。至二月三日，全城居民出謁龍泉觀，還歸憩於石嘴莊，為臨江之飲。四月八日，浴佛並獻烏飯。五月五日，懸艾虎、飲菖蒲酒，以角黍（類似於粽子）互饋。遇中元節，多祭先祖於祠堂。中秋節設宴賞月，以瓜餅祭月。重陽節，老少登高並賞菊，飲茱萸酒，以麵簇諸果為

花糕，親識相互饋贈。過長至節，親識之人相賀，喜食赤豆羹。逢臘八日，多作五味粥。念四日祀灶，送五祀之神。除夕夜燃爆竹，飲分歲酒，順序先少後老，四更時喜迎灶神。」

以上的節慶食俗大多與中原相同，但有些食俗也具有地方特色。如《滇略》說：「元旦、清明、端午、七夕、長至諸節，雲南百姓多做赤豆羹以食且互贈。」《滇略·俗略》中稱：「共工氏有不才子七人，死而為厲，性畏赤豆，故作羹以祛之。」逢元旦等節日雲南人喜食赤豆羹，頗有中原遠古的遺風。明《景泰雲南圖經志書》卷三中記載了昆明地區有以餌餃互贈的習俗。稱該地百姓遇時令節慶，「必煮白粳米為軟飯，杵之為餅，折而捻之，置之半月，盛以瓷盤致饋親友，為禮節之至重。食餌餃之法，除折而捻之為薄餅，燒烤見黃、塗以芝麻醬即食外，還可製為磚型，覆以濕巾，可保存月餘不壞。磚型餌食可切片或縷絲，既可與鮮肉、豌豆苗及醃菜共炒，也可稍蒸其絲後澆以肉汁，充當早食或作正餐，無不相宜，雲南人視餌餃為家居所須臾不可缺。」

有些食俗亦體現了受外省文化的影響，在謝肇淛的《滇略》中有記，雲南舉辦宴飲，進烹魚然後撤席，人稱湖南以西皆有此俗。謝肇淛則認為江浙一帶亦然。江浙宴會烹魚多至三四種，其末乃上一鯉，戲稱為「春牛」，謂迎春之時，牛必居其後之意。廣西亦有此俗。可見進烹魚後撤席的習俗，主要是受江浙一帶的影響。亦有由湖廣、江西移民帶來的飲食習俗。如湖北有一道家家皆喜的菜稱「排骨煨湯」，所用砂鍋、排骨、藕均極講究。客人來訪，主人不奉茶而端上一碗藕煨排骨以示歡迎。這與老昆明人喜以土鍋煨排骨及藕的食法並無二致。

另外，清真飲食之潔淨、味美，亦為雲南人所津津樂道。清真飲食中的牛肉冷片，須取大塊壯實的黃牛肉，微火煨煮多個時辰。待生熟適中取出稍涼，細切薄片裝盤，佐以甜味之芝麻醬。尋甸牛乾巴亦遠近聞名，講究以鮮壯的黃牛肉和鹽細揉製成，掛通風處緩緩陰乾。取自黃牛不同部位所製的牛乾巴，亦各有其名稱，極佳者稱「飯盒」，系取大塊肌腱製成。食法或切薄片油煎，或切厚塊上籠蒸透，皆味美回甘，佐酒下飯無不相宜。雲南牛乾巴的製法，融合了回、彝、漢等民族的飲食

習慣，其口味亦為雲南各民族所喜愛。

愛好潔淨的雲南少數民族飲食習俗。永昌（今雲南保山）的西南面，主要為百夷（今傣族先民）所居。百夷舉辦筵宴，貴人上坐，其次以貴至卑，順序列坐其下。「先奉以茶並蔞葉、檳榔啖之，以次進飯，之後上酒饌。每客必有一僕持水瓶側跪其旁，侍客漱口、淨手而後食，食畢復進如前。烹飪食物有蒸、煮或炙諸法，多精潔可食。酒則燒酒，茶則穀茶，飯則糯米。飲酒以杯或以竹筒，酒與食物必祭而後食。酒宴初始，必起一人大噪，眾人和之，如是者三輪，乃奏樂。食不用匙箸，以手搏而釂之，所啖不多。亦喜食搾取果房與嫩樹葉汁釀造的『樹酒』，善以竹筒製醋，味頗香美，醃酢則味不佳。」[1]其言百夷食不用匙箸，實為南方一些少數民族中常見的習俗。一法是就食者以手抓取米飯，在芭蕉葉或竹篾上團成塊食用，另一方法如元人馬端臨在《文獻通考》中所形容：「性好潔，數人供飯一盤，中植一匕，置杯中其旁，少長共匕而食。探匕於水，抄飯哺許，搏之盤，令圓淨，始加之匕上，躍以入口，蓋不欲污匕妨及他人。」明代田汝成《炎徼紀聞》卷四稱此種聚餐為「羅羅聚會」，列坐無幾席，食飯用前述之後一法，食畢必潄舌刷齒以為潔。

▶圖8-3　雲南清真寺的廊柱下

1　謝肇淛：《滇略》卷九《夷略》，中華書局，1969年。

▲圖8-4　古代仡佬「嗜酒貪杯圖」(《百苗
　　　　圖抄本彙編》,貴州人民出版社)

　　以山野菌類為特色的飲食向精細化發展。雲南地區的知名野菌有雞樅、乾巴
菌、松茸、牛肝菌、青頭菌、羊肚菌、猴頭菌、蜜環菌、雞油菌、靈芝和竹蓀
等。雲南人視雞樅為菌類中的極品,稱其優點是既肥且嫩,味特清甜。清代田雯
《黔書》:「雞壤菌,秋七月生淺草中,初奮地則如笠,漸如蓋,移晷紛披如雞羽,
故名雞,以其從土出,故名壤。雞壤盛產於雲南,尤以永昌永平所產甜美且多,
當地官吏索要之,動輒數百斤。此物於六月大雷雨後出於山坡沙土,或在松樹之
下,或在叢林之間,不一而定。出土一日即須採,此時朵小而嫩,若過五六日即
爛」。民間有「雞樅必三窩」之說,謂發現雞樅以後,後二三日前往尋覓,仍可採
集附近的兩處雞樅,過三乃止。雞樅採後須洗所附泥土,以鹽煮烘乾,若見炊煙
即串味不堪食。採後未洗而過夜,則香味俱盡,因此採集甚難。雞樅的食法有多
種,可炒食、煮湯,若與菜油同熬為汁以代醬豉,尤為美妙。[1]

---

1　謝肇淛:《滇略》卷三《產略》,雲南民族出版社,1999年。

❷·廣西主要民族的飲食文化仍無明顯改變

明代對廣西少數民族的飲食習俗亦有瞭解。廣西的瑤人主要分佈在桂東各府，以柳州、潯州、平樂相連地帶的大藤峽最為密集。明人田汝成《炎徼紀聞》記，居住邊遠地區的瑤人，飲食多以粟豆及牛羊肉雜煮，因以為餐；若數量不足，則趕山射獸以為補充。瑤人流行釀酒，人們時時以沉醉為樂。山區壯人的生活水平與飲食習俗比較簡約，據《炎徼紀聞》載，山區壯人與瑤人雜處，其風俗略同，飲食、居處十分簡陋，搏飯掬水而食。以茅草蓋居舍，置木板為樓閣，人居其上，下部則畜牛羊豬犬，稱為「麻欄」。其生活習俗與元代相比，無明顯的改變。

# 第三節　宋元明時期的西藏地區

## 一、漢藏貿易的發展

藏族地區分裂割據的局面，經歷了從西元八四三年至一二七九年期間中原王朝的晚唐、五代十國、北宋、遼、西夏及南宋的歷史時期。這一時期吐蕃境內經常發生平民和奴隸的大暴動，形成千百家各為聚落的割據局勢。而佛教在這一段期間內也在吐蕃力求復興和發展，在藏族歷史上產生日益深刻的重要影響。

❶·宋代吐蕃農牧業的大發展及茶飲興起

宋代的吐蕃，封建制的經濟形態逐漸確立，農牧業經濟有了重大的發展。農民直接占有小塊土地已經相當普遍。重要的是，此時吐蕃境內已明顯出現了封建「溪卡（莊園）」，農奴可以擁有一部分在溪卡中生產的糧食及其他勞動成果，農業生產的經營已有薅草積肥等精耕細作的技術，也形成了親族鄰里相互支援的互助風尚。雅魯藏布江流域各主要農業區早在志共贊普時期就已掌握了中耕、施肥等技術。各地區也出現了一些農牧土特產品，如衛藏的糧食和氆氌、阿里的牛羊、藏北的馬、

工布的騾等,其交換關係也較前進一步擴大。

　　唐末宋初西藏開始普遍飲茶。據《宋史》記載,太平興國八年(西元983年)漢藏邊境有小額的茶葉貿易,熙寧六年(西元1073年),宋朝置市易司於蘭州,以後在熙、河、蘭、湟等地設置機構,於黎、雅兩州置博馬場,是為「茶馬交換之始。」在西元十一世紀前後,茶葉已經通過種種渠道大量運進西藏。在西藏的上層僧侶、貴族與頭人間,茶葉已由藥用變為飲用,而且飲茶成風。此後,飲茶習俗在民間擴散開來。茶馬貿易建立了藏漢人民在經濟上相互依存、相互支援的關係,對促進吐蕃農牧業的發展和改善藏民生活、增強漢藏人民的團結都起了積極作用。

　　❷·元代漢藏貿易的發展

　　元代,西藏地區封建農奴制生產方式的確立,帶來該地區生產發展的新局面。雅魯藏布江流域是西藏的主要農業區,這裡分佈著許多農村居民點,主要農作物為青稞。青稞既是當地藏民的主要糧食,也是歲貢的貢品。其他地區則是以畜牧業為主。這一時期,隨著藏區與內地聯繫的加強,生產的發展,貿易也隨之繁榮。

　　元代的藏漢貿易主要通過兩種渠道展開:一是元朝政府對藏區上層僧俗的賞賜。他們以貢賜為名,攜帶各種貨物從事商貿活動。二是藏漢民間自由互市,這是大量的、經常性的商貿活動,也是西藏與內地的主要貿易形式。藏漢民間貿易主要是在川藏、西北藏區和滇藏三個藏漢邊境地區進行,它們是藏漢經濟文化交流的主要渠道。各個市場商品交換的品類皆具特色。

　　川藏邊境的藏漢貿易。元代,在川藏的黎雅和松潘市場上,漢商是以「西番茶」為主體,輔以紅椒、綢、絹、布帛以及各種生產工具和生活用品,藏商則以畜產品、土特產品和藥材進行交換。

　　西北地區的藏漢民間貿易。甘、青藏區歷來畜牧業發達,自宋代即是茶馬互市的另一通道。元代,甘、青、藏的藏商及鄰近的藏民將各類畜產品、土特產品及牛羊雜畜與川、陝的漢族茶商、漢人交換茶葉、布匹和各種手工業品等,以滿足各自之需。由於這一渠道也是元朝使臣和藏區上層僧俗進出京城的通道,所以還存在以

貢賜為名的商貿活動。

滇藏民間貿易。元代的滇藏民間貿易很活躍，從雲南輸入西藏的主要商品有茶葉、副食品、手工業品和裝飾品，以及銅和銅器。西藏輸入雲南的主要是畜產品和名貴中藥材。滇藏貿易的主要市場是麗江和雲南藏區的德欽等地。

元代的藏漢貿易，對溝通邊疆與內地的經濟聯繫，促進藏族地區社會經濟發展，滿足藏民生活所需，推動各民族之間經濟文化交流，改善民族關係，加強民族團結，都具有重要作用。[1]

### ❸ · 明代藏區社會經濟的繁榮

明代的藏區仍以農牧業為主要生產方式，農作物有小麥、青稞、蕎麥等。明代帕竹政權的第一代第司強曲堅贊，兼併衛藏地區各萬戶領地，以「溪卡（莊園）」為單位，分封給下屬貴族。地方政權重視屬民的生產，對封建農奴莊園制度予以扶植，提倡種樹，獎勵墾荒，並經常派人到各莊園巡視、檢查生產情況。明代各衛所的藏族土民和屯軍共同墾種，推廣了粟麥種植，在西南的魚通（今四川康定一帶），人們種植水田、旱田；在烏思藏的澤當，人們從事開墾、植樹。

明代是西藏與內地交通史上的一個重要發展階段。明政府為了進一步發展西藏與內地的經濟交流，修復了青藏、川藏驛道，新修了商道（即茶道），使它們成為聯繫藏族與內地各族人民的紐帶，促進了藏族地區生產的發展，密切了藏族與漢族等各民族之間的經濟、文化聯繫。

明朝中央政府利用藏族和西北其他民族「嗜乳酪，不得茶則困以病」的特殊生活習慣，在河州（寧夏）、秦州（天水）、洮州（臨潭）、岩州（松潘）等地設茶馬司，儲存大量茶葉，專門換取馬匹，其目的是「以茶馭番」，同時成為漢藏民族貿易的重地，對發展經濟、加強民族友好和團結合作起了積極的促進作用。

---

1　陳汎舟：《略論元代藏漢民間互市》，《四川藏學研究》（三），四川民族出版社，1995年。

## 二、多民族融合的飲食習俗

### ❶·宋代西藏地區多民族融合的飲食習俗

據《宋史·吐蕃傳》載：西蕃也食用「五穀」，「喜啖生物，無蔬茹、醯、醬，獨知用鹽調味，而嗜酒及茶。」《西藏見聞錄》中亦載，其茶熬極紅，和以鹽及酥油。食前先飲茶數碗，繼以糌粑調和，手捻而食之。糌粑是用炒熟的青稞粉製成。土語呼酒為「唥」，藏地有青稞燒、牛乳釀等諸種，但尚不知酒麴，酒味俱辛辣而不醇。也有一部分「以牧放射獵為生，多不粒食」。《能歐齋漫錄·羌俗不食魚》中記：宋時，在吐蕃和党項地區有的藏人不食魚，「魚大如椽柱臂股，河中甚多，人浴波間，魚馴馴不驚避」。宋王韶攻占熙河，「始命為網，捕以供膳，其民相與嗟愕曰：孰謂此堪食耶？」至宋，吐蕃人還喜茶、酒。由於党項游牧之人以食肉為主，茶是幫助消化的重要飲料。宋人洪中孚《宋金要輯稿》中言及：「蕃部日飲酥酪，恃茶為命」，以至成為其「日不可闕」的生活必需品。飲酒仍是吐蕃人極重要的生活情趣，《文海》中專門有一條「釀酒」，王部在通遠軍（吐蕃、党項雜居之地）曾收蕃部酒坊三十餘處，說明吐蕃人已有專事釀酒的作坊。

吐蕃王朝極盛時稱吐蕃本土以外的藏族為「大蕃」，「大蕃」所居即今甘、青、川、滇等藏族聚居地區。在吐蕃建政以前，原居羌、蠻諸部。吐蕃占據以後經營百餘年，有大量蕃人遷入定居。所以這部分「蕃人」的生活習俗應與吐蕃風俗相同或相類。如党項羌為羌的一支，唐宋時期居住於今青海東南部、甘肅西南部和四川西北部這一範圍內。《宋史·宋琪傳》稱：「大約党項、吐蕃風俗相類」，這個「大約」與「相類」的一部分，很可能就是進入党項族內的羌藏系統部分，也是藏族很重要的一部分。[1]以此，我們可以從宋代党項飲食習俗中得到一些關於藏族飲食習俗的佐證。

在党項居地，地瘠產薄。他們雖然已由游牧轉向農耕生產，但因氣候、環境等

---

1　湯開建：《党項風俗述略》，《藏族史論文集》，四川民族出版社，1988年，第136頁。

因素，仍以採集作為生活的補充。曾鞏《隆平集‧西夏》中說：「西北少五穀，軍興，糧饋止於大麥、蓽豆、青麻子之類。其民則春食鼓子蔓、鹹蓬子，夏食蓯蓉苗、小蕪荑，秋食席雞子、地黃葉、登廂草，冬則畜沙蔥、野韭、拒霜、灰蓧子、白蒿、鹹松子，以為歲計。」從上述可知，作為食源補充的植物，都是青藏高原河谷地區各季節生長的野菜，党項居民由於生產的糧食尚不能充分保障一年四季的飽腹所需，不得不靠採集一些野生植物充主糧。如登廂草是一種野沙生的草粒子，細如罌粟，堪作飯，俗名登粟，又名沙米。《太平寰宇記‧河東道》記道，有相當一部分党項游牧民除了「食以白麥印鹽」外，還食以牛羊肉及乳酪，《文海》中有乳酪、乳製食品、奶酥、奶油、奶漿、燒肉、烤肉等條，文州（今廣西境內）羌人的犛牛酥號稱「絕美」。而且在《宋史‧夏國傳》中還記有「割鮮肉而食」的習俗。党項人喜酒，《太平寰宇記‧河東道》中將開懷暢飲的聚會稱之為「酒醴之會」。

**❷‧元代藏族與蒙古族飲食文化的交流**

這一時期的藏族飲食資料十分匱缺。我們可從蒙古族和藏族飲食中諸多相似或相類的習俗現象，探討兩個民族飲食文化的相互影響。

在元代，蒙古族的飲食文化已十分發達。是時，蒙藏民族關係的範圍十分廣泛，它涉及蒙藏兩個民族社會生活的方方面面，從政治、經濟、宗教、文學、醫藥，乃至習俗、服飾等，都可以看到兩個民族文化交往深入的程度，從而促進了西藏文化的發展。這種發展可以說是在吐蕃王朝之後達到的第二個高峰。其中，對飲食文化也產生了許多影響，但有關蒙藏關係在飲食方面的記載卻十分缺乏，我們只能從後世的一些現象中加以分析、推理。

例如，蒙古族與藏族都將以奶為原料製成的食品稱為「白食」，以肉類為原料製成的食品稱為「紅食」，而且有共同的奶製品酸奶、奶酪、奶渣、奶皮等。再如，蒙古族的「手扒肉」與藏族的「手抓肉」，做法都是將帶骨牛羊肉分成若干大塊，放入白水中清煮，剛煮熟即撈出，置於大盤中上桌，用刀割肉吃。又如，蒙古族和藏族都喜歡吃純血灌腸，也是他們節日待客的美味佳餚。他們都在冬季製作風乾

肉,既可防腐,又能保持肉的新鮮色味。還有,蒙古族與藏族在飲奶或飲酒前,都有先用右手無名指在碗裡蘸三次,彈三次,以示對天、地、神敬奉的飲食習俗。

飲食習俗是世代相傳的文化現象,在發展過程中具有相對的穩定性。元代藏族與蒙古族在各方面得到了深入交往,產生了許多相互間的影響,尤其在飲食方面的相互影響最大,並延續後世。

### ❸ · 明代藏區飲茶習俗的發展

明代藏族的飲食習俗資料也極少,從文化習俗的傳承規律看,明代沿襲了元代的習俗。史籍中點滴記載的,是有關茶與酒的信息。茶和茶碗自唐代傳入西藏後,烹茶技術也逐步傳入藏地。明代已有達倉宗巴·班覺桑布撰寫的鑑別茶葉好壞及介紹茶道的《茶葉的種類》專文。該文記載了製碗的技術和鑑定優劣的方法。他將內地運到西藏的碗分為8組16種,列舉出直接由內地傳入的幾個名碗,其中明成祖分別賜予大寶法王和大乘法王的一大一小兩個青花瓷碗甚為名貴,其樣式在藏地十分盛行。說明飲茶習俗在西藏得到發展。

在三江流域(瀾滄江、怒江、金沙江)釀製葡萄酒有很長的歷史,《明實錄》記載:洪武七年(西元1374年)康區谷日地方酋長以所造葡萄酒來晉獻,其地「舊有造葡萄酒戶三百五十家」。可見,這一藏區曾有釀製葡萄酒的專業戶,而這些酒亦主要是供西藏上層所需而生產的。

亮點書系 · 中國文化通史 A1002002

# 中國飲食文化史·西南地區卷　上冊

主　　編　趙榮光
版權策畫　李　鋒
責任編輯　楊婉慈

發 行 人　林慶彰
總 經 理　梁錦興
總 編 輯　張晏瑞
編 輯 所　萬卷樓圖書股份有限公司
排　　版　菩薩蠻數位文化有限公司
印　　刷　百通科技股份有限公司
封面設計　菩薩蠻數位文化有限公司

出　　版　昌明文化有限公司
桃園市龜山區中原街 32 號
電話 (02)23216565
發　　行　萬卷樓圖書股份有限公司
臺北市羅斯福路二段 41 號 6 樓之 3
電話 (02)23216565
傳真 (02)23218698
電郵 SERVICE@WANJUAN.COM.TW
大陸經銷
廈門外圖臺灣書店有限公司
　　電郵 JKB188@188.COM

**ISBN 978-986-496-136-8**
2020 年 4 月初版二刷
2018 年 1 月初版一刷
定價：新臺幣 380 元

如何購買本書：
1. 劃撥購書，請透過以下郵政劃撥帳號：
　　帳號：15624015
　　戶名：萬卷樓圖書股份有限公司
2. 轉帳購書，請透過以下帳戶
　　合作金庫銀行　古亭分行
　　戶名：萬卷樓圖書股份有限公司
　　帳號：0877717092596
3. 網路購書，請透過萬卷樓網站
　　網址 WWW.WANJUAN.COM.TW
大量購書，請直接聯繫我們，將有專人為您
服務。客服：(02)23216565 分機 610

如有缺頁、破損或裝訂錯誤，請寄回更換

國家圖書館出版品預行編目資料

中國飲食文化史. 西南地區卷 / 趙榮光著.--
初版.-- 桃園市：昌明文化出版；臺北市：
萬卷樓發行, 2018.01
　　冊；　公分
ISBN 978-986-496-136-8(上冊：平裝).--
1.飲食風俗 2.中國
538.782　　　　　　　　　　107001745